애매한 것을
정해주는 하나님

KB192332

일러두기

이 책에서 인용하고 있는 성경은 《개역개정(4판)》이다.

"인생과 신앙에 대한 모든 고민을
하나님께 묻다"

흔들리는 기독교인을 위한 명쾌한 기준

애매한 것을
정해주는 하나님

진재혁 지음

21세기북스

지금 애매하십니까

흔히 인생에 정답은 없다고 한다. 그래서 인생을 애매함의 연속이라고 하나 보다. 사실 우리는 사소한 것부터 애매한 것과 마주한다. 약속 장소에 가면서 버스를 타야 할지 지하철을 타야 할지 아니면 차를 운전하고 가야 할지 선뜻 판단이 서지 않는다. 걸리는 시간은 대충 비슷하지만 교통 상황이 바뀌고 처한 상황도 그때마다 다르기 때문이다.

어떤 때는 코트를 입어야 할지 카디건만 걸쳐야 할지 판단이 안 선다. 코트를 입자니 너무 더울 것 같고 카디건만 걸치자니 좀 쌀쌀할 것 같은 애매한 날씨 때문에 몇 번씩 옷을 들었다 놨다 한다.

이것을 하기도 뭣하고 저것을 선택하기도 뭣한 상황, 그것을 우리는 애매하다고 표현한다. 애매모호함의 사전적 의미는 '말이나 태도가 희미하고 흐려 분명하지 못하다'이다. 앞의 상황처럼 아무것도 아닌 것 같지만 이러지도 저러지도 못하는 상황이 딱 그렇다. 물론 사람들 중에는 자신은 매사에 똑부러지고 분명하다고 생각하는 분들도 있다. 그런데 실상 그들의 속을 들여다봐도 맺고 끊음이 분명치 않거나 옳고 그른 것의 기준이 흔들리는 경우가 다반사이다. 얼마나 애매한 것이 많으면 '애매한 것을 정해주는 남자, 애정남'이란 개그 프로그램이 한때 그토록 큰 인기를 얻었을까. 그 프로그램을 보면서 생활 속에 애매한 것이 그렇게 많은지 처음 알게 됐다. 아줌마와 사모님의 기준은 무엇인지, 영화관 팔걸이는 어느 쪽이 자신의 것인지, 헤어진 연인에게는 어느 선까지 선물을 돌려받아야 하는지…… 그것을 보면서 애정남의 통쾌하고도 명쾌한 해법에 웃곤 했다.

이처럼 생활 속 애매한 상황에 대해서는 개그 프로그램에서라도 정해주었건만 정작 중요한 신앙생활에서 애매한 부분은 그 해답이 없어 보인다. 실제로 성도님들과 상담을 하다 보면 예상보다 훨씬 더 많은 애매한 문제들로 인해 고민하는 것을 보게 된다.

사실 신앙생활은 많은 부분이 애매할 수 있다. 성경을 많이 안다고 해도 애매한 부분이 있다. 왜일까? 보이지 않는 세계를 믿기 때문이다. 보이는 세상에 살면서 보이지 않는 세계를 믿으며 생기는 애매한 부분은 단순한 이해나 지식으로 쉽게 이해되지 않는 부분이다. 신앙으로, 믿음의 눈으로 세상에서 벌어지는 일을 바라보며 그 의미를 하나님의 뜻에서 찾아야 하기 때문이다. 그러나 그 애매함을 완전히 이해할 때 삶에 빛이 된다. 하나님은 그 보이지 않는 세계를 바라보며 믿어가는 과정 속에서 더 단단해지고 의지력 강한 믿음을 갖기 원하신다.

어떤 분은 그 보이지 않는 세계를 알기 위해 기도하라고 할 것이다.

물론 기도가 필요하다. 그러나 그것보다 먼저 그동안 신앙생활 속에서 애매하다고 생각했던 부분-애매하지만 그냥 넘어갔던-을 투명하게 꺼내놓는 것이 우선되어야 한다.

진리의 세계는 한결같으나 인생은 워낙 가변적이다.

'인생이란 풀리지 않는 문제들과의 애매한 승리와 모호한 패배의 연속이다. 실패의 경험을 맞닥뜨려 온전히 제 것으로 만들고 똑같은 실수를 반복하지 않으려는 노력을 좀처럼 기울이지 않는다. 오히려 애매한 문제들에 맞부딪히기보다 팔짱을 낀 채 분석만 하고 있다.'

인도의 압둘 칼람 전 대통령의 이야기처럼 인생은 애매한 승리와 모호한 패배의 연속일지도 모른다. 하지만 참된 신앙 속에는 분명한 승리와 확실한 기준이 있다.

이제 우리는 우리의 믿음 생활에서 애매하게 여겼던 부분을 꺼내놓고 애매한 것을 명확하게 정해주시는 하나님을 만나보려고 한다. 신앙생활에서 애매한 점이 있는 것은 결코 부끄러운 일이 아니다. 다만 그것을 숨기고 확실한 척했던 태도를 되돌이킬 필요가 있을 뿐이다. 애매함이 계속되면 애절해지고 그것이 지나치면 애간장이 녹기 때문이다.

이 책에서는 신앙생활에 있어 제일 애매하게 느끼기 쉬운 부분을 세 파트로 나누어보았다. 우선 인간관계에 있어서 우리가 가져야 할 마음가짐, 그리고 실생활에서 느끼는 여러 가지 애매한 상황에 대한 믿음에 근거한 대처, 나아가 보이지 않는 믿음의 세계에 대한 확실한 증거와 진리를 정리해보려고 한다.

아무리 순항을 한다고 해도 목적 없는 항해는 표류하는 것이라는 말이 있다. 별다른 문제가 없어 보여도 애매모호한 신앙생활은 표류하기 쉽다. 풍랑이 있더라도 신앙생활의 확실한 기준과 목표가 있을 때 성공한 항해다. 그런 의미에서 '애매한 것을 정해주는 하나님'의 메시지가 목적이 분명한 항해를 떠나는 여러분에게 훌륭한 내비게이션이 되어주길 기대한다.

CONTENTS

PART3 믿음의 애매함을 정해주는 하나님

PART 1

관계 속
애매함을 정해주는
하나님

세상은 상처투성이입니다.
가족 간의 관계가 회복되지 못해 가정이 바로 서지 못하고
성도 간의 관계에 균열이 생겨 실족하는 영혼들이 생겨납니다.
관계 맺기의 어려움 때문입니다.
사람과 사람이 서로 기대어 있음을 형상화한 사람 人,
한자 하나에 세상 살아가는 이치가 담겨 있습니다.
하나님께서는 우리를 향하신 아름다운 관계 맺기의 해답을 보이셨습니다.
"누가 하나님과 우리를 사랑에서 끊을 수 있으랴."
하나님과 우리가 끊을 수 없는 사랑의 관계로 이어졌듯이
우리 역시 시작과 끝, 깊이와 정도, 애매함으로 뒤덮인 관계 맺기에서
사랑의 눈을 가져야 합니다.
이미 주님은 우리에게 관계를 맺는 게 가장 중요한
사랑의 눈이란 답을 명확히 주셨습니다.

01

이 사람, 사귀어도 될까

어느 청년의 불편한 연애사

30대 초반에 접어든 여성이 있었다. 중·고등부 시절부터 한 교회에서 활동을 했고 뒤이어 청년부에 출석하면서도 열정적으로 신앙생활을 했다. 다른 친구들에 비해 훨씬 뜨거웠던 그녀는 기도회에 빠짐없이 나왔고 수련회 일정이 잡히면 회사 월차를 모아서 휴가를 낸 뒤 참석할 정도로 교회에 없어서는 안 될 일꾼으로 손꼽혔다. 주변에서는 그녀의 신앙을 부러워하기도 했지만 한편으로는 여성으로서의 삶과 너무 멀어지는 것은 아닌지 걱정스런 눈으로 보기도 했다. 그도 그럴 것이 주일마다 청년부 내 청년들의 청첩장이 날아들었기 때문이다.

그 여성도 내심 걱정을 하고 있었다. 그래서 개인 기도 시간이면 하나님이 정하신 짝을 만나게 해달라고, 함께 믿음 생활하며 가정을 이

룰 수 있기를 기도했다. 그러면서 드는 생각이 하나님이 누군가를 보내주실 것 같았고 그 사람과 좋은 가정을 이루어 성도들에게 본이 될 것 같았다.

그러던 차에 변화가 찾아왔다. 교회 청년부에 참석하게 된 한 청년이 소위 그녀에게 '필'이 꽂힌 것. 청년은 그녀의 뜨거운 기도, 열정적인 신앙에 반했고 용감하게 교제해보고 싶다는 말을 전했다.

여성은 그 제안 앞에 신중했다. 과연 그 청년이 하나님이 허락하신 사람인지 궁금해졌고 함께 기도해보고 결정하자고 제안했다. 아직 그 정도까지 신앙이 깊지 않았던 청년은 그녀의 신앙 앞에서 당황했다. 기도하는 방법도 잘 몰랐고, 한번 사귀어보자고 한 것뿐인데 기도의 응답까지 기다려야 하는지 이해가 되지 않았던 것이다.

그럼에도 여성은 기도하며 하나님의 사인을 구했다. 기도하면서도 왠지 이번이 기회라는 생각을 지울 수 없었다. 그리고 짝이라면 결혼을 해야 한다는 사실까지도. 주변에서 "이제 얼른 결혼해야지. 다른 데서 찾지 말고 청년부에서 찾아봐."라고 농담 삼아 건넨 말도 생각났던 터라 청년부 사람들에게도 조언을 구했다. 연애 경험이 없었기에 주변의 이야기도 듣고 싶었던 것이다. 청년들 사이에서는 난리가 났다. 시작도 하기 전에 샴페인을 터트리며 축하해준 셈이다.

'그래, 사귀어보자. 이 사람이 짝일지 모른다.' 이렇게 마음먹은 여성은 청년에게 연락을 했다. 교제를 하겠다고 용기 내어 말하려던 찰나, 상대 청년으로부터 돌아온 대답은 청천벽력이었다.

"저는 그저 교제를 해보고 싶다고 말했을 뿐인데 하나님의 응답을 기다릴 만큼 큰 의미의 교제로 받아들여질 줄 몰랐습니다. 그리고 이미 교회에 소문이 퍼져서 너무 부담스럽습니다. 자매님의 교제 상대로는 제가 부족한 것 같습니다."

여성은 큰 상처를 받았다. 자신에게 찾아온 특별한 이성교제의 기회를 자신의 잘못으로 날려버린 것 같은 상실감도 들었다. 게다가 시작도 해보지 못한 연애였건만 교회에는 이미 소문이 무성하게 나버렸으니 입장도 곤란해졌다.

결국 두 사람 모두 교회를 떠났다. 누가 뭐라고 한 것도 아닌데 상처를 치유하지 못한 채 둥지를 떠나게 된 것이다. 안타깝게도 교회는 두 명의 훌륭한 일꾼을 잃었다.

그들이 떠난 뒤 교회에서는 이런저런 말이 났다. 소위 CC(Church couple, 교회 내 커플)가 되려면 결혼을 전제로 한 교제가 되어야지, 연애만 할 거면 교회를 옮길 작정을 해야 한다는.

믿는 사람들의 연애는 정말 어려운 것일까? 아니, 바꾸어 말하면 교회 다니면서 연애하면 안 되는 것일까? 아니다. 결코 그렇지 않다. 영원하지 않은 삶 가운데 젊음의 시간을 지나는 이들에게 이성간의 사랑을 찾는 과정은 필요하고 유익하다. 다만 연애를 통해 이성과 특별한 관계를 맺을 때의 애매함을 해결하고 있지 못하기 때문에 어려움이 생기는 것뿐이다.

청춘남녀의 마음을 가장 설레게 하고 고민스럽게도 하며 기쁘게 만드는 것, 그것이 연애다. 그 연애를 대하는 생각과 자세만 좀 바꾼다면 청춘남녀 누구라도 연애할 수 있다.

연애와 교제의 애매한 기준

과연 연애를 해도 될까? 연애는 다 좋아하지만 막상 연애를 좋아한다고 대놓고 얘기하기는 어렵다. 특히 영적인 사람들은 왠지 연애를 하면 안 되는 것 아닌가 생각하기도 한다. 왠지 영적인 거룩함에 연애라는 낱말을 끼워 넣으니 질적으로 떨어진 것 같고 좀 더 심하게 얘기하면 타락한 것 같은 느낌을 받기도 한다. 이런 시선으로 인해 크리스천에게 있어 연애는 더욱 애매해진다.

연애를 그토록 애매하게 생각하는 이유는 과연 무엇일까? 왠지 거룩해 보이지 않는다는 이유는 결국 하나님께서 연애를 어떻게 생각하실지 알고 싶기 때문이다. 결론부터 말하면 연애에 대한 하나님의 입장은 'OK'라고 감히 말할 수 있다.

성경에 분명히 나와 있듯 이 땅에 가정을 만드신 분이 하나님이시다. 정말 아름다운 가정을 이루기 원하시고 주님이 짝지어주신 남녀가 만날 수 있기를 원하신다. 〈창세기〉 2장 18절에 보면 '여호와 하나님이 이르시되 사람이 혼자 사는 것이 좋지 아니하니 내가 그를 위하여 돕는 배필을 지으리라 하시니라.'라는 구절이 나온다. 결혼을 만드신 이가 하나님이다. 그러니 하나님께서는 아름다운 가정을 통해 놀라운 축복을 주길 원하신다. 가정은 곧 하나님의 선물이다. 그러므로 결혼을 만드신 이가 좋은 배필을 만나기 위한 이전 단계인 연애를 반대하실 리가 있으시겠는가.

문제는 돕는 배필이 누군지, 그 사람이 주님이 짝지어준 사람인지, 어떻게 그 사람을 알아가야 하는지, 또 알아가던 중 적합하지 않다고 여길 때 손 흔들며 쿨하게 헤어질 수 있는지 등등의 애매함이 걸리는 것뿐이다.

먼저 연애에 대한 애매한 기준을 정리할 필요가 있겠다. 사실 연애라는 두 음절의 낱말 속에는 다양한 의미가 포함되어 있다. 남녀가 한번 만나는 행위, 흔히 말하는 데이팅, 사귀는 사이, 교제하는 사이 등등이 연애와 어떤 차이가 있을까?

확실한 기준 없이 이 모든 것을 연애라는 넓은 범주 안에 집어넣다 보면 복잡해진다. 너무 많은 사람과 관계를 맺었던 건 아닐까, 바람둥이가 된 건 아닌지 후회할 수도 있다.

여기서 연애에 대한 정의를 확실히 정리해보고자 한다. 우리가 흔히 이야기하는 데이트라 함은 한번 만나보는 걸 의미한다. 서로 알고자 시간을 보내는 것 그것이 데이트다. 그것을 연애라고 부른다면 연애의 범위가 너무 넓어진다.

한두 번 데이팅이 이어지다 보면 교제가 된다. 즉 사귀는 시기로 넘어가는 것이다. 이때는 남친, 여친을 지칭할 수 있다. 이 정도 단계가 되면 다른 이성은 보지 않기로 무언의 약속을 한 상태다. 데이트할 때는 다른 이성을 만날 수도 있지만 교제하는 시기로 넘어가면 일종의 약속이 되는 것이다. 여기서 또 하나 짚고 넘어가야 할 문제는 교제의 목적이다.

처음에 데이트를 하는 것은 그 사람을 알기 위해서다. 알아야 정승을 한다는 말처럼 그 사람을 알기 위해 데이트를 한다. 그렇게 만남을 통해 지속적으로 상대에 대해 알아가다 보면 서로 이해해가는 단계가 된다. 그 단계가 바로 교제의 단계라 할 수 있다. 둘이 서로 더 알아보고자 하는 것이다. 꾸준하게 둘만의 공감을 통해 좀 더 성숙한 단계로 알아가는 것, 그래서 하나님께서 두 사람 간에 한 가정을 이루고 결혼을 통해 깊은 관계까지 갈 수 있는지 알아보기 위해 교제를 하는 것이다. 이 단계가 연애라 할 수 있다.

연애를 힘들게 만드는 것 하나가 헤어지는 일이다. 이에 대해 확실한 생각이 필요하다. 데이트는 언제든 그만둘 수 있다. 한번 본 뒤 '아니다' 싶으면 만나지 않으면 그만이다. 교제 역시 마찬가지다. 특별한 관계를 맺으며 서로 이해하며 알아가는 단계라 할지라도 헤어질 수 있다. 사랑의 감정이 무르익었어도 헤어질 수 있다. 결혼을 준비하는 단계로 가는 과정에서도 헤어질 수 있다. 결혼이란 한 가정이 세워지는 것이기에 사랑 외에도 환경을 지배하는 것이 분명히 있을 수 있다.

그러나 중요한 것은 헤어질 수 있는 연애지만 후회 없는 교제가 되어야 한다는 사실이다. 연애는 하나님께서 원하시는 가정을 이루고 돕는 배필을 주시기 위한 준비 단계다. 그렇기에 가볍게 생각해선 안 된다. 교제는 신중히, 그러나 사람을 알아갈 수 있는 기회는 자유롭게 가져보는 것이 연애를 대하는 자세라 할 수 있다.

과연 누구와 교제해야 할까?

나의 상대는 누구일까. 결혼하기까지 이 문제는 일생일대의 중요한 사안이다. 누가 괜찮은 사람인지 잘 모르기 때문에 연애를 두려워하기도 한다. 마음이 급하면 보는 사람마다 다 하나님이 보내신 사람처럼 보일 수도 있다. 또 조금 객관적인 평가를 얻기 위해 주변 사람들에게 물어보면 나는 괜찮은데 주위에선 아니라고 하기도 한다. 이처럼 반응이

엇갈릴 때 과연 그 사람과 만남을 시작할 것인지에 대한 판단이 애매해진다. 그러다 보니 사람과 교제할 때 나름의 기준을 갖는다.

어떤 사람은 믿음만을 보겠다는 기준을 갖는다.

'그래 믿음만 보자.'

믿음만 보겠다고 기준을 세웠다면 이 믿음에 대한 것도 잘 알아봐야 한다. 믿음이 좋다면 교회에서 열심히 봉사하는 것으로 생각하기 쉽기 때문이다. 그러나 성경에서 말하는 진짜 믿음은 하나님의 가치관을 가지고 사는 것을 말한다.

믿음은 단순히 교회에서만 얼굴을 보이는 것도 아니고 성경적인 이야기만 하는 것도 아니다. 실제 하나님과 살고 동행하고 있느냐가 가장 중요한 관점이다. 그렇기 때문에 믿음이 오히려 더 큰 끌림의 요소가 된다.

그런데 믿음의 기준에서 한 가지 딜레마에 빠질 때가 있다. 흔히 '다른 건 볼 것 없지만 믿음 하나만 보면 돼'라고 이야기할 때다. 많은 경우, 믿음이 좋은 사람들을 보면 그들이 다른 부분에서는 약해 보인다. 믿음이 좋다고 생각되는 이들은 신앙관이 투철하기 때문에 사회생활에 있어 스스로 제한하는 부분도 있고 제약을 받는 부분도 생긴다. 그러다 보니 다른 이들과 어울리는 과정에서 한계가 있을 수 있고 포기해야 하는 부분도 있다. 그것이 본인에게는 결단이지만 보는 이에게는 조금 약해 보일 수도 있다.

여기서 말하는 믿음은 의미가 확 축소된다. 덜렁 믿음 하나, 그나마 믿음이 있으니 그것만 보고 만나보라고 얘기하는 믿음은 믿음의 진짜 의미를 퇴색시킨 것이다. 그러나 사실은 그렇지 않다. 오히려 믿음이 있는 사람은 다른 부분도 뛰어나고 훌륭해야 한다. 진짜 믿음은 모든 것을 더 풍성히 만드는 큰 파워다. 정말 믿음이 있다면 다른 부분에 있어서도 용기 가운데, 소망 가운데, 성실함 가운데, 친절하고 예의바름 가운데 성품과 비전을 향해 더 큰 것을 가질 수 있기 때문이다.

또 어떤 사람은 교제의 기준을 영적인 것에만 의지하여 결정하려 한다. 앞에서 나온 청년처럼 첫 만남부터 기도로 결정한다. 자신이 마음에 드는 사람을 놓고 기도한 뒤 그에게 가서 말한다.

"내가 하나님께 기도해보니 당신하고 결혼하라고 응답을 주셨어."

워낙 평소에 기도도 많이 하는 사람이라 존경의 대상이었지만 막상 영적인 고백(?)을 받은 상대방은 흔들린다. 물론 하나님께서 확신을 주실 수 있어도 하나님이 원하시는 연애의 형태는 한쪽의 일방적이고 영적인 결정에 의한 것보다는 서로가 마음을 열고 마음을 주고받는 관계다. 다시 말해 교제 가운데 성숙해지는 것을 원하실 수도 있다.

그런데 여기서 또 문제가 생길 수 있다. 마음이 가는 사람을 만났는데 그가 신앙이 없을 수도 있다. 그런데 마음이 가고 교제하다 보면 결혼할 가능성도 생긴다. 이럴 땐 더욱 애매해진다.

이에 대해 〈고린도후서〉 6장 14절 말씀을 상기하면 좋을 것이다.

'너희는 믿지 않는 자와 멍에를 함께 메지 말라. 의와 불법이 어찌 함께하며 빛과 어둠이 어찌 사귀며.'

이 말씀에 교제의 지혜가 있다. 여기서 멍에를 함께 메지 말라는 것은 결혼을 의미한다. 믿지 않는 사람과 교제도 하지 말라는 말이 아니다. 물론 이 지점에서 다음과 같은 말을 하는 할 수도 있다. 만나는 사람이 지금은 안 믿지만 결혼한 다음에 열심히 믿겠다고 다짐을 했다는 것. 물론 간혹 그런 사람도 있겠지만 결혼하면 믿겠다는 것은 가능성이 희박한 말이다.

데이트와 교제 모두 모든 가능성이 열려 있다. 자유롭게 만날 수 있고 얽매이지 않을 수 있다. 다만 내가 상대에게 선한 영향력을 끼쳐야 하는데 그렇지 못할 가능성이 있다면 그 연애는 한번 신중히 생각해볼 필요가 있다. 내게 그럴 만한 믿음이 없다면 두 번 생각해봐야 한다.

이렇듯 연애의 대상인, 그 사람이 과연 괜찮은 사람인지 판단하는 일은 쉬운 일이 아니다. 그러나 진짜 믿음이 있는지 집중해서 살펴보고, 우리와 다른 기준을 가진 사람들을 이해하는 성숙한 시각을 가질 수 있다면 용감히 시작해보길 바란다. 만날 사람이 없다고 이야기하는 청년들이 많다. 그러나 하나님은 창조 이래 남녀가 가정을 이루시길 흡족해하셨고 그것을 원하시는 분이시다. 분명히 괜찮은 사람, 믿음의 사람이 있다.

연애할 때 고착하는 문제들

한 청년이 있었다. 평소 숫기는 없지만 묵묵히 교회에 봉사하고 헌신하기를 즐겨하던 청년이었다. 그러던 어느 날 청년에게서 기쁜 소식이 전해졌다. 그의 핑크빛 로맨스가 시작되었다는 것이다. 청년들 사이에서는 그 청년의 상대가 누구일지 일대 토론이 일었다. 청년들의 축복을 받으며 예배에 참석한 청년은 부끄러워하며 연애사 일부를 털어놓았다. 어떻게 만났는지, 몇 번이나 만났는지 털어놓았지만 여자친구의 신변 보호(?)를 위해 신상은 안 털어놓겠다고 했다. 어쨌든 청년은 얼굴도 환해지고 신수도 훤해지고 연애도 꽃피었다.

그런데 문제는 다음 주부터 시작되었다. 사랑에 빠진 청년이 예배 시간에 늦기 시작하더니 급기야 2주 만에 주일 예배에 빠진 것이다. 처음에는 문제가 있어서 그런가 보다 했지만 그 후로도 계속 청년은 예배를 소홀히 했다. 자신이 리드하던 모임은 물론 중보기도회도 잠깐 참석했다가 가는 정도가 되자 청년들 사이에서 말이 나오기 시작했다. 연애하더니 어쩜 사람이 저렇게 변하냐는 등 이러쿵저러쿵 말이 나왔다.

다음 주 주일이 되었다. 그 청년이 예배 시간 30분 전에 나와 앉아서 기도하는 모습이 보였다. 그럼 그렇지, 그 믿음이 어디 갔겠냐며 다들 반가운 마음으로 다가갔는데 청년의 표정이 심상치 않았다. 약간 운 것 같기도 했다. 알고 보니 청년의 짧은 연애사는 5주 만에 끝이 나버린 것이다. 예배 후 모임에서 청년은 불같았던 연애에 대한 참회를 시작했다. 그동안 여친에 눈이 멀어 교회 봉사도 소홀히 하고 특히 예배에 충실하게 못했던 점을 회개했다.

청년은 또다시 평소 신앙생활을 회복했다. 얼마 가지 않아 청년은 교회 내 여자 청년과 또다시 교제를 시작했다. 이번엔 둘 다 같은 교회 지체였기에 조심스러우면서도 더 잘되었다는 반응이었다. 그런데 또다시 문제가 시작되었다. 이번엔 두 청년 모두 청년 예배에 뜸하더니 결국 얼굴을 비추지 않았다. 이번엔 청년들이 더 이상 이해의 잣대를 들이대지 않았다. 그 청년은 이미 전적(?)이 있었고 게다가 여자친구까지 신앙에 소홀하게 만들었기 때문이다. 그 커플은 만남을 이어갔지만 밖에서 들리는 소식에 의하면 결국 헤어졌고 더 이상 그 청년은 다니던 교회에 나오지 못했다.

연애할 때 물론 둘만의 시간을 좀 더 갖고 싶고 둘이 하고 싶은 일도 많다. 그러나 연애에 의도된 하나님의 뜻은 돕는 배필, 즉 가정을 이루기 위해 교제해보는 시간을 갖도록 하는 것임에도 그 의도를 잘못 해석하는 데에서 문제가 생긴다. 하나님의 좋은 의도에도 불구하고 막상 연애를 하다 보면 딴 곳으로 갈 때가 많다는 것이다. 교회 안에서는 기도회 때 만난다. 하나님의 뜻을 찾기 위해 기도하고 만나고 데이트할 때까지는 괜찮은데 막상 교제를 시작하면 기도회에 참석하지 않는다. 성경 공부에서 만나 좋아하는 감정으로 데이트를 시작한다. 그리고 교제를 시작하면 교회에서 잘 안 보인다.

물론 여러 가지 이유가 있을 것이다. 교제하는 모습을 사람들 앞에서 보이는 게 쑥스러울 수도 있고 제약이 있다고 생각할 수도 있다. 그러나 분명한 것은 하나님이 의도하신 결혼을 향해 예비하고 준비하는 과정에 서로를 깊이 알아가는 사랑의 관계에도 하나님이 함께하셔야 한다는 것이다. 하나님이 빠지는 연애는 사람의 겉모습에 집중하게 되고 영적인 내면을 들여다볼 기회를 잃게 된다.

그러므로 '연애를 해도 되는가?'라는 질문에는 당연히 '그렇다'라고 대답할 수 있다. 그렇다면 어떻게 연애해야 하는가라고 질문한다면 '하나님의 생각대로'라고 답해야 한다. 연애 역시 하나님이 준비하신다. 하나님께 맡기고 하나님의 의도를 깨달아 연애를 시작하면 된다. 물론 이런 좋은 의도에도 불구하고 연애가 잘 안 될 때가 있다.

특히 교회 안에서 연애를 하다가 잘 안 될 때는 보는 눈들이 많아서 더 힘들다. 이때는 모든 연애가 결혼으로 이어지지 않을 수도 있다는 마음의 여유를 가질 필요가 있다. 또한 좀 더 넓게 생각하면 좋을 것 같다. 훗날 자신이 결혼을 하고 난 뒤에 자녀가 생긴다면, 부모의 입장에서 자녀가 어떤 마음으로 하나님이 원하시는 교제를 했으면 좋을지 미리 생각해보는 것이다. 이런 생각을 하면서 조금 멀리 떨어져 객관적으로 생각하는 시간을 가질 때 교제에 임하는 마음가짐이 좀 더 세련되어질 것이다.

연애를 대하는 성숙한 자세

한번은 결혼식 주례를 보게 되었다. 그런데 식을 앞둔 부부가 나를 찾아와서 이런 말을 하는 것이다.

"목사님, 제가 나온 대학교요……. 다른 학교에서 졸업한 건 절대 얘기하지 말아주세요."

이런 커플이 종종 있다. 학교 얘기를 못하겠다는 것인데, 이유인즉슨 학교 얘기를 꺼내면 부모님과 갈등이 일어난다는 것이다. 그러니 당연히 학력을 숨기는 등 거짓말을 했을 것이다.

그들의 요구대로 해주긴 했지만 과연 그게 옳을까 싶다. 연애에 있어 과연 이 사람이 괜찮은 사람인지, 믿음의 사람인지 기준에 맞춰 선택하는 것도 쉽지 않은데 부모님의 기준과 맞지 않기까지 하면 더욱 힘들어진다.

연애, 남녀가 서로를 알아가며 결혼을 전제로 교제할 수 있기에 그 과정에서 부모님과 기준이 다를 수 있다. 흔한 드라마 소재로 등장하는 부모 자식 간의 갈등은 어떤 쪽의 손을 들어줘야 할지 애매하다. 사랑 하나만 보겠다는 자식의 입장도 충분히 이해하고 그만큼 환경도 중요하다는 부모의 입장도 이해 못하는 것이 아니기 때문이다.

이때 중요하게 생각할 점은 과연 부모님의 기준을 이해할 수 있는 성숙함이 있는가 하는 점이다. 사실 연애에 있어 부모 자식 간의 갈등은 표면은 다르지만 속내는 같다. 자식의 행복을 위한다는 점이다. 가령 부모님이 교제를 반대한다고 할 때 그 이유를 들어보면 틀린 부분이 있는 것도 아니다. 그들이 보는 중요한 조건도 있다. 그것을 인정하면서 더 큰 그림을 그리는 성숙함도 있으면 좋겠지만 그렇지 못하다. 대부분 부모가 반대하는 이유에 귀 기울이기는커녕 반발부터 먼저 하기 때문이다.

부모와 갈등이 일어날 때는 먼저 부모의 기준을 이해해야 한다. 부모님의 살아온 삶과 중요하게 생각하는 가치를 인정하고 존중하는 성숙함을 가져야 한다. 더불어 자신이 교제하는 대상에 대한 확신이 있을 때는 성숙한 자세로 설득할 수 있어야 한다. 자신이 보는 상대방의 장점을 끝까지 설득시키고 이해시킬 수 있어야 한다. 그렇게 될 때 갈등의 고리는 풀어질 수 있다.

결혼하고 한 가정을 이루는 것은 바로 자신의 몫이다. 그러니 가장 가까이에서 시작되는 갈등 요소까지도 본인이 책임지고 이해하는 자세를 갖춰야 한다.

사람에 대한 확신

"선교사님은 어떻게 사모님과 결혼하게 되셨습니까?"

"그게 말이죠. 저희가 대학부에서 만났는데요, 그땐 별다른 감정이 없었거든요. 그런데 한번은 인도로 단기 선교를 가게 되었어요. 거기서 2개월 함께 생활하며 아이들 돌보고 의료 사역 도와드리다가 눈이 맞게 된 거예요."

"왜요, 사모님 외모가 마음에 드신 거예요?"

"아뇨. 현지에서 제대로 씻지도 못하고 머리도 3~4일에 한 번 감을까 말까 했어요. 그러니 다들 거지 사촌쯤 됐을 거 아니에요. 그러니 외모에 있어선 총체적 난국 상태였죠. 그런데 어느 순간 사모가 꾀죄죄한 모습으로 아이들과 놀아주는데 갑자기 마음이 확 뜨거워지더라고요."

"그럼 사모님은 선교사님 어떤 점이 마음에 드셨어요?"

"저도 거기서 눈에 콩깍지가 씌었어요. 선교사로서 사명을 받은 사람이라 관심을 갖지 않았었는데 인도에서 헌신하고 열심히 봉사하는 모습 보면서 그동안 갖고 있던 편견이 사라지더라고요. 그러다 보니까 부스스한 헤어스타일이 모델 헤어스타일같이 보이고 눈곱 낀 눈도 거짓말 좀 보태 장동건 눈같이 보이더라고요. 호호."

이것이 바로 사랑에 빠진 이들의 통상적인 심리 상태일 것이다. 눈에 콩깍지가 씌워 그 사람의 모든 것이 좋아 보이는 것이다. 그래서 평소 단점으로 보이던 것도 최고의 장점으로 승화되는 과정이 바로 사랑에 빠졌음을 의미한다. 그 상황에서 사랑하는 상대방은 최상의 짝이라고 확신한다. 그런데 과연 그럴까?

연애를 하는 세상에서 모든 청춘남녀의 가장 중차대한 화두는 바로 자신이 만나는 사람이 과연 나의 짝일까 하는 것이다. 사실 그것을 판단하기란 참 애매하다. 아무리 사랑에 빠져 눈에 콩깍지가 씌웠다 하더라도 콩깍지가 평생 가는 것도 아니기에 중간에 '이 사람이 아닌가 봐' 하고 후회하기도 한다.

혹자는 첫눈에 반했다고 말한다. 그래서 첫눈에 반한 사람이 하나님이 보내신 사람이라고 이야기한다. 그런데 데이트를 할 때는 한눈에 반했다는 것이 통할 수 있지만 막상 교제로 이어질 땐 한눈에 반하는 것으로는 부족하다. 두 눈을 부릅떠야 한다. 그 사람에 대해 알기 위해 집중해야 하는데 한눈에 반해 한 눈으로만 보면 문제가 된다.

'fall in love', 사랑에 빠지다는 말을 할 때 쓰는 표현이다. 그런데 이 표현에 사랑이 가진 속성의 한계가 있음을 알아야 한다. 빠졌다는 것은 다시 빠져나올 수 있다는 것(fall out of love)을 의미하기 때문이다. 이 감정이 강한 감정이긴 하지만 강력한 감정이 꼭 사랑이 아닐 수도 있다.

그렇다면 과연 그 사람이 하나님이 정하신 짝인지 어떻게 알 수 있을까? 분명한 것은 하나님께서 지정해서 '저 사람이 네 짝이다.' 말씀해주시지는 않는다는 것이다. 다만 나를 향해 짝지어준 사람이라면, 그와의 교제를 통해 하나님의 방법대로 두 사람에게 마음을 주신다.

상대방을 향한 마음은 '우리가 과연 서로 이해하고 헌신할 수 있을까? 내가 어디까지 저 사람을 위해 돕는 배필이 될 수 있을까?' 하는 생각으로 발전한다.

사실 부부간에 문제가 생기는 원인은 돕는 배필이 내가 아닌 상대가 되길 바라는 마음에 있다. 그건 돕는다는 성경적 의미를 잘못 해석한 이유도 있지만, 그 해석을 떠나 결혼에 임하는 마음가짐을 전환해야 함을 의미한다. 돕는다는 것은 짝을 위해 한 차원 아래에 있는 것이 아니다. 성경에서 말하는 돕는다는 것은 단순히 헬프(help)가 아닌 좀 더 고차원적인 헌신을 의미한다. 돕는다는 단어를 성경에서 보면 주로 하나님이 우리를 위해 사용하신다. 영적으로 생활적으로 뛰어나지 않으면 진심으로 돕는다는 것이 가능하지 않다. 그렇기에 돕는 배필에 대한 인식의 전환이 필요하다.

교제하는 사람에 대한 확신은 이런 인식의 전환을 가져다주는 자연스런 감정으로 나타난다. 흔히 말하는 한눈에 반한 사랑은 너무 강하게 다가온 나머지 자신만 생각하기 십상이다. 그 사람을 사랑하는 게 아니라 사랑을 한다는 연애 그 자체에 빠질 수 있다. 그러다 보면 정작 상대방에 대해 제대로 알지 못하는 오류를 범하게 된다.

한 지인 중에 사랑의 감정을 너무 믿는 사람이 있었다. 그는 자신의 감정에 충실한 것이 최선이라고 생각했다. 사랑을 할 때도 자신의 감정에만 신경을 쓰기 때문에 상대를 향한 뜨거운 마음이 있는지, 늘 가슴이 뛰는지 그런 감정적인 것에 집중했다. 하지만 우리 모두가 알듯이 사랑의 감정은 늘상 펄떡이며 뛰지 않는다. 과학자들도 증명했듯 소위 사랑하는 감정, 가슴 뛰는 과정은 3개월이면 끝난다고 하지 않던가. 그런 이유로 그는 늘 3개월 이하의 짧고 강렬한 사랑의 감정만 경험했고 지금도 평생 가슴을 뛰게 할 상대를 찾아다닌다는 슬픈 얘기다.

또 한 번은 주례 상담을 온 형제자매를 만났다. 여러 이야기를 나누며 묻다가 서로의 장점을 이야기해보라고 했더니 둘이 신나서 얘기했다. 아마 서로 좋아하는 감정이 최고조에 달한 상태였는지 저런 것도 장점이 되나 싶을 정도의 것도 장점으로 승화시켰다. 그때 내가 찬물을 끼얹듯 서로의 단점을 찾아 말해보라고 했다. 그러자 갑자기 꿀 먹은

벙어리가 되는 것이다. 말하자면 아무런 단점이 없다는 것이다.

그들을 보며 흐뭇하기보다 사실 걱정이 좀 되었다. 서로의 단점을 볼 수 있어야 한다. 그 단점을 보면서도 장점보다 단점을 더 사랑할 수 있게 되어야 한다. 그것까지도 커버하며 내가 돕는 배필이 될 수 있을지 확신할 수 있을 때 진정한 커플이 될 수 있기 때문이다.

연애를 통해 진정한 짝을 만나는 과정은 그 사람과 만나며 이해하고 확신하는 과정이 이어져야 한다. 가슴이 뛰고 눈에 콩깍지가 씌는 보이는 현상에만 집중해선 안 된다. 앞서 말했듯 강력한 감정은 자기 자신의 감정일 뿐이다. 감정에 치중한 나머지 다른 것을 보지 못할 가능성이 크다.

정말 그 사람에 대한 확신을 갖고 싶다면, 여성이건 남성이건 내가 과연 상대방의 돕는 배필이 될 수 있는지, 서로 얼마나 이해하고 더 헌신할 수 있을지 생각해보기 바란다. 연애는 즐겁고 행복한 시간이지만 내면으로는 많이 생각하고 자기 자신에 대해 더욱 성찰해야 하는 시간이기도 하다. 그럼에도 불구하고 사랑하는 마음이 가시지 않는다면 그 짝은 하나님이 예비하신 짝일 가능성이 크다.

오랫동안 아이를 기다리던 부부가 있었다. 간절히 기다리고 애타게 기도하던 중 드디어 아이를 갖게 되었고 열 달 뒤 태어났다. 그런데 아이에게 장애가 있었다.

그토록 오랫동안 기다리며 기도했건만 장애를 지닌 아이를 본 순간 남편은 너무 마음이 아팠다. 아무것도 모르는 아내에게 그 사실을 알려야 했지만 큰 상처를 받을 걸 생각하니 말할 자신이 없었다. 그래서 며칠을 숨긴 채 아이의 상태만 보고 있었는데, 어느 날 아내가 남편을 불렀다. 다른 경로를 통해 아이의 상태를 알게 된 것이다.

"여보, 괜찮아. 내 마음 가운데 하나님이 이 힘들고 험한 세상에 이 장애 아이를 세상에 보내야 할 텐데 어느 부모가 이 아이를 위해 가장 사랑해주고 기도하고 받아주고 용서하고 이해해줄까 찾으시다가 우리 가정을 찾으신 것 같아. 그래서 하나님이 이 아이를 우리에게 주신 거야. 우리 그렇게 생각하고 이 아이 잘 키워요."

몸도 아직 회복되지 않은 아내의 의연한 말에 남편은 눈물을 쏟고 말았다. 그 두 부부는 서로를 뜨겁게 안고 하나님께 감사기도를 올리며 아이를 더욱 사랑하기로 다짐했다고 한다.

하나님이 예비하신 결혼은 이 가정의 이야기와 같다고 생각한다. 하나님이 그 사람의 짝을 찾으시고 찾으시다가 나를 찾으신 것이다. 비록 부족한 점이 있다 하더라도 그 사람의 돕는 배필이 맞다고 여겼기에 허락하신 것이다.

과연 지금 교제하고 있는 사람이 나의 배필이 맞을지 확신하는 방법은 단 하나다. 상대방의 단점도 이해하는 성숙함과 헌신으로 돕는 배필이 될 수 있겠다는 인내와 사랑의 마음이 생기면 그 마음은 하나님이 주신 마음이다.

연애를 위한 세 가지 제안

"목사님, 저 너무 외로워요……."

간혹 옆구리가 시리다며 찾아오는 청년들이 있다. 그도 그럴 것이 날씨 좋은 날, 한껏 벚꽃이 흐드러진 길을 커플이 아닌 솔로들이 걷고 있는 걸 상상해보면 그것도 재미있지만 그래도 아름다운 커플보다는 스릴이 떨어지는 건 사실이다. 그렇다고 신앙생활 잘하다 보면 다 만나게 되어 있다고 말하기보다 좀 더 구체적인 이야기를 해줄 필요가 있음을 느낀다.

그래서 연애에 관해 애매한 것을 정해주고 난 뒤에도 소망이 보이지 않는 청춘남녀를 위해 연애를 위한 세 가지 제안을 하려고 한다.

먼저 연애를 잘하기 위한 첫 번째 제안은 '나를 준비하라'이다. 솔직히 말해 연애할 때 잘 안 되는 이유를 따지자면, 나는 그대로 있으면서 상대방은 백마 탄 왕자 또는 꽃가마 탄 공주를 원하기 때문이다. 준비된 것보다 꾸밈없는 자신을 보이는 것을 추구한다며 있는 그대로를 보여주겠다는 것인데, 많은 이들이 자신을 꾸미는 것과 준비하는 것을 혼동한다.

준비하는 것과 꾸미는 것은 다르다. 준비와 꾸밈의 가장 큰 차이는 내면과 외면에 있다. 준비가 내적인 아름다움(inner beauty)에 집중하는 것이라면 꾸미는 건 외적인 모습에 치중하는 것을 의미한다.

연애는 준비가 필요하다. 그 준비는 연애에 앞서 자기 자신을 점검하는 것을 말한다. 과연 내가 돕는 배필이 될 수 있는 매력적인 사람인지 믿음이 필요하다. 사람의 마음을 끄는 데에는 많은 것이 필요하다고 생각하지만 꼭 그렇지도 않다. 정말 내 속사람이 사랑할 준비가 되어 있는지, 이해하는 마음이 있는지 속사람이 준비되어 있어야 한다.

물론 겉모습도 아름답고 속사람도 아름답다면 금상첨화겠지만 그렇지 못한 경우가 훨씬 많다. 나 역시 좀 더 키를 키우기 위해 열심히 먹었지만 키는 자라지 않고 옆으로만 불어났다……. 이렇듯 인간의 힘으로 어쩔 수 없는 일이 있다. 그러므로 의학적 기술에 의지하기보다 속 사람을 준비하는 게 지혜롭다.

내 속에 있는 생각과 의식은 내가 할 수 있는 부분이 분명히 있다. 어떤 이들은 이 속사람이 제대로 준비되지 않아서 '누가 나한테 관심을 가져주겠어?' '나도 나 자신이 실망스러운데 연애는 무슨……' 이렇게 포기하는 경우가 있다. 겉은 멀쩡한데 속사람이 준비되지 않은 탓이다. 반면 속사람이 준비되어 있는 사람은 시간이 가면 갈수록, 알아가면 갈수록 이끌리게 되어 있다.

그러므로 자기 자신부터 준비해야 한다. 생각을 바꾸고 바로 정립해야 한다. 사랑하는 마음, 상대를 이해하는 마음, 인내하는 마음, 나를 존중하는 아름다운 마음을 품는 것이다. 그 마음이 곧 얼굴로 나타나기 마련이다. 아름다움을 품을 때 얼굴에서 빛이 난다. 그 빛이 상대에게 전해지고 그 긍정의 에너지가 교제를 아름답게 풍성히 만드는 법이다.

너무 상투적이고 많이 알려진 말이지만, 아무리 얼굴이 예쁘고 몸매가 좋다 하더라도 마음속에 배려하고 이해하는 마음이 없으면 금세 시들기 마련이다. 그만큼 마음이 중요하다.

특히 아름다운 마음은 하나님이 우리에게 허락하신 마음이다. 이미 우리를 아름답게 만드신 하나님이 아름다운 마음을 주지 않으실 리 없다. 우리가 할 수 있는 일은 내가 바꿀 수 있는 것, 내가 가꿀 수 있는 속마음을 다듬으며 준비해야 한다.

두 번째 제안은 지혜롭게 열심히 찾으라는 것이다. 어느 자매는 결혼 상대를 위해 열심히 기도했다. 메모지에 원하는 배우자의 조건을 빼곡히 적어놓고 적극적으로 기도했다. 그런데 그 자매의 문제는 딱 거기까지에서 그친다는 거였다. 기도만 하면 하늘에서 배우자가 뚝 떨어지는 것도 아닐 텐데 더 이상 노력을 하지 않았다.

연애를 하려면 열심히 찾아야 한다. 그렇다고 너무 적극적으로 덤벼드는 것도 곤란하다. 목회 사역을 시작할 때의 일이다. 결혼하기 전 미혼의 전도사일 때 강사로 초청받아 강의를 하는 일들이 종종 있었는데 강의를 마치고 내려오면 앞을 가로막는 자매들이 있었다. 내 앞을 가로막곤 다짜고짜 이런 말을 했다.

"전도사님, 제가 기도 중에 사모가 되라는 소명을 받았습니다."

이런 선포(?)를 들으면 무서웠던 기억이 난다. 연애 대상을 찾을 땐 적극적이지만 지혜롭게 찾는 자세가 필요하다. 하나님이 예비하신 사람, 결혼을 통해 가정을 이룰 놀라운 축복은 우리가 사모해야 하는 것이고 기도하고 찾으며 준비해야 한다. 결혼이라는 중요한 문제, 그것 때문에 내 인생이 바뀔 수 있는 것인데 기도를 소홀히 해선 안 된다. 다만, 너무 저돌적이거나 들이대는 것이 아닌 지혜롭게 찾는 것이 필요하다.

마지막으로 세 번째 제안은 '하나님의 인도하심을 신뢰하라'는 것이다. 연애는 조급해선 안 된다. 조급할수록 제대로 사람을 보지 못하기에 선택의 폭도 좁아지고 잘못 선택할 확률도 높아진다. 분명한 것은 우리의 짝은 하나님께서 예비하셨다는 사실이다. 사랑 한번 못해봤다는 청년들은 간혹 하나님이 자신을 위해 아무도 예비하지 않으셨다고 원망하곤 한다. 하지만 중요한 것은 하나님이 나의 짝을 예비하지 않은 게 아니라 내가 과연 돕는 배필이 될 수 있는가 먼저 생각한 뒤 하나님의 예비하심을 구해야 한다는 것이다. 그렇게 되면 나 혼자만 적극적으로 짝을 찾아다니는 것이 아니라 하나님과 한 팀이 되어 찾을 수 있다. 연애는 하나님과 한 팀이 되어 가장 맞는 상대방을 만나고 사랑하는 과정이 될 때 가장 빛난다. 분명히 하나님이 예비하신 짝이 있다.

젊은 시절 나 역시 배우자를 위해 주님께 기도를 드렸다. 먼저 교제를 시작하기 전 성경을 보면서 가장 마음에 드는 여인 세 명을 골랐다. 그 여인은 사라와 룻, 그리고 마리아였다. 남편 아브라함의 배필로 평생을 함께했던 사라, 시어머니를 따라와 효를 행했던 룻, 주의 여종임을 고백하며 하나님 뜻에 따르겠다고 했던 마리아, 이 세 여인의 모습을 지닌 여인을 허락해달라는 기도였다. 대학 시절부터 드린 기도는 대학 4학년에 응답이 왔고 지금의 아내를 만나 성경에 나오는 세 여인의 모습을 지금껏 보면서 살아가게 하시니 감사하다.

연애는 지혜가 있어야 한다. 먼저 자기 속사람을 아름답게 단장할 수 있는 지혜가 있어야 하고, 적극적이되 저돌적이지 않은 인도하심을 가지고 찾아야 하며, 언제 어느 상황에서도 가장 좋은 짝으로 예비해주시는 하나님의 지혜를 신뢰해야 한다. 이 지혜를 구하고 교제에 임한다면 일부러 노력하지 않아도 아름다운 향기가 뿜어져 나올 것이다.

인생의 가장 젊은 시간을 보내는 청년들에게 남녀관계만큼 가슴이 떨리고 두근거리며 뛰게 만드는 관계가 없다. 후회 없이 부끄럼 없이 괴로움 없이 나눌 수 있는 아름답고 성숙한 교제와 아름다운 결혼이 우리 가운데 있도록 준비와 지혜가 필요하다. 그렇게 될 때 하나님이 예비하신 교제의 축복 가정의 축복이 기다리고 있다.

02

부부인가 윈수인가

남편이 아니라 윈수?

날마다 큰 소리가 나는 집이 있었다. 부부의 다투는 소리가 거의 하루도 빠지지 않고 담장을 넘겼던 집이었는데 어느 날부터 다투는 소리가 딱 끊겼다. 하도 이상해서 한 사람이 그 집을 가보았다. 그런데 가서 보니 남편을 대하는 아내의 태도가 완전히 바뀐 것을 알게 되었다. 무슨 심경의 변화가 생겼는지 물었더니 그 아내 왈, 지난주 설교에 은혜를 많이 받아서 그랬다는 것이다.

궁금해진 방문객이 물었다. 지난주 설교 제목이 뭐였느냐고. 그러자 아내 입에서 나온 대답은 이랬다.

"윈수를 사랑하라!"

옛 말에 부부싸움은 칼로 물 베기라는 말이 있다. 칼로 물을 벨 수 없고 설사 벤다 하더라도 아무 소용없듯이 부부싸움 역시 해봤자 소용 없는 일이라는 것이다. 그럼에도 불구하고 이 땅의 적지 않은 가정에서 부부간에 소리 없는 전쟁이 벌어지고 있다.

좀 더 심각한 이야기를 하자면 2012년 우리 사회의 이혼율이 OECD 가입 국가 중 1위를 차지했다고 한다. 2012년 이혼한 부부가 11만 4,300여 쌍에 이르렀다고 하니 그 수치가 참으로 놀라울 뿐이다. 이혼 사유는 사랑하게 된 이유만큼이나 다양하다.

대부분 남편과 아내는 서로 다른 기질을 가지고 있다. 처음엔 그것이 매력이 있어 끌렸지만 결혼 후에는 그것이 오히려 서로를 괴롭히는 'opposite attract and then attack'(반대적인 성향에 끌리나 나중에는 오히려 반대 성향 때문에 공격한다는 뜻)가 된다. 그 외에도 성격이 맞지 않아서, 시댁과의 갈등으로, 그냥 싫어서 등등 이유 없는 무덤 없듯 높아지는 이혼율만큼이나 가정 해체의 이유도 많아졌다.

설사 이혼까지는 가지 않더라도 문제는 존재한다. 많은 가정에서 부부간의 관계에서 톱니바퀴가 제대로 돌아가지 않는 경우를 본다. 특히 교회에서 여집사님들의 이야기를 들어보면 남편 집사님에 대한 흉을 보는 것을 지나쳐 아예 원수로 생각하는 경우가 많다.

"아휴 그 인간은 진짜 도움이 안 돼요. 어쩔 수 없이 산다니까요."

그래도 인간으로 취급되는 것을 감사하게 생각해야 하는지 모르겠지만, 집에다 두고 오면 근심되고 같이 나가면 짐이 되고 혼자 보내면 걱정이 되며 마주 앉으면 원수가 되는 남편과의 관계가 심상찮다. 가족인지 원수인지 애매해지는 순간이 많아진다.

부부관계 해결의 키를 쥔 사람은 누구?

가장 친밀하고 가까운 관계가 부부지만 등 돌리면 남남이 된다는 말처럼 한번 돌아서면 며칠씩 말 한마디 못 붙이는 사이가 부부이기도 하다. 그렇다고 누군가 개입하게 되면 오해와 불신이 더 커지기에 부부 간의 문제는 당사자가 해결하는 것이 가장 빠르다. 그러니 부부관계는 아무도 개입할 문제가 아니라고 하는 말도 틀린 말은 아닌 듯하다.

그래서 부부 사이에 애매한 부분이 있다. 어떤 문제가 생겼을 때 원인이 어느 쪽에 있는지 판단이 애매하다는 것이다. 분명히 의견충돌이 있었고 그로 인해 감정이 상했는데 원인은 분명치 않다. 변명하기 좋아하는 본능으로 서로 변명하고 다투다 보면 감정만 다친 채 끝나버린다.

이런 애매한 부분은 수도 없이 발생한다. 이 애매한 부분을 해결하기 위해서는 서로의 노력이 필요하지만 그중에서도 아내의 역할이 절대적으로 필요하다. 이 지점에서 왜 여성인지, 성차별적 발언은 아닌지 궁금해할지도 모르겠다. 그러나 여성, 즉 아내의 역할에 비중을 두는 것은 일단 하나님의 뜻이 그렇기 때문이며 인류학적 근거도 있기 때문이다.

먼저 〈베드로전서〉 3장 1-6절 말씀을 살펴보면 아내를 향한 하나님의 당부가 나온다.

아내들아 이와 같이 자기 남편에게 순종하라 이는 혹 말씀을 순종하지 않는 자라도 말로 말미암지 않고 그 아내의 행실로 말미암아 구원을 받게 하려 함이니 너희의 두려워하며 정결한 행실을 봄이라 너희의 단장은 머리를 꾸미고 금을 차고 아름다운 옷을 입는 외모로 하지 말고 오직 마음에 숨은 사람을 온유하고 안정한 심령의 썩지 아니할 것으로 하라 이는 하나님 앞에 값진 것이니라. 전에 하나님께 소망을 두었던 거룩한 부녀들도 이와 같이 자기 남편에게 순종함으로 자기를 단장하였나니 사라가 아브라함을 주라 칭하여 순종한 것같이 너희는 선을 행하고 아무 두려운 일에도 놀라지 아니하면 그의 딸이 된 것이니라.

일단 아내들을 향해 '순종하라'는 것으로 시작하는 이 말에 불편함을 느낀다. 요즘 같은 시대에 순종이라는 낱말이 부적절하게 생각되는 것은 당연할 수도 있다.

그런데도 왜 성경은 아내들을 향해 순종하라고 했을까. 신혼 때는 좀 달랐을지 모르지만 시간이 갈수록 나와 다른 생각을 가지고 있는 남편, 밥 달라고 얘기하면 할 수 없이 차려주긴 하지만 밥상머리에서 깍두기 씹는 소리조차 미운 남편에게 순종해야 하는 이유가 궁금하다.

이유는 간단하다. 하나님의 뜻이기 때문이다. 또한 하나님이 아내를 향해 먼저 순종하라고 하신 것은 우선 아내 자신을 비롯해 남편, 자녀 모두가 행복해지기 때문이다. 가정의 행복은 아내에게 있다. 남편은 가정의 머리라고 하지만 아내는 가정의 목이다. 목이 뻣뻣하면 절대로 머리를 움직일 수 없다. 목이 부드러워야 몸 전체가 부드러워지듯 아내 스스로 행복하기 위해 순종을 선택하라는 것이다.

또한 아내의 순종으로 인해 남편도 행복할 수 있다. 아내를 안해, 즉 집 안의 해같이 빛나는 존재라고 한다. 안에서 빛을 비춰주지 않으면 빛을 밖으로 뿜어낼 수 없다. 아내가 남편에게 순종하지 않으면 남편은 행복할 수 없다. 남편은 늘 실패감과 자괴감에 괴로워할 수밖에 없다.

아내의 순종은 또한 자녀도 행복하게 한다. 어머니의 순종으로 인해 가정의 평화가 이뤄지는 것은 자녀들에게 가장 큰 살아 있는 교육이 된다. 자녀가 가정의 질서를 배우게 되고 하나님의 질서를 배우게 된다. 이런 이유로 하나님은 가정의 질서를 잡기 위해 아내에게 순종을 권면하신다. 앞서 소개한 〈베드로전서〉의 말씀뿐 아니라 '아내들이여, 자기 남편에게 복종하기를 주께 하듯 하라'(〈에베소서〉 5 : 22), '아내들아 남편에게 복종하라 이는 주 안에서 마땅하니라'(〈골로새서〉 3 : 18)에서도 볼 수 있다. 가정에서 아내에게 순종을 명령하신 것은 남편이라는 머리를 움직이는 아내라는 목의 역할을 더욱 중요하게 여기기에 아내에게 먼저 부탁을 하신 것이다.

성경적 이유 외에 인류학적으로도 아내가 왜 가정을 세우는 중요한 키를 쥐고 있는지 근거를 찾을 수 있다고 한다.

한 연구에 의하면 부부간의 대화에서 논쟁을 피하는 배우자의 85%가 남편이라고 한다. 이것은 남편에게 무슨 하자가 있어서가 아니다.

여성은 양육에 전념하고 남성은 협동하여 수렵에 전념하도록 적응해갔기에 내면의 감성 자체가 다르다는 것이다. 젖을 먹이며 아이를 키워야 했던 여성은 자신이 얼마나 긴장을 풀고 있느냐에 따라 젖의 양이 차이가 났다고 한다. 그러니 스트레스를 받을 땐 최대한 빨리 마음을 가라앉혀 젖의 양을 최대한 늘려야 했기에 여성의 감정 조절 능력이 뛰어나게 된 것이라는 말이다. 반면 남성은 사냥을 하며 맹수로부터 공격을 받을 것을 항상 대비해야 했던 터라 유사시에 아드레날린을 방출해 흥분을 지속시켜 수렵에 성공해야 했다.

실제 남성의 심장혈관 시스템은 여성보다 스트레스에 강하게 반응하고 진정 속도도 느리다는 것이 미국 UC버클리 대학교 심리학과 교수인 로버트 레벤슨(Robert Levenson) 연구팀에 의해 증명되었다고 한다.

심리학적으로 볼 때도 여성은 가정이라는 울타리 안에서 가장 안정적이라고 한다. 그러니 과학적으로 볼 때도 부부 사이의 애매한 관계를 회복시킬 키를 쥐고 있는 쪽은 아내라는 사실을 가늠할 수 있다. [《행복한 부부 이혼하는 부부》(존 M. 고트맨·낸 실버 저, 임주현 역, 문학사상사) 참고]

우리가 사는 세상은 끊임없이 관계를 맺으면서 살아가는 곳이다. 그 중에서도 가정을 이루는 부부의 관계는 사회의 최소 단위의 관계라 할 수 있다. 그 관계가 어긋나지 않기 위해서는 아내의 역할이 중요하다. 가정에 대한 책임을 더 많이 지고 있는 남편에게 먼저 아내 사랑의 명령을 내리지 않은 것은 하나님의 뜻이기 때문이다. 머리를 움직이는 목의 역할이 더 중요하다는 것을 말씀하시기 위함이다. 어떤 사람은 남자가 먼저 창조되고 여자가 뒤에 창조되었으니, 뒤에 창조된 여성이 훨씬 더 업그레이드된 버전이라며 더 유능하다고 말하기도 한다. 그 말 역시 틀린 말이 아니라고 생각한다. 여성 시대에 새로운 코드로 떠오른 우마드(Womad : 여성woman + 유목민nomad의 합성어)를 보더라도 세상을 이끌어나가는 여성의 역할에 점점 더 주목하고 있지 않은가.

15세 소녀는 부모의 환한 등불
설령 아내가 서른이 넘어도 가족들에게 그녀는 희망의 등불
비록 어머니가 늙어 노파가 되어도 자녀들에게는 따스한 등불

칭기즈 칸 시대부터 전해왔다는 이 같은 몽골인의 시에도 담겨 있듯 아내는 등불 같은 존재다. 부부간의 관계에 문제 해결의 키는 아내가 쥐고 있다. 그 열쇠에는 책임과 의무라는 자물쇠도 함께 달려 있다.

돕는다는 것의 애매함

가정의 달이 되면 부부에게 들려주는 설교를 귀가 따갑게 듣는다. '아내들아' '남편들아'로 시작되는 말씀은 단골 설교 제목이다. 특히 아내들을 위해 돕는 배필이 되라는 당부를 듣곤 하는데, 이 지점에서 애매한 부분이 생긴다.

돕는다는 것이 과연 어디까지를 의미하는 것일까? 아니, 아내는 꼭 돕는 존재가 되어야 하는가? 남녀 평등시대를 넘어 여성 상위시대를 넘보고 있는 시점에서 왜 아내는 주도자가 아닌 돕는 사람이 되어야 하는가? 이런 의문이 생길 수 있겠다. 왠지 돕는다고 하면 주도적이지 않은 보조자가 된 듯한 느낌이 들고 그러다 보니 돕는 배필이 되라는 말에 약간의 거부감을 느끼는 것 같다.

그러나 성경에서 말하는 돕는 배필은 우리가 상상하는 이상의 것을 의미한다. '돕는다'는 사전적인 의미 역시 잘되도록 힘을 보태는 것이다. 잘되도록 힘을 보태는 것은 능력이 없을 때는 불가능하다. 성경에서 말씀하시는 돕는 배필도 부족한 것을 메워줄 수 있는 도움을 의미한다. 원래 돕는다는 것은 도와줄 것이 있어야 가능하다. 자신이 부족하고 모자라면 도울 방법도 없다. 도와주는 사람과 도움 받는 자를 비교할 때 누가 더 부족할지 생각해보면 금방 돕는 배필이 얼마나 능력이 탁월해야 하는지 가늠할 수 있다. 말하자면 뛰어나지 못하면 돕지도 못한다는 것이다.

돕는 배필은 성경에서 하나님께 사용된 말이다. '하나님은 우리의 피난처시오 힘이시니 환란 중에 만날 큰 도움이시라.'(《시편》 46 : 1) 즉 'I'm your helper'라고 말씀하셨다. 여기서 돕는 자라는 의미의 헬퍼는 전능하신 하나님을 일컫는 말씀으로, 돕는 배필의 돕는 자와 의미가 비슷하다. 하나님이 우리가 당할 환란 중에 돕는 자가 되시겠다는 것은 우리보다 능력이 떨어져서 보조적으로 돕겠다는 것인가? 아니다. 뛰어난 능력을 지닌 하나님이 우리를 도와 좋은 환경으로 이끌어 주신다.

아내에게도 돕는 자로 사명을 주신 것은 아내에게 도울 능력을 주셨다는 것과 동시에 역할을 주신 것이다. 그 의미를 깨달아야 한다. 그러나 아무리 능력이 뛰어나도 목이 머리의 역할을 대신할 수 없는 것처럼 자신의 역할을 망각하는 것도 곤란하다. 아내에게 허락하신 능력을 잘못 생각한 나머지 가정을 지배하려 하고 남편을 지배하려 하는 건 하나님의 뜻이 아니다. 분명히 돕는 자로서의 역할을 주셨지, 지배하라는 의미는 아니기 때문이다.

그러므로 이제부터는 기꺼이 돕는 자가 될 필요가 있다. 돕는 역할에 애매한 기준을 가질 이유가 없다. 하나님께서 아담을 먼저 창조하신 뒤 돕는 배필로 하와를 창조하신 것은 부족한 점, 약점을 장점으로 승화시키는 역할을 아내에게 주시기 위함이다. 아담은 흙으로 빚어졌고 하와는 갈비뼈로 창조되었으니 태생적으로도 아내는 단단하다. 갈비뼈로 심장을 보호하듯 남편의 심장을 보호하는 돕는 배필이 되어야 한다.

영화 〈뷰티풀 마인드〉는 한 천재 수학자의 일생을 그린 영화지만 그 이면에는 그를 돕는 헌신적인 아내의 사랑을 그리고 있다. 천재 수학자 존 내쉬(John Nash)는 모든 법칙과 움직임을 수학적 공식으로 표현하는 최고의 방정식을 만들고자 연구하지만, 생각만큼 결과물이 없다. 또 원하는 연구소에 가고 싶었으나 성과가 없어 거부당하자 절망감에 빠진다. 이 절망감은 점점 그를 과대망상에 빠뜨려 급기야 환상의 존재인 '파처'를 만들어낸다. 아이러니하게도 파처를 만난 뒤 존 내쉬는 위대한 수학적 결과물을 이뤄낸다. 하지만 과대망상은 존 내쉬를 점점 미쳐가게 만들었다.

그때 엘리샤와 결혼하게 된 존, 엘리샤는 존을 위해 정신병원 검사를 받게 하고 존은 그토록 다니고 싶던 연구소도 그만둔 채 정신병자로 살아간다. 엘리샤는 또다시 절망에 빠진 남편을 돌이키기 위해 온갖 노력을 기울인다. 아직도 존의 곁에는 환상 속 존재 파처가 쉴 새 없이 떠들지만 아내는 헌신적으로 남편을 돌보고 과대망상 속의 존재를 무시하면서 현실 속에서 살아갈 수 있도록 섬긴다.

결국 아내의 도움으로 일상의 삶을 하나씩 되찾게 된 존 내쉬는 수십 년의 시간이 흐른 뒤 학생들 앞에 존경받는 노교수가 된다. 또한 젊은 시절 세웠던 수학 이론이 세상의 관심을 받게 되면서 노벨상을 받게 되는데 상을 받는 자리에서 평생 자신을 도와준 아내를 향해 이런 말을 한다.

"나는 아내를 통해 어떤 논리나 이론으로도 풀어낼 수 없는 최고의 방정식인 사랑을 알게 되었습니다."

위대한 인물 뒤엔 반드시 감춰진 인물, 돕는 이가 있다. 헬렌 켈러라는 위대한 인물 옆에는 설리번 선생이라는 돕는 자가 있었고 발명왕 에디슨 뒤에는 끊임없이 격려하고 힘을 북돋워준 어머니라는 돕는 손길이 있었다.

이 땅의 아름다운 가정엔 바로 세워진 남편이 있다. 그리고 그 뒤엔 반드시 돕는 배필 아내가 있다. 겉으로 나타나지 않을지라도 보이지 않는 곳에서 남편을 세워주고 높여주는 진정한 헬퍼가 바로 아내다.

부부관계 회복 키워드 1 - 아내들이여! 부드러워라

"처음 3년은 남편을 바꿔보려고 갖은 애를 다 썼어요. 정말 저랑 맞지 않는 부분이 많더라고요. 그래서 회유도 해보고 설득도 해보고 맞춰주기도 했는데 정말 안 되는 거예요. 한 3년 뒤엔 저절로 포기하게 되면서 하나님께 매달렸어요. '하나님, 저 사람 좀 바꿔주세요.'라고요. 그런데 그렇게 또 몇 년이 지났는데도 안 바뀌어요. 아, 하나님도 저 사람을 못 바꾸시는구나 싶더라고요."

이런 해묵은 고백을 듣고 있노라면 안타까움이 든다. 참 많은 노력을 했구나 싶으면서도 안타까움이 드는 건 정작 본인을 바꾸려는 노력을 안 한다는 것이다. 《행복한 부부 이혼하는 부부》를 저술한 존 고트맨(John Gottman) 박사는 '결혼 생활에서 가장 놀랄 만한 일 중 하나인 대부분의 의견 차이는 부부간에 해결되지 않는다는 사실을 받아들여야 한다. 수십 년이나 결혼생활을 해온 부부도 상대방의 생각을 자신의 생각에 끼워 맞추려고 말다툼을 되풀이한다. 그러나 이것은 불가능한 일이다.'라고 말한다.

그만큼 부부관계를 애매하게 만드는 원인, 관계를 어렵게 만드는 것은 자신의 뜻에 상대방을 맞추려고 하는 것이다. 그러나 그렇게 하기란 쉽지 않고, 거의 불가능한 일이다. 가장 쉽고도 탁월한 방법은 따로 있다. 돕는 배필이 되기 위해 나 자신이 바뀌는 것이다.

아내 자신이 먼저 바뀌어야 할 부분은 부드러워지는 것이다. 여성의 최대 강점은 섬세함과 부드러움이다. 아무리 남성이 섬세하다 해도 여성의 디테일을 따라가기는 힘들다. 특히 여성에게 뿌리 깊이 있는 모성애는 그 어떤 사랑도 뛰어넘기 힘든 사랑의 최고봉 아닌가.

부드러움은 남녀, 특히 부부관계 최고의 윤활유 역할을 한다. 남편은 어머니에게서 느낀 부드러움에 대한 소망이 있다. 때론 강하고 추진력 있는 아내를 원할 때도 있지만 그 모습에서조차도 부드러움을 원한다. 여성에게 있어 가정은 수다의 방이지만 남성에게 가정은 동굴, 즉 돌아와 웅크리고 편안히 쉴 수 있는 공간이다. 그 편안한 공간 속에서 아내의 부드러움은 기본 옵션이다.

그런데 세상이 아내를 부드러워지게 배려하지 않는다는 데 문제가 있다. 어떤 남선교회 집사님이 이런 이야기를 털어놓았다.

"저는 꼭 친구랑 살고 있는 것 같아요. 저희 집사람은 저보다 목소리가 더 커요. 처음엔 그런 씩씩한 모습이 보기 좋더니 지금은 그 기에 제가 눌리는 것 같아요. 마트에 가면 집사람의 목소리가 얼마나 크고 괄괄한지 어느 코너에 있는지 다 알 수 있어요. 사실 바깥에서 일하면서 상사에게 큰 소리를 듣잖아요. 그러니 집에 들어가면 조용하고 편안한 분위기에서 쉬고 싶은데 오히려 더 시끄럽다 보니 일부러 귀가 시간을 늦추게 되더라고요."

천성이 외향적인데 어쩌겠나 할 수도 있다. 그러나 부드러움은 노력에 의해 후천적으로 길러질 수 있는 성품이다. 물론 지금 세상이 아내들이 부드러울 수 있는 분위기가 만들어지는 환경이 아니라는 것은 사실이다. 아이들 양육하며 싸우고, 산업전선에서, 가사 일에서, 여러 가지 관계에서 부드러움보다 강함이 생존 무기가 된다. 그런데 부드러움이 남아 있지 않은 상황에서 아내는 남편이 부드러움이 남아 있지 않은 상황을 이해해주길 바라고, 남편은 그럼에도 불구하고 부드러운 아내를 바란다.

그렇다면 우리는 왜 부드러워야 할까? 남자는 자존심이 가장 큰 무기다. 자존심 빼면 시체라는 말을 할 수 있을 정도로 자존심이 강한 동물이다. 여성에 비해 남성의 자아(Ego)는 굉장히 크기에 그것이 짓밟히면 아무것도 하지 못한다. 아내가 돕는 배필로서의 역할을 하는 첫 번째 사명은 남편이 가장 중요하게 생각하는 자존심 부분을 세워줘야 하는 것이다.

자존심을 세워준다는 것은 다른 말로 표현하면 존중한다는 의미다. 존중을 드러내는 가장 좋은 방법은 격려다.

신혼부부 사이에서 '자기야. 밥 먹어.'라는 말은 서로 애교 있게 받아들일 수 있을지 몰라도 결혼 몇 년차에 접어들었을 때 '밥 먹어'는 상당히 불쾌하게 들릴 수 있다. 왠지 자신을 깎아내리는 듯한 말투에서 빈정이 이미 상한다. 그런 의미에서 존중을 나타낼 언어 습관 중 좋은 것은 존대해주는 것이다. 남편이나 아내 모두 서로에게 존대를 함으로써 존중받고 있음을 느낀다.

또한 언어 습관에 있어 너무 영적인 면에 치우치는 바람에 남편을 향해 이상한 말을 할 때도 있다. 남편의 잘못된 행동 앞에 '사단아 물러가라' 등의 말을 사용하기도 한다. 절대적으로 금지해야 할 말이다. 또 서로가 애교스럽게 쓰는 말이라고 하면서 '저 웬수……' '우리가 부부야? 웬수지.' 웃으며 말하는 것도 금물이다.

말은 사람의 인격과 가치를 나타난다. 서로 존중하는 말, 사랑하는 말, 칭찬하는 말로 충분히 상대를 세워줄 수 있다.

어떤 부부가 혀에 권세가 있다는 말씀에 감동받아 서로에게 사용하는 언어를 고쳐보리라 다짐했다고 한다. 남편은 무뚝뚝한 경상도 사나이라서 죽어도 애교스러운 말은 못하겠다고 버텼지만 아내 집사님은 꿋꿋이 아름다운 말 쓰기를 이어갔다.

"호호…… 당신은 정말 대단해요. 식사하는 것도 참 복스럽게 먹고…… 어쩜 이마도 이렇게 훤할까요……. 난 정말 로또에 당첨된 여자예요."

"와 이라노?"

처음엔 반색했지만 얼마 못 가 남편은 백기를 들었다. 결코 싫지 않았던 것이다. 그토록 무뚝뚝한 남편의 입에서도 방언이 터지듯 칭찬의 말이 한두 마디씩 나오기 시작했다. 하루에 평균 열 마디도 하지 않았다던 그 부부는 그러한 노력 끝에 지금은 금술 좋은 부부가 되었다고 한다.

부드러워지기 위해서는 먼저 말이 변해야 한다. 남편은 위로받고 사랑받는 걸 원한다. 처음에는 계면쩍고 부끄럽고 어색할지언정 상대방을 존중하는 진심을 가지고 다가서야 한다.

부부관계를 회복하기 위해 부드러워지기 위해서는 말 이외에도 행실에 있어 존중이 깃들어야 한다.

아내들아 이와 같이 자기 남편에게 순종하라 이는 혹 말씀을 순종하지 않는 자라도 말로 말미암지 않고 그 아내의 행실로 말미암아 구원을 받게 하려 함이니 너희의 두려워하며 정결한 행실을 봄이라'(〈베드로전서〉 3:1-2)

말씀에도 나오듯 행실이 중요하다. 두려워한다는 것은 존중하고 존경한다는 의미가 담겨 있다. 남편을 향해 존중을 보이기 위해서는 행실이 뒤따라야 한다. 말로만 칭찬하고 행실로는 그렇지 않다면 의미가 퇴색된다.

캘리포니아 주 코르테마데라에 있는 '이혼 치료 연구소'의 기지 박사와 켈리 박사는 이혼 위기에 있는 한 가정의 치료 프로그램을 진행했다고 한다. 프로그램은 아내와 남편이 서로에 대해 알고 있는 것을 최대한 배려하도록 한 평범한 내용이었다.

일 중독자인 너새니얼 부부는 이 프로그램을 통해 변화되었다. 남편은 무역업에 종사하는 터라 장시간 일을 했고 아내는 그런 남편의 무관심에 상처를 받은 상태였다. 거의 대화도 없이 만나면 싸우기만 했던 부부였지만 조금씩 변화를 보이기 시작했다.

먼저 남편과 아내는 강하게 결합하는 방법으로 전화를 이용하기로 했다. 남편은 일하는 동안 낮에 주로 아내에게 전화를 걸어 상황을 전했고, 아내가 병원에 갈 일이 생기면 시간에 맞춰 전화를 걸어 결과를 물었다. 또한 남편이 고객을 만나면 아내가 전화를 걸어 결과를 묻는 등 서로의 일상을 공유해나갔다.

특히 아내는 남편이 좋아하는 것을 많이 배려했다. 가령 닭튀김 요리를 하면 아내는 닭다리 부위를 남편 접시 위에 올렸다. 그 부위를 좋아하는 걸 알기 때문이다. 주일 아침 아이들을 위해 블루베리 팬케이크를 만들 때면 블루베리를 싫어하는 남편을 위해 그것을 뺀 팬케이크를 만드는 등 사소한 행동을 통해서도 남편의 기호를 존중해주었다.

그 부부는 회복되었다. 남편과 아내의 노력으로. 아주 평범한 일이지만 존중하는 행실이 그들 사이에 깊은 우정을 낳아 사랑의 기반이되었던 것이다. 이 프로그램을 진행한 박사는 이런 조언을 했다.

'존중은 행동을 해야 의미를 갖는다. 배우자를 존중하는 마음을 말로 표현하는 것도 좋지만 생각을 행동으로 나타낼 때 더 큰 의미가 있다.'

간혹 아내들 사이에서 이런 말이 돌곤 한다. 결혼 생활에서 주도권을 누가 잡느냐에 따라 일생이 바뀐다며 신혼 초에 꽉 잡아야 한다고. 이 지점에서 아내들은 갈등한다. 분명히 주례 때에는 아내에게 순종하라고 했는데, 애교도 부리고 보호받고 부드럽게 살고 싶은데 기선을 잡아야 하는 건 아닐까.

혼란스러워할 필요가 없다. 하나님이 말씀으로 이미 알려주셨듯 두려워하며 정결한 행실을 보여야 한다. 미국 UCLA대학교 앨런 쇼어 (Alan Schore) 박사는 인간이 모두 만족스러운 관계를 원하는 이유는 뇌의 일부가 다른 사람과 서로 사랑하는 접점을 찾도록 설계되어 있기때문이라고 말했다. 애초부터 우리 뇌가 좋은 관계를 맺으려 애쓰도록되어 있기에, 부부 사이의 부드러운 존중은 좋은 관계를 맺도록 해주어 결혼 생활의 핵심 요소인 안전감을 준다는 것이다. 이 말은 곧 결국 부드러움으로 인해 부부간에 안정감을 얻게 되고 그 감정을 바탕으로 깊고 친밀한 최고의 관계가 만들어질 수 있음을 의미할 것이다. [《평생의 약속》(개리 스몰리 저, 이나경 역, 라이프북) 참고]

그러므로 못을 하나 박더라도 '못 좀 박아줘.'라고 퉁명스럽게 말할 게 아니라 '여보, 여기에 이걸 달아야 하는데 당신 손이 필요해요.'라고 부드럽게 말할 수 있어야 한다. 그럼에도 불구하고 남편이 꿈쩍하지 않는다면 '그래 내가 손이 없냐. 내가 박는다.' 라며 애꿎은 벽만 망치로 내리칠 게 아니라 못을 박는 척하다가 '아얏!' 아픈 척하며 남편이 할 수 있도록 슬쩍 장을 마련해주어야 한다. 그것이 부드러운 카리스마다.

부부관계 회복 키워드 2 - 아내들이여! 아름다워라

성경을 보면 아름다운 부부의 이야기가 나온다. 특히 아브라함의 아들 내외인 이삭과 리브가는 부부의 본을 보여준다. 아브라함은 믿음의 며느리를 얻기 위해 멀리까지 사람을 보내 며느리감을 데리고 왔다. 성경에 표현되는 리브가는 아름다웠다. 외모뿐 아니라 마음 씀씀이가 더 아름다웠다. 사실 그녀에게는 테스트였지만, 처음 보는 이방인에게 마실 물을 주고 낙타에게도 물을 길어 충분히 먹여주는 등 아름다운 마음씨를 보여주었다. 게다가 믿음의 여인이었기에 아브라함의 사람이 자신을 따라가겠느냐는 말에 하나님의 뜻임을 깨닫고 '예, 가겠나이다.' 하고 순종하며 따랐다.

이삭과 부부가 되었을 때도 그녀는 훌륭했다. 아름답고 지혜로운 아내 리브가는 남편 이삭이 어머니를 잃은 슬픔 속에 잠겨 있을 때, 남편을 위로했다. 성경엔 단 한 줄로 '이삭이 위로를 받았더라'라고 표현되어 있지만 남편이 아내로부터 위로를 받는다는 것은 아름다운 마음과 지혜가 있어야 가능한 일이다. 리브가는 자신만의 훌륭한 인격과 신앙을 바탕으로 믿음의 가정을 꾸려갈 수 있었다. 성경에 등장하는 많은 부부 중 이삭과 리브가 부부가 이룬 가정을 제일 아름다운 가정으로 꼽는 이유도 바로 여기에 있다.

부부관계를 회복시키는 아내의 두 번째 키워드는 아름다움에 있다.

너희의 단장은 머리를 꾸미고 금을 차고 아름다운 옷을 입는 외모로 하지 말고 오직 마음에 숨은 사람을 온유하고 안정한 심령의 썩지 아니할 것으로 하라 이는 하나님 앞에 값진 것이니라(〈베드로전서〉 3 : 3-4)

이 말씀에는 아내들을 향한 하나님의 당부가 담겨 있다. 특히 단장을 하되 표면적으로 보이는 치장이 아닌 내면적인 아름다움을 채우라는 당부는 내면의 아름다움(inner beauty)을 말하지만 외모적인 단장을 제외한 건 아니다. 이 말씀은 아내들을 향해 외모로만 단장하지 말고 내면의 아름다움으로 단장하라는 의미를 내포하는 것이다.

먼저 예쁜 것을 정의할 필요가 있겠다. 남편에게 '아내가 가장 예쁘게 보일 때가 언제입니까?' 질문을 던졌다. 그때 남편들의 대답은 어디가 예쁘다는 대답이 아닌 의외의 대답들이 많이 나왔다. '맛있는 밥을 차려줄 때' '내 말을 잘 들어줄 때' 등등 결혼 이후 남편이 아내에게 느끼는 아름다움은 지극히 생활밀착형이었다.

어느 석학은 열 번을 다시 태어나도 지금의 아내를 사랑하겠다고 했는데 그 이유로 아내의 사랑과 지혜를 꼽았다. '우리 아내는 등도 굽었고 다리도 휘었지만 언제나 남편을 세워주는 지혜와 가족을 사랑으로 품어주는 모습이 그렇게 아름다워 보일 수가 없습니다.'라며 칭찬하던 그의 말 속에서 외적인 아름다움이 차지하는 비율이 크지 않다는 걸 다시 느끼게 된다.

그럼에도 때때로 남편들 사이에서 볼멘 말이 나오기도 한다.

"결혼하기 전엔 제게 잘 보이려고 화장을 했는데 결혼하고 나니 이제는 다른 사람에게 잘 보이려고 화장을 한다니까요."

앞서 계속 말했듯 남성은 자존심도 세지만 본능적으로 사랑을 갈구한다. 관심 받고 싶은 마음으로 인해 아내의 사랑을 날마다 갈구한다. 또한 남편은 가정의 중심을 잡아주는 아내의 역할을 인정하면서도 나만의 아내, 나를 위한 아내를 원한다. 비록 화장을 하고 있지 않더라도 남편에게 예뻐 보이고 싶어 하는 마음, 사랑받고 싶은 마음이 전달될 때 충분히 남편으로서 자존심을 회복한다는 의미다.

이런 본능을 이해하고 외면적 내면적 아름다움을 가꾸는 일이 필요하다. 말씀에 나왔듯 온유하고 안정된 마음이 필요하다. 더불어 예쁘게 보이기 위해 노력하는 마음도 필요하다. 남편은 아내의 마음의 중심과 함께 외모도 본다는 사실을 기억하길 바란다.

어떤 때 아내들도 뿔이 날 수 있다. 아무리 아내가 먼저 남편에게 순종하고 아름답게 다가서야 한다지만 남편이 그 마음을 몰라줄 때가 있기 때문이다. 특히 신앙적으로 열심히 있었으면 좋겠는데 교회에 잘 가지도 않고, 주일이면 선심 쓰듯 억지로 교회에 가는 남편을 보면 사랑하고 싶은 마음이 사라질 수도 있다.

그럴 때에도 앞의 말씀을 기억해야 한다. 그 말씀은 믿지 않는 남편을 향한 말씀이기도 하다. 말씀을 순종하지 않는 자라도 말로 말미암지 않고 그 아내의 행실로 말미암아 구원을 받게 하겠다는 의미다. 행실 속에는 진심도 들어 있고 막상 행실을 하다 보면 마음도 생기게 되어 있다. 그러니 먼저 행동으로 본을 보이라는 것이다. 이것은 비단 남편을 향한 것이 아닐 수도 있다. 실제 가정생활에 문제를 안겨주는 시댁과의 문제에서도 이런 마음가짐이 필요하다.

하나님이 이루신 가정, 하나님이 흡족해하신 가정의 행복을 위해 우리는 부부라는 관계를 다시 회복해야 한다. 그를 위해서 돕는 조력자로 선택하신 아내의 역할이 절대적으로 필요하다. 가족이 가족인지 웬수인지 애매한 가운데 있다면 아내에게 주신 확실한 사명을 좇아 부드러운 존중과 아름다운 지혜로 가정을 세워가야 한다.

아름다운 관계 맺기

어느 섬의 이야기다. 폴리네시아 섬에서는 전통적으로 신랑이 신부 부모에게 지참금을 내야 했다. 이에 남자들은 대부분 돼지나 닭 앵무새 등 작은 동물을 주고 아내를 데려오곤 했다. 간혹 마을에서 가장 예쁜 아가씨에게 장가를 드는 남성의 경우 가장 아끼는 소 한 마리를 기꺼이 상납할 정도였다.

그런데 마을의 한 처녀가 혼기가 꽉 차서 결혼을 하게 되었다. 딱히 내세울 게 없었던 여성은 인물도 평범했고, 재산도 없었으며 게다가

요즘 말로 동안도 아니었다. 그럼에도 총각들에게 지참금을 제시했다. 어떤 이는 거위 한 마리, 어떤 이는 앵무새, 또 어떤 이는 닭 한 마리를 내놓으며 처녀를 데려가겠다고 했는데 한 구혼자가 파격적인 제안을 했다.

"나는 소 열 마리를 내놓겠소." 마을에는 일대 파란이 일었다. 소 열 마리에 다른 구혼자들은 한걸음에 물러서며 망언을 잊지 않았다. 세상에 그렇게 비싼 여자가 어디 있으며, 그 총각은 아주 멍청한 사람이거나 돈만 많은 놈일 거라고.

그런데 그 후 여성에게 많은 변화가 생겼다. 그동안 평균 이하라고 생각했던 여성은 황소 10마리짜리 여자라는 수식어가 붙자 모든 행동에 자신감이 붙기 시작했다. 말하는 것, 옷 입는 것, 행동 하나하나에도 신경을 썼고 점점 자신감 넘치는 행실을 하며 외모로도 우아한 여성이 되었다. 이후 섬 사람들의 생각이 바뀌었다. 소 열 마리를 건넨 총각이야말로 운 좋은 남자로, 지참금에 딱 맞는 신부를 얻었다고 생각하게 되었다. 그 여성은 남편이 값을 매겨준 만큼, 아니 그 이상으로 보답한 것이다. 그들 부부는 섬에서 최고의 부부가 되었다.

평범한 여성에게 소 열 마리의 높은 가치를 매겨준 청년은 자신의 짝을 향해 상상을 초월한 값어치를 매김으로써 서로가 높아지도록 했다. 그녀의 숨겨진 가치를 찾은 것일 수도 있지만 존중하는 행실을 먼저 보여줌으로써 가치를 높인 것이다.

어느 쪽이든 상관없다. 하나님은 가정이 바로 세워지길 바라시며 오늘날 아내와 남편들을 향해 앞의 이야기에 나오는 청년의 지혜를 요구하고 계신다. 먼저 아내에게는 남편에게 순종하고 존중해주며 행실로 본을 보일 것을 당부하신다. 아내들이 그 역할을 더 잘할 거라 믿으시기에 막중한 책임과 권한을 주신 것이다. 또한 남편에게는 아내를 내 몸처럼 사랑하고 소중히 여길 것을 당부하신다.

그러므로 아내들은 가정의 행복 설계자로서 그 권한을 최대한 사용하여 사명을 다해야 하고 남편 역시 사랑과 존중으로 가정을 이끌어가야 한다. 결국 그것이 가족의 관계를 튼튼히 하는 것이다.

03

우리 아이, 어떻게 키워야 할까

자식인지 애물단지인지

세기의 시인 바이런은 훌륭한 영감과 시로 세상을 놀라게 했지만 상식을 벗어난 충동적인 행동과 강하고 분노하는 성격에 무절제한 생활로 지탄을 받았다. 어떻게 그런 양면성을 지닐 수 있었을까? 그 원인을 거슬러 올라가면 어머니로부터 받은 영향이 컸다고 한다.

태어날 때부터 한쪽 다리가 불편했던 아들을 향해 그의 어머니는 조소를 보냈다. '절뚝거리는 다리로 뭘 하려느냐.'며 아들에게 큰 상처를 주기도 하고, 그런 어머니와 격렬한 싸움을 하다 보면 어머니는 나무 막대기를 흔들어대며 달아나는 아들을 뒤쫓아 가서 혼내곤 했다. 바이런이라는 위대한 시인이 만년에 병적인 인생을 보내게 된 데에는 어머니의 이상한 교육, 아니 독이 있었기 때문이다.

자식 키우는 사람들 사이에서 한숨처럼 흘러나오는 말을 들을 때가 있다. "아이쿠…… 자식인지 애물단지인지……." 이 말을 듣고 있으면 그만큼 자녀 양육이 힘든 일이며 평생의 숙제라는 말을 뼈저리게 느끼게 된다. 어느 순간 자녀가 부모의 걱정이 되는 때가 분명히 있다. 그래서 자식을 '몹시 애를 태우거나 성가시게 하는 사람'을 뜻하는 애물단지라고 하나 보다.

그런데 이 모든 한탄에 찬물을 끼얹는 한마디가 있다. '모든 자식은 부모의 거울이다.' 부모의 또 다른 모습이 자녀라는 이 말은, 애물단지 부모에게서 애물단지 자녀가 나올 확률이 무척 크다는 것을 상기시킨다.

자녀는 애물이지만 양육에 있어 부모 역시 자유롭지 못하다. 하나님은 그것을 잘 아시기에 부모를 향해 끊임없이 가르치고 교육하라고 말씀하신다. 너희 부모들은 그렇게 배우지 못했을지언정 자식에게는 가르치라고.

〈잠언〉 22장 6절에 '마땅히 행할 길을 아이에게 가르치라 그리하면 늙어도 그것을 떠나지 아니하리라.'라고 말씀하셨고, 〈신명기〉 6장 7절에는 '네 자녀에게 부지런히 가르치며 집에 앉았을 때에든지 길을 갈 때에든지 누워 있을 때에든지 일어날 때에든지 이 말씀을 강론할 것이며'라고 말씀하시며 부모에게 끊임없이 자녀를 위해 가르칠 것을 권면하셨다. 〈에베소서〉 6장 4절에서도 '아비들아 너희 자녀를 노엽게 하지 말고 오직 주의 교훈과 훈계로 양육하라.'라고 하시며 부모 자녀가 사랑의 관계로 묶여 있음과 동시에 부모 자녀 간에 반드시 가르침이 있어야 함을 강조하셨다.

마땅히 행할 길을 못 가르치는 세상

맹자가 그 제자인 공손추와 대화한 내용이다. 공손추가 맹자에게 질문을 했다.

"군자가 자기 아들을 가르치지 않는 것은 무엇 때문입니까?"

그러자 맹자가 이런 대답을 한다.

"부자교아이정 부자미출어정야 즉시부자상이야(夫子敎我以正, 夫子未出於正也. 則是父子相夷也.)."(《맹자》 4편 1장 〈이루장구 상〉)

이 말을 해석하면 이런 의미다.

'가르치는 사람은 반드시 바르게 하라고 가르치지만 그대로 실천하지 않으면 자연히 노여움이 따른다. 그리하면 도리어 부자간의 정이 상하게 되고 이에 자식은 아버지는 나에게 바르게 하라고 가르치면서 아버지는 바르게 하지 못한다고 느끼기 때문에 옛날 사람들은 자식을 서로 바꾸어 가르쳤다.'

즉 부모가 자녀를 가르쳐야 하는데 가르치다 보면 화가 난다. 화가 나면 부모 자식 간의 관계가 깨질 수 있기에 직접 가르쳐서 관계를 깨뜨리기보다 다른 사람에게 보내어 가르치는 게 더 낫다는 의미다.

과거의 현인이라 불리던 맹자 공자 등을 비롯한 이들이 모두 이런 교육관을 실천했던 이유에서일까, 우리 문화 가운데 자식 교육이라 하면 타인에게 보낼 때 더 잘 가르침을 받는다는 생각이 들어 있다. 물론 그 뜻 속에는 부모가 제대로 준비되어 있지 않은 상태로 가르치면 오히려 상처를 줄 수 있다는 의미도 포함되어 있겠지만, 부모로서 책임을 회피하려는 모습도 보인다.

과연 지금의 부모들은 '마땅히 행할 길을 아이에게 가르치라 그리하면 늙어도 그것을 떠나지 아니하리라.'는 하나님의 명령을 잘 지키고 있을까. 애석하게도 그렇지 않다.

예전에 비해 우리 사회는 부모 자식 간의 관계가 많이 친밀해졌다. 우리가 자랄 때만 하더라도 부모와 거리감이 있었던 것이 사실이지만 지금은 그렇지 않다. 전혀 거리감이 느껴지지 않는 대화, 나아가 거리낌도 없어진 사이가 되었다. 부부 사이가 가깝고도 등 돌리면 남이 되기 쉬운 사이라면 부모 자식 사이는 가깝고도 등 돌리면 욕하면서도 따라가는 사이다. 부모에게 자식은 끊을 수 없는 인연이기에 그럴 수밖에 없을 것이다. 그러다 보니 안타깝게도 마땅히 행할 바를 가르치는 일을 포기한 부모들이 많다.

왜 부모가 자녀를 가르치지 못하는 것일까? 그것은 무엇을 가르쳐야 하는지를 모르기 때문일 것이다. 그러다 보니 아이들을 데리고 있으면 부모가 불안해진다. 어디 보내야 할 것 같고 맡겨서 교육시켜야 할 것 같다. 데리고 있다가는 화도 내고 신경도 써야 한다. 그럼에도 데리고 있으면서 가르치고 훈육 좀 해보려고 하면 수많은 교육 전문가들이 자녀를 훈육하는 것이 더 좋지 않다고 조언한다. 아이들 기를 죽인다며 부정적인 훈육은 패스하고 그냥 놔두라고, 아이 기를 살려주라며 가르치는 것을 포기하도록 만든다. 예전에 비해 지식은 높아졌지만 지혜로운 책임감은 사라진 셈이다.

요즘처럼 가르치기 어려운 때도 없다. 점점 자녀수가 줄고 있고 핵가족화되어가고 있어 자녀가 많아야 2~3명, 적을 땐 1명을 키우는 단

출한 가정이지만 오히려 그런 귀한 자녀로 만들고 보니 정작 교육은 힘들어졌다. 자녀 양육 최고의 목표는 '성공한 삶', 소위 엘리트 코스를 밟아 세상에서 말하는 좋은 직장에 다니는 사람이 되는 것이 되었다. 기본적인 인격보다는 스펙을 중요시하는 세상이 되다 보니 '人性(인성)' 교육이 아닌 '忍性(인성)'을 기르는 교육이 우선되어야 했다.

　그나마 기본적인 것은 뒷전이고, 스펙을 위해 남에게 교육을 위탁하는 시대가 되었으니 부모 자식의 관계는 이상해질 수밖에 없다.

　내가 미국에 있을 때 아이들과 상담할 기회가 많았다. 이민을 선택한 부모를 따라 미국으로 온 아이들도 있었고 부모의 권유로 유학을 온 친구들도 있었다. 그런데 아이들과 만나 이야기를 나눌 때마다 이상한 점을 느꼈다. 진학을 앞둔 아이에게 어떤 분야로 진출하고 싶은지 물을 때면 대답이 천편일률적이었다.

　"목사님, 저희 엄마 아빠는 의사가 되라고 하세요. 닥터가 제일 안정적이고 좋은 직업이라고 의대로 진학하라고 해요. 그래서 일단 그쪽으로 생각하고 있어요."

　"그래? 네가 보기엔 가능할 것 같니?"

　"잘 모르겠어요. 뭐 그게 안 되면 변호사 쪽으로 진로를 정하려고요. 우리 엄마 아빠가 그러는데 의사 다음엔 변호사가 좋대요. 뭐 그리고 엔지니어 쪽이 좋을 것 같대요. 그것도 안 되면 어떻게 직장을 잡겠냐고요."

　아이의 말을 빌리자면 적어도 의사, 변호사, 엔지니어 같은 공부를 해야 직업을 얻기 쉬워지고 그래야 밥 먹고 살 수 있다는 것이다. 아이들의 이야기를 들으면서 한탄을 했다. 물론 자녀가 좀 더 편안하고 안락한 생활을 하길 바라는 부모의 마음은 이해할 수 있으나, 그것에 앞서야 할 가치관이 빠진 조언이었기 때문이다. 사실 아이들에게 했던 부모의 조언을 다른 말로 표현하면 이런 뜻이 아닐까.

"애야, 엄마 아빠의 가장 큰 소원은 네가 하루 세 끼 밥을 먹고 사는 것이다. 네가 밥 못 먹을까봐 얼마나 걱정하는지 아니? 그러니 부모 말대로 스펙을 쌓거라."

과연 이것이 하나님이 원하는 것일까? 아니다. 하나님은 세상적인 스펙이 아닌 마땅히 행할 것을 가르치라고 하신다. 마땅히 행할 것, 그것은 바로 세상을 살아가는 지침이 될 가치관이다.

어떻게 살아야 할 것인가. 어떤 마음가짐으로 세상을 보아야 하는가, 무엇을 위해 살아야 하는가 끊임없이 질문하고 답을 찾아가는 과정 속에서 마땅히 생각하고 마땅히 행할 것을 고민하며 가르치라는 것이다. 아이들은 순수한 영혼을 지녔지만 미숙하다. 미숙함이 성숙함으로 발전하기 위해 반드시 교육이 수반되어야 하며, 페스탈로치가 말했듯 가정은 마땅히 행할 바를 교육하는 최초의 학교가 되어야 한다. 하나님은 그것을 부모에게 원하고 계신다.

무엇을 가르쳐야 하나

한번은 어느 교육학자 분이 제자와 만나 식당에 가셨다고 한다. 꽤 오랜만에 만나는 제자였기에 반가운 마음에 들어갔더니 마침 그녀가 열 살짜리 아들을 데리고 나왔단다. 교육학 공부를 마치는 것도 어려웠을 텐데 어느새 결혼해서 엄마가 되었나! 뿌듯한 마음으로 제자 모자를 바라보는데 자신이 생각하던 다정한 모자간의 모습이 아니었다.

열 살이 되었다는 아들 녀석은 한시도 가만히 있지 못했다. 엄마와 선생님이 이야기를 나누는 것을 뻔히 알면서도 불쑥불쑥 끼어들었다.

"엄마, 나 저거 먹고 싶어."

"그래 알았어. 좀 있다가 시켜줄게."

"아이 지금, 지금 시켜달란 말야."

"엄마 지금 선생님이랑 얘기 중이지?"

"아, 몰라 몰라."

결국 제자는 선생님과 대화를 끊고 아이가 해달라는 것을 해주었다. 한두 번은 그렇다 쳐도 아이는 계속해서 자기의 요구사항을 관철시키려 했고 엄마는 그때마다 스승과의 대화를 끊더니 요구를 들어주더란다.

그 교육학자의 마음은 갈수록 편치 않았다. 소위 교육학을 공부하는 사람, 교육학자로서 살아가고자 하는 제자의 이런 모습이 아무래도 껄끄러웠던 것이다. 그녀 역시 스승의 불편함을 눈치 못 챘던 것은 아니었다. 어쨌든 그날의 식사는 그렇게 열 살 아들의 쉴 새 없는 끼어듦으로 인해 하는 둥 마는 둥 서둘러 마무리했다. 일어서려는 순간 제자가 스승에게 그러더란다.

"교수님, 제가 워낙 공부한답시고 애를 방치했어요. 그러다 보니 애가 이렇게 산만해졌어요. 그런데 애한테 늘 미안하고 빚을 진 것 같아 뭐라고 훈육도 못 하겠더라고요. 오늘 불편하셨더라도 이해해주세요."

그는 그날 돌아오는 내내 마음이 무거웠다고 한다. 여제자의 변명 아닌 변명을 듣지 않는 게 더 나을 뻔했기 때문이다. 과연 그들이 연구하고 있는 교육학은 누구를 위한 교육학인지 의문이 들었던 하루였다고.

간혹 애들한테 무엇을 가르쳐야 하는지 모르겠다는 부모들을 만나게 된다. 또한, 어디까지 가르쳐줘야 하는지 모르겠다고도 한다. 이 험한 세상 고기를 낚아줘야지 어떻게 고기 낚는 법을 알려줘야 하냐며 반문하는 이들도 있다. 반면 복잡하고 변화하는 세상에서 교육의 정도가 어디 있겠냐고 말하기도 한다.

어느 장단에 춤을 춰야 할지 모르겠는가? 물론 세상은 변하고 지식도 변한다. 그럼에도 마땅히 행할 것은 분명히 있다. 사회적인 것, 교육적인 것, 영적인 것 이 세 가지에 대한 가르침은 사회가 변해도 변치 않을 것이다.

먼저 사회적인 것을 가르쳐야 한다. 사회적인 것은 아이들이 이 사회에서 살아가는 가장 기본적인 마음가짐과 행동을 포함한 매너와 배려다. 요즘 들어 사회적으로 무매너, 무배려 분위기가 만연하다. 하루가 다르게 인터넷에 올라오는 지하철 동영상을 보면 우리 사회에 얼마나 기본적인 교육이 안 되어 있는지 알 수 있다. 어린 학생이 어른을 향해 폭언을 하고 심지어 폭력을 행사하는 일도 있다. 잘못에 대해 훈계하는 이들에게 무시와 비난으로 대응한다.

우리 사회에는 배려가 부족하다. 기본적인 매너는 가르침에 의해 익히게 되는데 그 가르침을 직무유기하고 있다.

언젠가 아울렛 매장에 갔을 때의 일이다. 한 아이와 엄마의 모습이 보였다. 엄마는 누군가 만나 이야기를 나누는 중이었는데 다짜고짜 아이가 오더니 엄마의 발을 자신의 발로 뻥 찼다. 처음에는 그냥 넘긴 엄마에게 아이는 다시 돌진해 뻥 찼다.

"아휴 아파. 엄마 아파. 저리로 가."

"에잇."

"아프다니까. 그러면 안 돼."

그리곤 또다시 이야기를 이어갔다. 아이는 지치지도 않는지 몇 번이고 엄마 발을 차며 놀이로 즐기고 있었다. 그 모습을 보면서 '저 아이는 앞으로도 계속 엄마를 찰 것이다.' 생각했다. 왜냐하면 제대로 훈육받지 못했기에 아이에게 있어 엄마는 가끔 발로 뻥 차도 되는 존재로 인식될 것이기 때문이다.

성경은 훈육을 강조한다. 부모를 공경하는 법을 가르치라고 하는데 우리는 자녀에게 그렇게 가르치지 못할 때가 많다. 주변의 눈 때문에, 그러다 말겠지 하는 안이한 생각 때문에, 시간이 없다는 이유로 그 자리에서 즉시 고쳐주어야 할 것을 바로잡아주지 않는다.

앞서 교육학자의 이야기도 했지만 우리나라 식당에서 부모가 자녀에게 하는 행동을 보면 탄식이 나올 때가 많다. 옆 사람에게 피해를 주건 말건 아랑곳 않고 이야기하고 먹고 마시는 것을 본다. 괜히 교육한답시고 남의 애에게 훈육이라도 할라치면 당신이 뭔데 남의 귀한 자식한테 이래라 저래라 하냐며 된통 혼날 수 있다. 그러니 남이야 피해를 입건 눈살을 찌푸리건 하고 싶은 대로 놔두게 되고 결국 사회적 매너와 배려가 사라진 사람이 되는 것이다.

반면 외국의 부모들은 우리와는 좀 다른 것을 느낄 수 있다. 외국 부모들은 공중질서, 사회적 예의범절을 지키는 것에 대해서는 철저하다. 집에서는 얼마든지 놀아주고 사랑하지만 공공장소에서, 식당과 같은 곳에서 조금만 예절에 어긋난 행동을 하면 바로 화장실로 데리고 들어간다. 그리곤 엄청 혼을 낸다. 어린아이를 붙들고 부모들이 하는 말은 한결같다.

"네가 이렇게 사람들이 모인 장소에서 그런 행동을 하면 얼마나 많은 사람들이 피해를 보는지 아니? 지금 네 행동은 사람들에게 피해를 주는 행동이다."

이런 식의 철저한 교육이 이루어지다 보니 아무리 어린 아이라도 무작정 떼를 쓴다거나 무례한 짓을 하는 것을 많이 보지 못했다.

훈육은 잘못을 바로잡는 것이다. 훈육은 여러 가지 방법이 있을 수 있는데, 아이가 용서받고 싶어 하는 지점을 이해하면 쉬워진다. 우리 집 세 아이는 두려워하는 부분이 좀 다르다. 뭔가 잘못을 했을 때 첫째와 둘째는 맴매하겠다는 말에 약해진다. 맴매라는 말이 나오면 잘못을 고치려 하고 용서받고 싶은 마음을 표현한다. 그러나 셋째는 좀 다르다. 맴매라는 말에 눈도 꿈쩍 안 한다. 그런데 어느 날 잘못을 저질렀을 때 혼자 방에 있게 했더니 금세 울며 잘못을 뉘우쳤다. 아이들의 잘못, 그것이 사회적으로 통용되는 것이 아닌 남에게 피해를 주거나 문제를 초래하게 될 때는 과감히 훈육하여 바로잡아야 한다. 주춤하지 않아야 한다. 아이들은 가르침을 따라 사회적 매너와 배려를 배우기 때문이다.

두 번째로 아이들에게 가르쳐야 할 것은 교육적인 부분이다. 우리나라처럼 교육 강국에서 자녀에게 교육을 가르치라는 말이 어쩌면 어불성설처럼 들릴 수도 있겠다. 우리처럼 자녀들에게 뭔가 많이 가르치는 사회도 드물다. 초등학교만 들어가면 학원 서너 개는 기본이라 놀이터에서 노는 아이들 얼굴을 볼 수 없을 정도로 교육에 파묻혀 사는데 무슨 교육을 시키라는 것인지 궁금할 수도 있겠다. 그런데 그 많은 교육

중에서 어떤 게 중요한지 생각해봐야 한다. 그 많은 교육을 위임하지만 과연 그 속에 부모의 역할이 있는지, 부모는 어떤 역할을 하는지 생각해봐야 한다.

요즘 헬리콥터 맘이란 말이 있다. 자녀들의 머리 위에서 타다다다 프로펠러를 돌리며 머물러 있는 엄마들을 말한다. 아이가 움직이는 곳마다 따라다니며 조정하고 곁에 머물러 부모자식 일심동체가 된 엄마들에게 헬리콥터 맘이라는 명칭을 붙였다.

어떤 때는 엄마들이 지휘관처럼 보일 때도 있다. 아이들은 당연히 병사. 엄마가 하루라는 전쟁터에 병사들을 내보낸다. 아이들은 전쟁터에서 훈련을 엄청나게 받고 집에서는 아이가 살아 돌아오기를 기다린다. 과연 이런 환경에서 아이들이 부모에게 무슨 교육을 받을 수 있을지 궁금해진다.

아이는 부모의 행동과 말, 모든 것을 거울처럼 보고 배운다. 학원으로 도서실로 과외로 세상적인 교육을 시키고 있음에 안심할 게 아니라 진정으로 나의 아이를 위한 제대로 된 교육, 무엇을 위해 살아야 하고 그 삶을 통해 세상에 어떤 영향을 미칠 것인지 등을 고민할 시간을 주는 모습이 필요하다.

《아이는 99% 엄마의 노력으로 완성된다》의 저자 장병혜 박사는 소학교 시절 아버지의 교육에 깊은 감명을 받았다고 한다. 형제들이 소학교에 다닐 무렵 아버지께서 형제들을 부르시더니 그러시더란다.

"너희들도 자랐으니 용돈이 필요할 거다. 여기 이 바구니에 돈을 넣을 테니 각자 필요한 만큼 가져다 쓰도록 해라."

그러곤 바구니에 돈을 넣고 거실 탁자 위에 두셨다. 그것은 적지 않은 충격이었고 바구니에서 돈을 가져다 쓰는 일은 자연스러워졌다. 어린 마음에 장 박사는 갖고 싶은 걸 마음껏 사서 쓸 수도 있겠다는 마음이 들기도 했지만 이상하게 욕심이 줄어들더란다. 그러자 아버지가 돈을 대하는 모습이 눈에 들어오기 시작했다. 결코 돈에 연연하지 않으시던 아버지. 그깟 종잇조각이 삶의 굴레는 되지 않는다는 것을 대변하시는 듯했다. 얼마 뒤 아버지는 딸에게 다시 물으셨다고 한다. 뭐 필요한 게 없느냐고. 그때 장병혜 박사는 그저 말없이 웃으며 고개를 저었다고 한다. 그녀는 회상했다. 아픈 시대를 걸어오신 만큼 풍랑도 많았던 아버지였지만 한시도 손에서 책을 떼지 않으셨던 아버지의 모습이 인생의 롤 모델이 되었다고.

부모는 학원을 통해 아이를 교육할 것이 아니라 삶을 통해 교육할 수 있어야 한다. 부모로서 무엇을 가르칠 수 있을까 고민하는 것, 그것이 부모가 되는 첫걸음이다.

세 번째로 아이들에게 무엇을 가르쳐야 할까? 가장 중요한 부분은 영적인 것이다. 한번은 침례 교육을 시키던 중에 한 아이를 만났다. 그때 아이에게 어떻게 예수님을 영접하게 되었는지 물었는데 아이가 이렇게 대답했다.

"저는 집에서 가정예배를 드리는데 그때 예수님을 믿게 되었어요."

"오…… 그러니? 와…….."

그 대답이 얼마나 귀하고 귀하던지 호들갑스럽게 반응했던 것 같다. 교육이 끝났을 때 그 아이가 심각한 표정으로 날 찾아왔다.

"목사님, 가정예배에서 예수님을 영접하면 안 되는 거예요?"

"아, 아니. 가정예배에서 영접했다고 하니까 내가 너무 기뻐서 그랬어."

내가 너무 과하게 반응했더니 아이가 근심스러웠나 보다. 아이를 붙들고 설명해주었다. 나 역시 우리 아이들에게 바랐던 큰 기도 제목 중 하나가 제일 첫 번째 듣는 복음을 부모에게서 듣는 것이었고, 예수 그리스도를 영접하는 시간에 함께하길 바라는 것이었다고.

부모가 자녀를 양육함에 있어 세 번째로는 영적인 부분이 가장 중요하다. 말씀과 기도의 중요함을 가르쳐야 한다. 세상적인 것이 더 중요하고 신앙생활을 제대로 하지 못하거나 영적인 부분을 소홀히 하면 삶 자체가 흔들린다. 지금은 바쁘고 나중에 시간이 많을 때 제대로 신앙생활을 하겠다는 다짐은 오히려 삶을 더 힘들게 한다. 우리 인생이 사람의 계획대로 돌아가지 않기 때문이다. 지금껏 많은 청소년들을 본 바에 의하면 그 아이들이 중·고등부 때 하나님을 체험하고 성령 충만을 받았어도 나중에 성장하면 흔들리는 경우가 참 많다. 그러니 영적인 체험이 없이 성장한 이들이 믿음의 유산을 받는 건 더 힘들 수밖에 없다.

때론 다 큰 자식을 어떻게 할 수 있겠냐며 신앙의 가르침을 자녀에게 미루는 경우도 있다. 그렇다고 관심조차 기도조차 마음조차 전달하지 않는 것은 더 지혜롭지 못한 양육이 될 수 있다.

자녀에게 영적인 소중함을 가르치고 있는가. 이미 성경은 마땅히 행할 바를 가르치라고 명하고 계시고 가르치는 내용에는 주의 말씀과 훈계의 내용이 포함되어 있다.

가르치는 자세

어떤 가정교육학자가 잘못된 부모 자녀 간의 관계에 대해 이야기하며 '부자유착' '탯줄유착'이란 단어를 사용했다. 정치와 경제가 독립적이지 않게 묶여져 있던 관계를 정경유착으로 표현하곤 했었다. 그런 행위는 민주화 열망에 들끓던 사람들에게 표적이 되곤 했다. 그런 정경유착은 이해하겠으나 '탯줄유착'은 무엇일까 궁금할 것이다.

말하자면 부자유착 탯줄유착은 부모와 자식이 한 덩어리가 되는 걸 말한다. 부모의 생각이 자식의 생각이고 자식의 미래가 부모의 미래가 되는 기형적인 관계를 지칭한 말이다. 예상외로 우리 사회에 이런 부모의 모습이 많다. 자식 등에 업혀 자식 인생과 부모 인생을 하나로 여기며 살아가고 있는 것이다. 틀린 말이 아니라고 생각한다.

자녀는 하나님이 가정에 허락하신 선물이지만, 맡기신 책임이기도 하다. 그러니 잘 양육하고 가르쳐야 한다.

먼저 자녀 양육은 부모의 심는 마음이 필요하다. 여기서 심는 마음이라 함은 씨를 뿌리는 마음과 같은 의미다. 열매를 맺기 위해서는 제일 먼저 씨를 뿌리고 심고 수고해야 한다. 자녀 양육의 가장 첫 단계는 심는 마음에서 시작해야 한다. 어떤 기사를 보니 아이 하나 키우는 데 3억 이상의 돈이 드는 것은 물론이고, 자식을 키우려면 평생 먹여주고 입혀주고 지켜봐주는 등 힘든 시간을 들여야 한단다.

'우리가 자녀를 위해서 희생하지 않는다면 때론 우리가 자녀를 희생시키고 있는 것이다.'라는 말처럼 자녀를 희생시키지 않기 위한다면 부모가 희생해야 한다. 그것이 바로 심는 자세다.

우리 가정에서 가장 중요하게 생각하는 시간은 바로 가족들의 식사다. 그리 부유하지는 않지만 먹는 데에는 돈을 아끼지 말자는 나의 철칙 때문인지 이 가훈(?)을 금쪽같이 여기며 생활한다. 목회로 바쁜 일이 많다 보니 시간이 많지 않다. 그래서 생각한 것이 좋아하는 식사를 하며 함께 그 시간을 아낌없이 보내는 것으로 정한 것이다. 그래서 우리 부부는 가구도 안 사고 옷도 잘 안 산다. 비싼 것 사먹지 않아도 충분히 행복할 수 있다. 요즘 저렴하고 맛있는 음식이 얼마나 많은가. 게다가 먹는 시간의 소중함을 함께 느끼며 우리 다섯 식구는 이야기하고 즐기며 거기서 행복을 느낀다.

내 입장에서 보면 먹는 시간이 자녀를 위해 심는 씨앗이다. 어떤 사람은 작은 선물을 줌으로써 자녀들과 즐겁게 소통할 수 있고 또 어떤 부모는 친근한 스킨십을 통해 자주 애정을 확인할 수도 있다. 모든 이들에게 사랑을 느끼는 언어가 다르듯 자녀 역시 마찬가지다. 어떤 것으로 심을지 가정에 따라 다를 테지만 심은 뒤 얻어지는 혜택은 엄청나다.

부모가 자녀를 양육하면서 뭔가 보상받으려 하고 돈 들인 만큼 회수해야 하는 마음으로 다가가서는 안 된다. 아낌없이 주려는 마음이 자녀의 마음을 열고 소통의 관계로 만든다.

또한 자녀를 잘 가르치기 위해서는 부모도 배워야 한다. 한때 '배워서 남 주냐?'라는 말이 유행했다. 그런데 지금은 배워서 남 주는 시대다. 부모가 자녀에 대해 배우는 것은 얼마 전까지만 해도 상상도 못했다. 아직도 이해하지 못하는 이들도 있다. 그런데 우리 모두는 예전부터 부모가 아니었음을 알아야 한다. 누구나 첫 아이를 낳음으로 첫 부모가 된다. 무경험자로 덜렁 세상의 부모가 되었다. 배우는 게 당연하다.

힐러리 클린턴이 한국의 한 여대에 강사로 섰을 때 했던 이야기가 있다. 자신의 딸 첼시가 아이였을 때 너무 울며 보채자 아이를 향해 이렇게 말했다는 것이다.

"아가, 너도 이 세상에 처음 나와서 모든 것이 두렵겠지만 나도 그래. 나도 처음 엄마가 되어보는 거라서 서툴고 두렵단다. 그러니 우리 같이 노력하자."

자녀 양육을 위해 배우는 것 역시 투자다. 배우지 않으면 가르치지도 못한다. 부모가 줄 수 있는 수준, 부모가 줄 수 있는 역량을 향해 우리 자신이 어떻게 성장하고 있는지 돌아보며 말씀을 통해, 세상의 지식을 통해, 자기 성찰을 통해 배워야 한다.

마지막으로 자녀를 잘 가르치려면 성령님의 절대적인 보호가 필요하다. 자녀를 내 마음대로 할 수 있는가? 할 수 없다. 내가 원하는 대로 아이들이 자라주는가? 그렇지 않다. 사실 부모 마음대로 할 수 있는 부분은 거의 없다. 특히 자녀에게 문제가 생길 때 우리 힘으로 감당할 수 없는 일이 허다하다. 때로 다른 사람의 도움도 구해보지만, 하나님 앞에서 전능하신 하나님의 긍휼하심과 역사가 필요하다. 우리의 힘으로 능히 할 수 없고 여호와의 신으로 가능하다는 말씀처럼, 우리는 성령님께 의지해야 한다. 매달려야 한다. 성령님이 지켜주지 않으시면 우리 힘으로 할 수 없는 인간적 한계의 모습이 우리 가운데 있기 때문이다.

디모데가 자신의 믿음에 대해 이야기를 하면서 이런 고백을 했다. 〈디모데후서〉 1장 5절 말씀에 '이는 내 속에 거짓이 없는 믿음을 생각함이라 이 믿음은 먼저 내 외조모 로이스와 내 어머니 유니게 속에 있더니 내 속에서도 있는 줄을 확신함이라.'라고 표현되고 있다. 아마 아버지 이름이 나오지 않은 걸 보면 아버지가 믿음의 사람이 아니었거나 오래전에 돌아가셨을 수도 있다. 정확히는 모르지만 그럼에도 디모데는 어머니와 외조모의 믿음을 통해 그가 어떻게 바르게 서고 가르침을 받았는지 설명한다.

이처럼 부모가 먼저 믿음 안에서 하나님께 의지한다면 자녀들에게 영적인 것, 교육적인 것, 사회적인 것을 가르칠 수 있다. 그 가르침은 유수한 학원에서 가르치는 세상의 지식을 뛰어넘는 삶의 지혜요 믿음의 유산이 될 수 있다.

자식은 축복이다

사랑스러운 아들 릭은 태어날 때 탯줄이 엉키는 바람에 뇌를 다쳐 뇌사 상태였다. 식물인간으로 태어난 릭을 보며 의사들은 병원에서 키우길 권면했다. 그러나 아버지 딕은 아들을 집으로 데리고 와서 기꺼이 아이의 손과 발이 되어 11년을 보냈다.

이쯤 되면 자식이 애물이 될 법도 했지만 딕은 그렇게 생각하지 않았다. 어느 날 아들 릭의 몸짓 손짓과 반응이 예사롭지 않고 특별한 면이 있음을 확신한 딕은 대학의 엔지니어링과를 찾아갔다. 아들의 뇌는 활발하게 움직이고 있었다.

11살이 된 릭의 뇌가 정상인과 같이 움직이고 있다는 사실을 확인한 아버지는 아들과의 의사소통 방법을 모색했고 그들의 의사소통은 컴퓨터를 통해 가능해졌다. 머릿속으로 생각하는 릭의 단어들이 컴퓨터로 타이핑된 것.

"릭, 내 말 듣고 있지? 릭, 기분이 어떠니?"

"좋…… 아…… 요."

태어난 지 11년 만에 부자의 대화가 시작되었다. 시간이 오래 걸리는 건 아무런 장애가 되지 않았다. 그 후 아들은 공립학교에 다녔다. 부모로서 해야 할 일이 더 많아졌지만 딕은 항상 웃는 얼굴로 힘차게 휠체어를 밀어줌으로써 아들의 친구가 되었다.

그러던 어느 날 릭의 반 친구가 교통사고를 당해 전신마비가 되는 고통에 처하게 되었다. 학교에서는 그 학생을 위해 자선모금 차원에서 5마일 마라톤을 열기로 했다.

사건은 그때 일어났다. 릭은 아버지에게 이런 메시지를 보낸다.

"아…… 버…… 지, 참…… 가…… 하고…… 싶…… 어…… 요."

"맞아 릭, 친구가 고통에 처했는데 가만히 있으면 안 되지. 좋아. 한번 도전해보자."

결국 두 부자는 연습에 돌입했고 자선모금 마라톤 대회에 참석하여 5마일을 완주하게 된다. 대회를 마친 릭은 벌겋게 상기되었다.

"릭, 왜 그러니? 마라톤 때문이니?"

그러자 릭의 마음이 컴퓨터 화면을 통해 깜박거렸다.

"아버지, 아…… 까…… 뛸…… 때만큼…… 내가…… 장…… 애…… 인이란 걸 느…… 끼지…… 못…… 했…… 어…… 요."

순간 아버지의 심장은 뜨거워졌고 눈가에도 뜨거운 것이 흘러내렸다. 딕과 릭은 다시 한 팀이 되어 본격적으로 운동을 시작했다. 아버지는 아들의 휠체어를 밀며 운동과 트레이닝을 이어갔다. 그 결과 그들 팀은 보스턴 마라톤 대회에 24번이나 참가하는 놀라운 역사를 만들었다.

2007년, 세계인의 가슴을 뜨겁게 만든 철인 3종 경기에 딕 호잇, 릭 호잇 부자가 있었다. 정상인들도 도전하기 두려워하는 철인 3종 경기를 하는 두 부자의 모습은 감동의 드라마였다. 보트 위에 뇌성마비 장애인인 릭을 태우고 보트를 밀며 수영을 하는 아버지, 수영을 마친 뒤 아들을 번쩍 안아 특수하게 제작된 자전거에 태우고 페달을 열심히 밟는 아버지, 그리고 휠체어에 릭을 태우고 달리는 아버지 딕의 모습은 경기장에 모인 이들의 이목을 집중시켰다. 그들은 더 이상 동정받는 부자(父子)가 아닌 세상에 하나밖에 없는 자유롭고 가치 있는 부자였다.

자녀는 하나님이 맡기신 귀한 선물이다. 자녀와의 관계를 회복하기 위해서는 하나님께서 명령하신 대로 마땅히 행할 바를 가르치되 영적인 성장을 위해 기도하며 양육해나가야 한다. 하나의 인격체로 자녀를 대하고 부모 역시 배운다는 마음으로 다가설 때 딕 호잇 릭 호잇 부자처럼 세상에서 가장 아름다운 관계가 될 수 있다.

04

인간관계가 왜 이리 어려운가

만남은 힘이 든다

나의 하루를 돌아볼 때 하루 수천 명 아니 그 이상의 사람과 만나는 일이 잦다. 그도 그럴 것이 목사는 성도들과 설교를 통해 만나기 때문에 예배가 있는 날이면 수많은 성도들과 만난다. 어디 그뿐인가. 예배 외에 크고 작은 모임, 세미나 등 소그룹과 만나는 일과 1 대 1의 만남도 참 많다. 그러다 보니 어떤 날은 수많은 사람과 만난 셈이 된다. 일일이 만난 사람을 세어볼 수 없지만 어쨌든 사람을 많이 만난 날은 유독 파김치가 된다. 사랑하는 성도들과 만나고 진취적인 일을 도모하는 등 대부분 좋은 만남이었음에도 왜 힘이 들까. 원래 사람과 사람이 대면하는 만남 가운데 육체적 정신적으로 칼로리를 많이 소모하기 때문이다. 알게 모르게 사람을 만나면 신경을 쓰게 되고 맺고 있는 관계에 주의를 기울이고 있다는 증거다.

그럼에도 우리는 만남을 피할 수 없다. 인생은 만남의 연속이라는 말도 있듯 끊임없는 관계 맺기의 연장선상에 있다. 한 사람 한사람 맺고 있는 관계가 거미줄처럼 얽혀서 결국은 지구촌이라는 하나의 공동체를 형성하고 있다. 물론 그 휴먼 네트워크가 늘 견고한 건 아니다. 중간에 끊긴 부분도 있고, 위태위태한 부분도 있다.

한번은 어느 성도 가정에 심방을 가게 되었다. 그들 부부는 교회에서 볼 때 아주 선하고 착한 모습으로 미소를 띠며 봉사를 하는 분들이었다. 나와 함께 간 부목사님도 그분들의 헌신을 아셨기에 이런 칭찬의 말을 했다.

"두 분 집사님들은 성품이 좋으셔서 집에서 한 번도 안 싸우시죠? 얼마나 화목해 보이는지, 두 분은 정말 순하신 분들 같으세요."

그런데 그 말이 끝났을 때 두 집사님에게서 나오는 묘한 미소를 놓치지 않고 보았다. 부목사님 말이 끝나자 눈을 마주치며 입꼬리를 살짝 올리며 웃는데 마치 부목사에게 이렇게 말하는 듯 보였다.

'그래요? 당신이 한번 살아보세요.'

그 친밀하다는 부부 사이에도 늘 관계의 문제는 숨어 있다. 실제 부부싸움을 할 때 부부가 가장 듣기 싫어하는 말이 있다고 한다. 남편이 듣기 싫어하는 말은 '갈라서! 이혼해!' '다 당신 탓이야.', 아내가 듣기 싫어하는 말은 '당신이 그렇지 뭐.' '결혼한 걸 후회한다.' 등이었다. 그런데 남편과 아내 모두 똑같이 듣기 싫어하는 말 1위는 무엇이었을까. 바로 '됐어. 말을 말자.'였다고 한다. 서로가 가장 듣기 싫어하는 말이면서도 그 말을 즐겨 하는 건 관계를 단절시키고 싶다는 표현을 하는 셈이다. 그렇다고 부부 사이가 쉽게 끊어질 사이인가? 결코 그렇지 않은데도 우리는 무심결에 관계를 끊겠다는 말을 자주 사용한다.

부부관계에서뿐만 아니다. 어린아이들이 모래장난을 하며 사이좋게 놀다가도 뭔가 자기 입맛에 맞지 않으면 친구를 밀치며 외친다. '나. 너랑 안 놀아.' 그 말 한마디에 사이좋던 관계는 생판 남이 되지 않던가. 좀 더 큰 아이들은 왕따 문화를 놀이 문화처럼 즐긴 나머지, 친구 끊기는 또 하나의 놀이가 되고 있다.

사회에 나와서도 마찬가지다. 요즘 우리 사회를 강타하고 있는 갑과 을의 관계는 더욱 문제다. 크게는 기업과 직원과의 관계에서부터 상사와 부하직원의 상명하달의 관계, 가진 자와 가지지 못한 자, 정규직과 비정규직의 관계 등 수많은 관계 속에서 어쩔 수 없이 피해보는 이들도 생기고 피해를 주는 이들도 생긴다. 그러다 보니 그토록 가깝던 동료가 하루아침에 원수가 되기도 한다.

인간관계의 문제는 갈등이라는 과정을 거쳐 심각한 문제를 일으킨다. 갈등을 한자로 표현하면 칡 갈(葛), 등나무 등(藤)으로, 칡뿌리처럼 등나무처럼 얽히고설켜 힘들고 어려운 관계를 말한다. 말하자면 칡뿌리처럼 얽힌 관계가 풀어져야 한다. 이 엉킴은 누가 대신 해결해줄 수 있는 부분이 아니다. 스스로 풀어가야 한다.

인간관계, 무엇이 문제일까

두 청년이 있었다. 둘 다 20대 후반인 남녀는 대학 동창 사이로, 처음에는 친구로 지냈지만 각자 사회생활을 시작하면서 따로 둘만 만나는 시간이 잦아졌다. 그즈음 여성은 헷갈리기 시작했다. 분명히 둘이 따로 만나 밥도 먹고 영화도 보는데 뭔가 확실한 관계 규명이 되지 않았던 것. '우리가 연인인가? 아님 그냥 친한 친구인가?'

하루는 여성이 남성에게 심각하게 물었다.

"우리는 어떤 관계야?"

10여 년 넘게 만나온 친구가 이처럼 심각하게 물어오니 남성도 진지해졌다. 사실 그 역시 잘 몰랐던 터라 확실한 대답을 줄 수 없었다. 좀 오랫동안 고민한 남성은 이런 대답을 했다.

"그렇고 그런 사이."

관계, 참 애매할 때가 많다. 끊임없이 맺어가는 관계 가운데 평생토록 좋은 관계를 유지하는 경우도 있지만 문제가 생길 때도 많다. 그러다 보면 '이 관계를 끊어야 하나, 말아야 하나?' 마음의 갈등을 느낀다. 애매한 관계, 이도저도 아닌 관계, 끌려다니는 관계, 만나도 되고 만나지 않아도 별 문제 없는 관계, 지지고 볶는 관계, 너무나 어려운 관계 등 모두 문제가 있는 관계라 할 수 있다.

그러나 관계를 어떻게 정리할 것인지 결정하기에 앞서 관계를 힘들게 하는 이유를 들여다볼 필요가 있다. 우리는 대부분 사람과 생기는 갈등의 원인을 다른 데서 찾고자 하는 본성을 가지고 있다. '나는 가만히 있는데 저 사람이 날 건드려요.' 대부분 이런 핑계를 대고 변명을 한다. 정말로 그럴까.

한번은 교회에서 농구대회를 했다. 성도 안에서 심판을 세우다 보니 판정에 대한 불만이 있었다. 하여 다음에 할 때는 아예 외부에서 면

허를 가진 심판을 모셔왔다. 불평이 사라졌을까? 아니다. 선수들의 불만은 여전했다. 다들 자기중심적으로 생각하기 때문이다.

관계 역시 마찬가지다. 관계는 쌍방향으로 소통이 이뤄지는 투웨이(two way) 방식이다. 즉 나와 상대방 상호간에 맺어지는 것이므로 어느 한쪽의 일방적인 문제만 찾으면 곤란하다. 그런데도 갈등이 생기는 것은 자기중심적으로 관계를 바라보기 때문이다.

성경에도 갈등을 겪은 이야기가 나온다. 믿음의 조상인 아브라함에겐 롯이란 조카가 있었다. 그들은 원래 사이가 좋았었는데 어느 날부터 갈등이 생기기 시작했다. 소유가 많아지면서 생긴 갈등이다. 서로의 소유인 소와 양떼가 많아지다 보니 동거할 땅이 넉넉지 못했고 그로 인해 목자들 사이에 싸움이 난 것이다. 이 둘의 갈등은 조카와 삼촌의 갈등이라기보다 아랫사람들의 갈등이었다. 말하자면 아이들 싸움이 어른 싸움이 된 격이다.

목자들 사이에 갈등이 생긴 이유는 무엇이었을까. 모두 자기중심적으로 상황을 보았기 때문이다. 그들은 아브라함과 롯의 고용인임에도 상대방이 자신의 영역을 침범한다고 생각했고, 욕심이 있었을 것이다. 더 넓은 장소에서 소와 양을 치기를 원했고 상대 목자들에 비해 자신들이 더 넓은 곳을 차지해야 한다고 생각했다. 정작 주인은 가만히 있는데도 말이다.

갈등의 원인은 이처럼 자기중심적으로 상황을 바라보는 데에서 시작한다. 자기 자신을 너무 사랑하는 자기애(自己愛)에서 벗어나지 못하기 때문에 상대방을 미처 생각하지 못하는 것이다. 다툼은 욕심에서 비롯된다. 자기가 더 많이 갖고자 하는, 더 많이 사랑받고자 하는 욕심은 자신만을 바라보게 만든다. 앞서 말했듯 관계는 나와 상대의 투웨이 커뮤니케이션으로 이루어지는 것인데 욕심에 눈이 멀다 보면 나만 일방적으로 요구하는 일방적 통보밖에 할 수 없다. 그래서 입장을 바꿔 생각하는 것이 중요하다.

관계에 문제를 가져오는 또 하나의 이유는 의사소통의 기술에 있다. 눈빛만 봐도 서로의 마음을 알 수 있는 관계는 그리 흔하지 않다. 서로 죽고못사는 연인 사이도 속마음을 모르고, 같은 베개를 쓰는 부부 역시 서로 다른 생각을 한다. 그래서 하나님은 '대화'라는 좋은 선물을 주셨다.

그러나 의사소통 방식이 세련되지 못해 상대를 불쾌하게 만들고 곡해하도록 만드는 일이 많다. 사랑하는 여자친구에게 원하는 점심 메뉴를 물었을 때 '아무거나'라는 답이 돌아왔다. 그랬다고 정말 아무거나 시키면 두고두고 욕을 먹는다. 거칠게 말해도 찰떡같이 알아듣는 센스도 필요하지만 찰떡같이 말하는 센스도 역시 필요하다.

특히 가슴 아프게 생각하는 것은 잘못된 SNS 대화다. 익명성이 보장된 온라인상에서의 만남은 쉽게 관계를 맺어주기도 하지만 상처를 주기도 한다. 아무렇지도 않게 자기중심적인 댓글을 작성해서 올리고 때론 인신공격을 하는 등 잘못된 커뮤니케이션은 관계를 깨뜨릴 뿐 아니라 심각한 사회적 문제까지 만든다.

관계에 문제가 있다고 생각될 때는 자신의 의사소통을 돌아볼 필요가 있다. 메시지가 분명했는지, 제대로 의사를 전달했는지, 내 입장에서만 이야기한 것은 아닌지 살펴보는 것만으로도 관계 악화를 막을 수 있다.

인간은 누구나 죄성을 가진 연약한 존재다. 자기중심적으로 생각하길 좋아하고 편한 대로 해석하기 원한다. 끊임없이 관계를 맺고 살아가야 하는 인생에서 갈등이 생기는 것도 당연하다. 그럼에도 하나님은 우리를 서로 기대어 살아가도록 만드셨고 그 창조의 진리에 순응하도록 하셨다. 그러므로 우리가 할 일은 관계를 돌아보고 점검하는 것이다.

관계, 끊어야 할까?

벌써 여러 해 전의 일이다. 목회 사역을 하면서 나를 정말 힘들게 했던 사람이 있었다. 하는 일마다 시비를 걸고 부탁하는 일은 대부분 변명거리를 내세워 하지 않았다. 처음에는 이것 또한 시험의 하나라고 생각하며 인내했는데 갈수록 도가 지나쳤다. 그러다 보니 교회에 올 때는 기쁘다가도 그 사람을 만나면 저절로 근심이 되었다.

이런 사정을 아는 분들은 그만 그 사람과의 관계를 끊어버리라고 조언했다. 한 사람 때문에 교회 전체가 영향을 받을 수 있다는 생각에 나 또한 고개가 끄덕여졌지만 그것도 잠시, 그래도 내가 먼저 관계를 저버릴 수 없었다.

얼마쯤 시간이 지났을까. 그 사람 쪽에서 먼저 나를 떠났다. 도저히 견디기 힘들었는지 다른 곳을 찾아 떠났을 때 마음이 아팠다. 좀 더 따뜻하게 대해줄 것을, 좀 더 품어줄 것을 후회가 되면서도 그가 잘되길 바랐다.

수년의 시간이 흐른 뒤 어느 날 그가 날 찾아왔다. 그리 좋지 않게 헤어졌지만 그래도 반가운 마음에 인사를 나누었다. 그런데 그가 무척 미안한 표정을 지으며 이런 고백을 했다.

"목사님, 그래도 목사님이 저를 가장 잘 이해해 주셨습니다. 그동안 여러 곳을 다녔지만 목사님만큼 절 사랑해주신 분이 없었어요. 소중한 분이셨습니다."

그렇게 날 힘들게 하고 괴롭게 했던 그에 대한 아픈 생각보다는 그래도 끝까지 관계의 끈을 놓지 않았던 것을 다행으로 여기며 감사했던 기억이 난다.

관계에는 좋은 관계도 있지만 부정적인 관계도 있다. 어떻게 보면 부정적인 영향을 주는 관계가 더 많은지도 모른다. 사람의 본능은 나쁜 것을 더 자세히 기억하기 때문이다. 문제는 좋은 관계야 좋은 영향을 주기에 문제없지만 부정적인 관계에 대해 사람들은 결단을 내리려 한다는 것이다.

'그래, 인연을 끊자. 너 안 보고 산다고 해서 무슨 그리 큰 피해가 있겠냐.' 일명 관계 끊기에 돌입한다. 그런데 사람의 인연은 쉽게 끊을 수 없을 때가 훨씬 많다. 부모 자식 간의 관계가 소원해졌다고 해서 끊을 수 없다.

수십 년간 몸 부비며 살아온 부부관계가 좀 틀어졌다고 하여 끊을 수 없다. 또한 끊는다고 끊어지지 않는다. 언제 어디서 만날지 모르기 때문이다.

그렇다면 부정적인 영향을 주는 관계에 대해 생각을 바꿔야 한다. 정당하지 않은 관계도 있고 불공평한 관계도 있다. 그러나 나쁜 관계가 주는 가치 또한 분명히 있다. 불공평한 관계 가운데 하나님이 주시는 메시지가 분명히 있다는 것이다.

함께 일했던 사람으로 인해 힘들어했지만 그와 관계를 끊기보다 끝까지 놓지 않음을 통해 하나님은 커다란 위로를 주셨다. 늦게나마 그가 나의 마음을 이해해주고 나의 가치를 존중하게 되었다는 고백은 큰 깨달음이 되었다.

'아. 하나님은 나쁜 영향을 미치는 관계를 통해서도 나를 훈련시키시고 관계의 가치를 알게 하시는구나.'

나를 힘들게 하는 관계를 통해 우리는 자신을 돌아보게 되고 훈련의 기회가 된다. 그 과정을 지나다 보면 고난이 주는 신비가 있다. 사건, 만남, 상황 이 세 가지를 통해 가치가 변화된다는 말이 있다. 세 가지 변수 중에 만남이 끼어 있다는 것은 그만큼 관계가 소중하고 그 안에서 분명히 얻어질 가치가 있다는 의미다.

하나님은 그 가치를 영혼의 소중함으로 보여주신다. 힘든 관계로 인해 기도할 때 자신을 괴롭히는 상대방의 영혼을 돌아보게 하신다. 그 사람 역시 하나님이 선택하시고 사랑하시는 영혼이라는 깨달음이 오는 순간 우리는 영혼의 가치에 눈뜨게 되는 것이다.

피할 수 없다면 즐기라는 말이 있다. 관계를 끊지 못하기에 나쁜 관계마저도 즐길 필요가 있다. 아이러니하지만 성공적인 실패가 될 수 있도록 노력해야 한다. 진정한 실패란 넘어졌을 때 아무것도 줍지 못하고 일어서는 것이라는 말이 있다. 무엇이라도 주워서 일어섰다면 그것은 성공이라는 의미다.

부정적인 관계 힘든 관계에도 확실한 메시지가 있다. 그 안에 하나님께서 개입하고 계시기에 영혼의 가치를 느끼게 하는 동시에 시간이 지나 더 큰 위로와 깨달음을 주신다. 그렇기 때문에 완벽히 부정적인 관계는 사실상 없다고 봐야 한다.

관계 개선 설명서

칡뿌리처럼 얽히고설킨 관계, 갈등은 해결되어야 한다. 그냥 두기에는 너무 오랜 시간 사람을 괴롭히는 덫이 되고 끊으려 하지만 잘 끊어지지도 않는다. 그렇다고 영혼도 소중하구나 깨닫는 데 그치기보다 오히려 적극적인 액션으로 관계를 개선해야 한다.

관계를 개선하기 위해서 제일 먼저 취해야 할 태도는 자존심을 버리는 것이다. 관계에 문제가 생길 때 상처가 생기기 때문에 마음이 닫힌다. 말하자면 자존심이 상한다는 것이다. 그러나 관계 때문에 입은 상처는 저절로 낫지 않는다. 자존심을 세운답시고 버티다가는 상처가 더욱 곪을 뿐이다.

자존심보다는 문제 해결이 먼저다. 아브라함은 조카 롯과 갈등이 생겼을 때 신속하고 적극적으로 문제 해결에 앞장섰다. 아브라함이 취한 행동을 영어 성경에서 보면 "So Abraham said to Lot"(NIV)이라고 표현되어 있다. 이 말은 아브라함과 롯의 목자들 사이에 갈등이 생긴 직후 '바로 그 즉시' 롯에게 말했다는 것을 의미한다. 자존심의 덫에 걸려 질질 끌기보다 신속하게 해결하려는 의지가 엿보이는 대목이다.

관계가 좋아지지 않을 때 많은 사람들이 갈등을 일으킨 일 때문이 아니라 갈등으로 생긴 자존심과 감정을 해결하지 못해서 더 힘들어한다. 그러다 보니 상대가 먼저 다가와 사과해줄 것을 간절히 원한다.

부부간에 틈이 생겼을 때도 소위 기싸움을 한다. 부부싸움을 한 뒤 누가 먼저 대화를 시작하느냐에 따라 지고 들어가는 것이라고 생각한다. 먼저 말을 시키면 굽히고 들어가는 것 같아 자존심이 상한다. 어떤 부부는 부부싸움 이후 석 달 동안 서로 유령 취급하며 생활했다는 간증(?)을 하기도 했다.

그런데 성경에 나오는 아브라함과 롯의 갈등에서 아브라함이 취한 행동은 그렇지 않았다. 자신과 롯의 목자들 사이에 서로 땅을 차지하려고 갈등을 일으켰을 때 아들같이 키운 조카에게 괘씸한 생각도 들었을 수 있다. 그를 어떻게 키웠는지 과거의 공을 돌아보며 화를 낼 수도 있다. 롯 역시 삼촌에 대해 원망하는 마음이 있었을 수 있다. 삼촌이 돼서 왜 목자들이 싸우도록 놔두었는지 무능력하게 생각했을 수도 있다.

그러나 아브라함은 갈등의 순간 그 즉시 찾아가 문제를 해결했다. 먼저 이야기를 하며 문제의 근원으로 접근했다. '네가 좌하면 내가 우하고 네가 우하면 내가 좌하리라.' 말하자면 땅이 좁아서 생긴 갈등이었으니 땅을 나누어 따로 일을 하도록 한 것이다.

성경 〈마태복음〉 5장 23-24절을 보면 이런 구절이 나온다.

'형제에게 원망 들을 만한 일이 있는 줄 생각나거든 예물을 제단 앞에 두고 먼저 가서 형제와 화목하고……'

말씀에도 갈등이 생겼을 때 먼저 화목할 것을 말한다. 먼저 가는 것, 문제 해결을 향한 첫 번째 발걸음이 되어야 한다고 말한다. 그래야 갈등 자체에 집중하게 되고 신속하게 관계를 회복할 수 있기 때문이다.

두 번째 관계 개선을 위한 방법으로, 이익보다 관계의 중요성에 더 집중해야 한다. 아브라함이 롯에게 찾아가 제일 먼저 했던 말은 '아브라함이 롯에게 이르되 우리는 한 친족이라 나나 너나 내 목자나 네 목자나 서로 다투게 하지 말자.'였다. (〈창세기〉 13 : 8)

사실 이 갈등의 상황에서 같이 있을 수 없기 때문에 누군가는 이익을, 누군가는 손해를 볼 수밖에 없다. 목자들이 서로 다투고 있으니 땅을 나누지만 공평할 수는 없었다. 그런데 아브라함은 자신이 이익을 보겠다 손해를 보겠다는 등 이익이나 손해에 집중하지 않는다. 다만 우리가 친족이라는 말을 함으로써 관계를 부각시킨다.

'우리가 한 가족이 아니냐.'

우리를 힘들게 만드는 관계 가운데 있는 사람이 부모가 될 수도 있고 가족이 될 수 있다. 가까운 친구가 될 수도 있다. 자신이 섬기는 공동체가 될 수도 있다. 우리는 그런 다양한 관계 가운데 있다.

이익이나 실리를 추구하다 보면 관계를 놓칠 수 있다. 그러나 관계는 오래 간다. 계속되고 함께 간다. 이익보다 관계에 집중하다 보면 결과적으로 더 큰 유익으로 다가온다. 성경은 그 관계가 중요하다는 것을 아브라함을 통해 알려주고 있다. 그 사건 이후 땅을 배분하면서 롯과 아브라함은 헤어지지만 관계는 계속 이어진다. 훗날 롯이 전쟁의 포로가 되었을 때 그가 가서 조카를 구한다. 비록 이득을 얻지는 못했지만 관계는 계속되고 더 깊어진 것이다. 하나님은 이런 깊은 관계를 원하신다.

관계 개선을 위한 마지막 방법은 눈에 보이는 것보다 믿음의 선택을 하는 것이다. 아브라함이 조카를 찾아가 관계를 부각시키며 했던 말은 믿음의 선택이었다.

"네 앞에 온 땅이 있지 아니하냐 나를 떠나가라 네가 좌하면 나는 우

하고 네가 우하면 나는 좌하리라."(〈창세기〉 13 : 9)

아브라함은 롯에게 먼저 선택권을 주었다. 그때 롯이 눈을 들어 바라본 땅은 동쪽에 있는 비옥한 땅이었다. 롯은 그 땅을 가지겠다고 말했고 아브라함은 자신의 말대로 반대쪽 땅을 선택한다. 겉으로 보기엔 롯이 훨씬 좋은 땅을 차지한 것 같지만 성경은 아브라함과 롯의 결정을 눈에 보이는 결정과 믿음의 결정으로 대비하고 있다.

롯은 '눈을 들어 바라본즉', 즉 자신의 눈으로 본 땅을 선택했다. 반면 아브라함은 롯에게 먼저 선택권을 준 뒤 무조건 반대쪽을 고르겠다고 믿음의 결단을 했다. 하나님은 롯이 떠난 뒤 아브라함에게 나타나셔서 그의 발이 닿는 곳마다 그 땅을 주겠다는 축복을 부어주셨다. 아브라함이 조카와의 관계를 위해 눈으로 보이는 것이 아닌 믿음의 결단을 한 것에 대한 복을 부어주신 것이다. 그가 하나님의 인도하심을 신뢰하고 있었기에 가능한 일이었다. 하나님을 기쁘게 할 때 하나님이 어떻게 채우시고 어떻게 함께하시고 어떻게 도우실지 믿기에 양보할 수 있는 믿음의 선택을 할 수 있었던 것이다.

우리가 맺는 관계는 여전히 안개 속을 헤맬 수 있다. 갈등 가운데 자기 생각에 꽉 막혀 있어 어려운 관계에 빠질 수 있다. 관계의 어려움이 있을 때 우리는 즉시 문제 해결에 집중해야 한다. 이익보다 관계를 소중히 여기되 하나님께 맡기는 믿음의 결단이 필요하다. 우리 인생의 모든 것을 주관하시는 하나님은 그러한 결단을 통해 기뻐하시기 때문에 결코 손해나 상처를 입게 하지 않으신다. 하나님을 신뢰하기 때문에 용서하고 양보하는 믿음의 결단을 내릴 때 그때부터 관계 개선의 신호등에는 초록불이 켜질 수 있다.

좋은 관계, 가치를 전달하라

'당신은 어떤 사람과의 관계를 가장 소중하게 여기십니까?'

누군가 이렇게 묻는다면 생각나는 한 분이 있다. 주일학교 선생님이셨던 안 선생님이란 분이다. 그분은 탁구 실력이 좋지 못한 내게 탁구를 가르쳐주신 분이다. 평범한 분이었지만 내가 그분을 특별히 기억하는 이유는 맛있는 자장면을 사주셨기 때문이다. 당시 자장면은 최고의 선물이자 기쁨이었는데 주중에 선생님을 찾아뵐 때마다 그 선물을 주신 것이다.

세월이 흘러도 여전히 탁구 실력은 신통치 않다. 그러나 라켓을 잡을 때면 안 선생님 기억이 난다. 그러면 어김없이 미소가 나오면서 까만 소스에 버무려진 자장면 면발이 떠오르며 안 선생님의 모습이 오버랩된다.

내가 안 선생님과의 만남을 가장 크게 기억하는 이유는 무엇일까. 일차적으로 자장면이라는 귀한 음식을 사주셨고 그다음으로는 실력 없는 나를 믿고 끝까지 가르쳐주시는 등 믿음과 신뢰를 주신 인간적인 모습 때문인 것 같다.

실제 사람들에게 가장 기억에 남는 사람을 꼽으라고 하면 예상외로 유명 인사는 별로 많지 않다. 안 선생님처럼 평범한, 지극히 개인적인 관계로 기억되는 이들이 더 많다. 왜 그럴까? 좋은 관계는 좋은 가치를 전달해주기 때문이다. 물론 유명한 분들, 인생의 멘토가 되시는 분들도 있지만 각 사람의 인생에서 전달되는 가치는 유명세에 있지 아니하고 그 사람의 가치에 있다.

좋은 만남, 좋은 관계는 뭔가 특별한 스펙을 지닌 이들에게만 해당하는 게 아니다. 대부분의 사람들에게 가장 기억나는 사람, 자신에게 영향을 끼친 사람을 꼽으라고 할 때 가깝게는 부모님부터 옆집 아저씨, 선생님, 목사님 등 알려지지 않은 지극히 평범한 사람이 더 많다. 세상적으로 볼 때 평범할지 몰라도 당사자에게는 특별한 가치를 전달해주기 때문이다. 그 가치 속엔 왜 살아가야 하는지, 저 사람처럼 살고 싶다, 너무 과분한 사랑을 받았으니 사랑을 주자는 등 우리 삶에 좋은 영향력이 스며 있다.

관계를 통해 가장 귀한 영향력을 전달해주신 분은 바로 예수님이다. 예수님은 이 땅에 오실 때부터 갈등 가운데 계셨다. 그 당시 사회의 기득권을 빼앗길까봐 두려워하던 바리새인들은 예수님을 결국 십자가에 못 박기 원했다. 예루살렘에 들어가실 때 예수를 향해 '호산나'를 외치던 군중들도 처음에는 예수님을 따랐지만 빌라도 앞에 끌려가자 예수를 십자가에 못 박으라고 소리쳤다. 그러나 예수님은 그 순간 자신을 구원하실 수 있었지만 기꺼이 십자가에 달리셔서 우리의 죄를 대속하시는 은혜를 보여주셨다. 오히려 갈등 관계로 몰아넣은 이들을 불쌍히 여기며 그들의 죄를 용서해달라고 기도했다. 갈등의 관계를 묵묵히 견디며 믿음의 결단을 하신 것이다.

십자가 사건이 있은 이후 사람들은 예수님을 잊지 못했다. 죄가 없음에도 불구하고 그는 갈등 관계에 놓인 이들을 향해 용서하고 양보하는 결단을 하셨다. 사람들은 예수님과의 만남을 통해 용서하고 사랑하라는 가치를 전달받았다. 그 영향력이 오늘날까지 가치로 전달되어 구원받는 이들이 날마다 넘쳐나는 것이다.

우리는 끊임없이 사람과 관계를 맺으며 살아간다. 좋은 관계는 상대방이 나를 어떻게 대하느냐에 달려 있지 않다. 내가 어떻게 좋은 친구가 될지 고민하는 것부터 시작한다. 하나님은 부정적인 관계에서도 분명히 메시지를 주며, 우리는 가치와 영향력을 얻으려고 노력해야 한다. 또한 여러 관계 속에서 나는 상대방에게 어떤 가치를 전달하고 있는지 항상 생각하고 질문해야 한다.

'나는 과연 나의 만남에서 어떤 가치를 전달해주고 있는가?'

PART 2

일상 속
애매함을 정해주는
하나님

크리스천으로 살아가다 보면

손해 보는 기분이 들 때도 있습니다.

그만큼 우리에게는 하나님의 자녀로서 책임과 사명, 희생이 따르기 때문입니다.

그러나 겉으로 보이는 것이 전부가 아닙니다.

사방에서 보이지 않는 손이 우리의 삶을 이끌고 계시기에

책임도 기꺼이 다하고 희생도 기꺼이 감내할 수 있습니다.

결국 합력하여 선을 이루시는 결과를 이미 알기에

생활 속에 희미하고 애매한 부분도 해결해나갈 수 있습니다.

01

구별된 삶, 어떻게 살 것인가

크리스천? 넌 크리스천? 구별된 삶?

한 청년이 있었다. 어린 시절부터 신앙생활을 했던 청년은 하나님의 자녀로 바르게 컸고 덕분에 주변에서는 다들 그 청년에 대한 칭찬이 자자했다. 어디를 가나 크리스천으로 흠이 없다고 칭송을 받았기에 청년의 마음속에 언제부턴가 크리스천다운 삶을 심하게 의식하게 되었다.

식사를 할 때도 두 손을 모으고 간절히 기도하면서 신실한 크리스천의 모습을 보였고, 차를 탈 때도, 사람을 만날 때도, 묵상을 할 때도 사람들 앞에서 보이는 신앙생활을 선보였다. 뿐만 아니라 평소 생활에 있어서도 구별된 모습을 보이기 위해 애를 썼다. 가끔 가스를 배출하고 싶어도 괜히 경망스러워 보일까 꾹 참기도 하고 무단횡단 같은 건 꿈도 못 꿨다.

그를 아는 사람들은 점점 그 청년의 신실한 모습에 입을 모아 칭찬했지만, 사실 그는 갈수록 피곤해졌다. 주변을 의식하게 된 뒤로 신앙의 혼돈도 오기 시작했다.

'내가 지금 하나님께 진심으로 기도하고 있는 걸까? 아니면 사람들에게 보이기 위한 모습인가?'

청년은 점점 자신을 죄어오고 있는 생활의 압박으로 두 손을 들고 말았다.

넌크리스천(nonchristian), 영어적 표현으론 크리스천이 아닌 사람들을 의미하지만 이것을 한글로 풀면 '넌 크리스천'이 된다. 하나님을 믿지 않는 이들도 크리스천이 될 확률이 높음을 의미하는 건 아닐까? 그랬으면 좋겠다.

그런데 크리스천이라고 하면 앞의 청년과 같은 모습이 떠오른다. 특히 넌크리스천이 생각하는 크리스천의 모습이 있다. 물론 그만큼 관심을 가지고 있다는 증거니 나쁜 건 아니지만, 너무 많은 것을 기대하고 있다는 데 부담감을 느낀다. 그 기대 속에는 크리스천은 모든 법규를 다 지킬 것 같고 거짓말도 한마디 못하는 무결점의 사람일 것 같다는 등 다양한 마음이 들어 있다. 그러나 크리스천 역시 죄로부터 자유롭지 못한 사람이고 실수할 수 있다.

그럼에도 하나님을 믿는 사람들은 구별된 삶을 지향한다. 하나님이 백성을 선택하실 때 이미 구별해놓았다고 했기 때문이다.

과연 구별된 삶이란 무엇일까? 구별되었다는 의미가 애매할 수 있다. 왠지 하얀 옷만 입고 거룩하게 다녀야 할 것 같은 차별화된 모습이 구별된 모습은 아니다. 구별되었다는 것은 따로 떼어 구분시켜 놓았다는 의미가 있다. 이것을 거룩이라고 한다.

구별된 삶에 대해 오해하는 이유는 도덕적인 면만 생각하기 때문이다. 구별된 삶이라 했을 때 행위나 사회적 규범을 잘 지키는가 등을 따지며 율법적으로 흐를 때가 많다. 그래서 도덕적으로 잘 지키고 있는가 아닌가에 실패와 성공의 기준을 두기도 한다.

성경적으로 볼 때 구별된 삶의 가장 중요한 포인트는 내가 있는 곳에서 정말 도덕적으로 깨끗한 삶을 사는 것이 아니라 무엇 때문에 구별되었는지 깨닫는 것이다. 하나님께서 우리를 왜 선택하셨고 무엇을 위해 구별되었는지 생각해보는 것이 우선되어야 한다.

거룩함의 애매함

크리스천이 가장 부담감을 느끼는 성경 말씀은 무엇일까. 아마 〈베드로전서〉 1장 15-16절 말씀이 아닐까 싶다.

오직 너를 부르신 거룩한 이처럼 너희도 모든 행실에 거룩한 자가 돼라. 기록되었으매 내가 거룩하니 너희도 거룩하라 하셨느니라.

하나님은 거룩하신데 그 거룩하신 하나님이 우리를 향해 너희도 거룩하라고 하시니 왠지 오르지 못할 나무 같은 생각도 든다.

한번은 어떤 성도가 그런 말씀을 했다. 기도원을 다녀왔는데 그곳에 계신 목사님이 무척 경건해 보이고 거룩해 보이더란다. 굉장히 신실한 신앙인의 자세를 보이셨는가 보다 생각했으나 그 성도의 입에서 나온 이유는 아주 단순했다. 하얀 옷에 하얀 구두를 신고 온화한 표정을 지으시며 다니시는데 마치 천사가 다니는 것 같았다나.

평소 말소리와 기도할 때 달라지는 목소리의 변화로 거룩함을 특정할 수 있을까? 마치 천사가 걸어다니는 것처럼 흰 옷에 흰 구두를 신고 다닌다고 해서 거룩해 보일 수 있을까? 그렇지 않다. 모두 거룩함에 대한 오해에서 비롯된 잘못된 생각이다. 많은 이들이 거룩한 모습에 대한 오해로, 대단한 경지에 오른 것만이 거룩하다고 여긴다. 완전히 극적으로 극단적으로 거룩의 모습을 그리기도 하고 또한 너무 부담스러워 아예 포기하기도 한다.

어떤 사람은 누구든지 그리스도 안에 있으면 새로운 피조물이라 했으니 새 사람이 되었다면서도 다른 이들과 구별된 삶을 살지 못하는 경우도 있다. 반면 우리가 어떻게 주님을 좇아 구별된 삶을 살 수 있겠는가. 그건 아예 불가능하다고 여기는 사람도 있다. 그러다 보니 거룩이란 단어를 너무 거리가 먼 단어로 생각해 거룩 자체를 포기하려는 것이다. 그런데 하나님이 거룩한 삶을 사는 게 불가능했더라면 우리에게 거룩하라고 명령하셨을까?

아니다. 거룩은 그리 먼 곳에 있는 애매한 것이 아니다. 예수님을 구주로 영접함으로 구원받은 것으로도 우리는 이미 거룩한 삶을 살고 있다. 물론 이 땅에 있는 동안 완전히 거룩해질 수는 없다. 하나님의 거룩함에 다다를 수는 없지만 분명히 구별된 삶, 경건한 삶, 성화된 삶의 모습에 가깝게 다가갈 수 있다.

하나님은 우리를 당신의 목적을 위해 구별하셨다. 구별된 삶의 가장 중요한 점은 하나님의 부르심, 곧 우리가 하나님의 목적을 위해 따로 세움을 받았다는 점이다. 그런데 나를 부르신 하나님의 목적, 그 부르심의 소명을 잘 알지 못한 채 살다 보면 늪에 빠지게 된다.

〈디모데후서〉 3장 5절에 '경건의 모양은 있으나 경건의 능력은 부인한다'는 말씀이 나오는데, 이 말씀은 하나님의 목적을 생각하지 않고 달라지려고 하면 도덕적인 율법적인 사람이 된다는 일종의 경고다. 그러니 크리스천의 구별된 삶에 대해 이야기할 때는 하나님이 나를 부르신 목적에 대해 생각하며 기도해야 한다.

구별된 삶의 증거 – 언어

하나님은 우리가 선택받은 사람으로 어떻게 거룩하게 살기를 원하셨을까. 하는 말마다 Holy가 붙는다고 거룩하게 되는 게 아니다. 하나님은 말씀을 통해 거룩의 모습을 세 가지로 표현하고 있다.

누구든지 스스로 경건하다 생각하며 자기 혀를 재갈 물리지 아니하고 자기 마음을 속이면 이 사람의 경건은 헛것이라 하나님 아버지 앞에서 정결하고 더러움이 없는 경건은 곧 고아와 과부를 그 환난 중에 돌보고 또 자기를 지켜 세속에 물들지 아니하는 그것이니라〈야고보서〉 1 : 26-27〉

이 말씀에서 우리에게 요구하시는 하나님의 구별된 삶의 모습이 나온다. 참된 경건의 세 가지는 언어와 행실, 마음과 생각을 지키는 소신에 있다. 사실 말씀에 나온 세 가지 기준은 많은 이들이 구별된 삶이라고 느끼는 기준과 거의 같다. 말씀도 말씀이지만 하나님을 모르는 사람들도 이런 삶의 기준으로 구별되어야 한다는 것에 공감한다는 의미일 것이다.

제일 먼저 하나님이 우리에게 원하는 거룩한 삶의 첫걸음은 언어다. 한번은 사모들의 세미나에 참석하여 그들의 이야기를 들은 적이 있다. 목회자를 돕는 자로서 세워진 사모들이야말로 거룩함에 대한 부담감을 많이 느끼는 분들이다. 너무 조용하면 아무것도 안 한다고 말을 듣고, 너무 활발하면 나댄다며 본이 안 된다는 이야기를 듣는 사모님들의 이야기에 가슴이 짠했다. 어쨌든 그 세미나는 사모들의 가슴속 이야기를 털어놓으며 혹시나 그 속에 있을 쓴 뿌리를 제거하는 시간이 중심을 이루었다.

그런데 그곳에 모인 많은 사모들이 어렵게 털어놓은 쓴 뿌리는 말에 관한 것이었다. 한 사모님은 이미 환갑을 넘긴 연세였고 30년 넘게 사모로서 돕는 사역을 하고 있었는데 문득문득 제거되지 못한 쓴 뿌리가 자신을 늘 괴롭힌다고 했다. 아주 어린 시절 시골에서 다섯 명의 딸 중 넷째로 태어난 그녀는 부모로부터 언어적인 폭력에 시달렸다.

"아이구…… 딸이 무슨 쓸모가 있다고 세상에 나왔노……."

"딸자식이 뭔 공부를 한다고 그러냐? 밥 세 끼 먹여주는 것만도 감지덕지로 여겨라."

자기는 아무 쓸모없는 사람이라는 생각이 가슴 한켠에 자리잡혀 있었고 그로 인해 부모를 무척 미워했었다고 했다. 하나님을 만나고 난 뒤 부모에 대한 원망과 미움과 자신의 상처도 모두 치유되었는 줄 알았지만 그게 아니었다. 자기도 모르게 분노가 생길 때면 자녀에게 가끔 심한 말을 퍼붓는 자신의 모습을 볼 때마다 심한 죄책감에 시달렸던 것이다.

사모는 부모로부터 상처받았던 말을 털어놓으며 오랜 시간 울며 하나님께 도움을 청했다. 그 다음 고령의 부모와 만나 그냥 묻어두었던 일, 자신이 상처받았던 과거를 이야기하며 풀었다고 한다. 신기하게도 그 응어리가 풀리자 그녀를 괴롭히던 분노와 미움이 사라지고 자녀에게 가끔 퍼붓던 심한 말도 사라졌다고 한다.

언어는 오랜 시간 사람을 사로잡히게 하는 무서운 무기다. 오늘날 성경에도 혀에 재갈을 물리지 아니하면 스스로 경건하다고 하지만 말을 컨트롤할 수 없으면 참된 경건이 아니라고 한다. 언어의 통제 능력이 그만큼 중요하다는 것이다.

가끔 기도를 많이 하시는 분 중에 함부로 말을 하는 경우를 보게 된다. 본인은 잘 모를 테지만 듣는 이들은 그 말로 인해 큰 상처를 받는다. 아무리 교회를 위해 열심히 일하고 뜨겁게 신앙생활을 한다 해도 다른 사람들에게 상처를 주는 말은 결코 본이 되지 않는다.

사람은 마음에 있는 것을 입으로 말한다고 성경은 말한다. 마음이 착하면 착한 말을 하며 악하면 악한 말을 하게 되어 있다. 그러니 말에 의해 그 사람이 정말 경건한지 아닌지 알 수 있다는 것이다.

특히 신앙인들의 말이 현실과 신앙에서 달라질 때 더욱 상처가 된다. 청소년들과 이야기를 나누다 보면 의외로 부모의 언어에 상처받고 시험받는 경우가 많다. 교회에서 보는 부모님의 언어가 현실과는 다른 것이다. 교회에서는 거룩과 경건, 사랑을 말하면서 집에 와서는 자녀를 향해 부정적인 언어를 쏟아내면 자녀들은 회의와 의심이 들면서 힘들어진다. 자녀에게 인생의 모델이 되는 부모의 언어는 그 아이들이 비뚤어지고 상처받는 큰 역할을 한다. 앞서 말한 사모님이 수십 년간 부모의 언어에 쓴 뿌리를 갖게 된 것을 봐도 알 수 있지 않은가.

또 어떤 이들은 날카로운 말로 사람의 문제를 찾아내는 은사(?)가 있는 이들도 있다. 그들은 남의 말꼬투리를 잡는 데에만 신경을 쓰는지, '저 사람은 저게 문제야.' '저렇게 말하는 건 틀렸어.' 등 문제를 지적하는 게 하나님께서 주신 사명이라 여기며 말로 상처를 주는 것 역시 혀에 재갈을 물리지 않은 행위다.

나 역시 한 성도의 언어로 인해 교훈을 받았던 적이 있었다. 한번은 새벽기도회를 주기도문으로 마치고 나오는데 한 집사님이 나를 찾아왔다.

"목사님, 아까 주기도문 틀린 거 아세요?"

"네? 왜요?"

"뜻이 하늘에서 이루어진 것같이 땅에서도 이루어지리이다…… 라고 하셔야 하는데, '도'를 빼먹었어요."

"아…… 그랬습니까? 다음부터 조심하겠습니다."

목사가 돼서 성도로부터 지적을 들으니 갑자기 그것이 스트레스가 되었다. 아마 새벽 예배 중 비몽사몽간에 흘린 발음 때문에 일이 생겼을 테지만 다음 날 새벽기도회가 되니 지적한 성도 얼굴이 보이면서 '뜻이 하늘에서 이루어진 것같이 땅에서도 이루어지리이다.'라고 '도'를 더욱 크게 발음했다. 그 다음 날도 마찬가지였다. 그런데 계속 그 생각을 하다 보니 그 다음부터 주기도문에 '하늘에 계신 아버지'가 안 나왔다. 주기도문이 하늘에 계신 나의 아버지에게 드리는 기도이며 신앙을 고백하는 기도임에도 한 성도의 지적하는 말 한마디로 인해 긴장하게 된 것이다.

그런가 하면 반면 말로 사람을 세워주는 이들도 있다. 옛말에 있듯 '말 한마디로 천 냥 빚을 갚는다.'는 분들이다.

남보다 일찍 나와 교회를 위해 봉사하는 집사님들에게 수고하신다고 말을 건넸을 때 오히려 그분들에게서 '목사님, 얼마나 감사합니까. 남보다 먼저 나와 하나님 일을 할 수 있게 해주시니 제가 감사하고 기쁘죠. 이런 교회 다니게 해주시니 감사합니다.'라는 말을 들으면 나도 모르게 기분이 좋아진다. 감사하는 마음에 더 열심히 사역을 하리라 다짐하게 된다.

하나님은 믿는 이들의 언어에 대해 분명히 말씀하셨다. 누추함과 어리석은 말, 희롱하는 말이 마땅치 않고 오히려 감사하는 말을 선택하라고. 특히 요즘처럼 SNS(Social Networking Service)로 소통하는 사회에서 말은 더욱 조심해야 한다. 보이지 않는 공간에서 함부로 말로 공격하거나 악성 댓글로 상처를 주는 행위는 반드시 주의해야 한다.

발명왕 에디슨은 행동발달장애에 환경부적응자였지만 그의 어머니가 '네가 너무 대단해서 다른 아이들이 널 쫓아오지 못하는 것뿐이다. 너는 할 수 있다.'는 격려의 말을 통해 끊임없이 노력하고 발전해서 인류에 공헌한 발명왕이 되었다.

죽고 사는 것이 세치 혀의 권세에 달려 있다고 경고하셨던 하나님의 말씀을 기억해야 한다. 경건의 시작은 말로부터 나온다.

구별된 삶의 증거 – 섬김

하나님이 원하시는 참된 경건의 모습은 과부와 고아를 도와주는 것이다. 〈야고보서〉 1장 26-27절에 나오는 '고아와 과부를 환란 중에 섬기며'라는 말씀은 어려운 사람을 섬기는 봉사의 모습을 의미한다. 그런데 여기서 말하는 봉사를 그냥 봉사로 생각하면 의미가 애매해진다. 자기 자신을 위해서도 얼마든지 봉사가 가능하기 때문이다.

가끔 어떤 사람들의 봉사는 과연 어려운 이웃을 돕기 위한 봉사인지 이해가 안 갈 때가 있다. 자기를 세우고 드러내기 위한 봉사도 많다. 또 자신의 기분을 전환하기 위해 봉사라는 빛 좋은 구실을 찾기도 한다.

성경에서 말하는 구별된 삶, 참된 경건의 삶인 과부와 고아를 돕는 것은 곧 어려운 가운데 도와주는 섬김을 의미한다. 가끔 신문 기사에 나오는 분들 중 한평생 떡볶이 장사를 하며 번 돈으로 평생 장학금 후원을 하셨다던 할머니, 신문을 배달하면서 어려운 독거노인을 도운 청년 등 빛도 이름도 없이 섬김을 실천하는 이들의 모습이 진정한 섬김이다.

자기의 의를 나타내지 않는 진솔하게 위하는 마음, 우리 삶 가운데 그런 일들은 얼마든지 많다. 주변을 돌아보면 힘들고 어려운 이웃을 향해 우리가 섬길 수 있는 부분이 있다. 그것이 좋아서, 재밌어서, 하고 싶어서 하는 것이 아니라 정말 그들에게 힘이 되고 격려가 되고 축복이 되기 위한 섬김이 바로 하나님이 바라시는 모습이다.

〈가이드 포스트〉에 김동호 목사님이 쓰신 〈진정한 섬김〉이란 글에 이런 내용이 있었다. 김 목사님이 청량리의 한 교회 주일학교 전도사를 하고 계실 때 부장으로 섬기고 계시던 장로님이 계셨다고 한다. 그 장로님은 500여 명 출석하는 교회의 장로님으로서 교회 예산의 거의 1/3을 감당할 정도로 많은 헌금으로 섬기신 분이었다. 그러다 보니 주일학교 전도사로서 사역하면서도 물질의 어려움 없이 일을 잘할 수 있었는데, 한번은 김 목사님이 당회에 뭔가 건의할 것이 있어서 장로님께 부탁을 드렸다고 한다. 교회 예산의 많은 부분을 감당하고 계신 장로님이시니 당회에서 발언을 하셔도 힘이 될 거라는 마음 때문이었다. 그런데 예상 외로 장로님이 단칼에 거절하시더란다.

"전도사님, 제가 전도사님과 허물없는 사이라 말씀드리는데요, 아시다시피 제가 헌금을 좀 많이 하지 않습니까. 그래서 가급적 당회에서는 발언을 안 하려고 합니다. 헌금을 많이 하든지 말을 많이 하든지 한 가지만 해야지 둘 다 하면 안 됩니다. 저도 나빠지고 교회도 시험에 듭니다."

김 목사님은 장로님의 말씀에 큰 충격을 받았다고 한다. 그야말로 빛도 이름도 없이 섬김을 실천하고 계신 장로님의 신앙관에 큰 감명을 받았다는 것이다. 이처럼 진정한 경건의 모습, 구별된 삶은 대가 없는 섬김과 구제, 나눔과 돌봄에서 나타난다.

구별된 삶의 증거 – 소신

하나님이 원하시는 구별된 삶은 세상과 동떨어진 삶이 아니다. 교회 안에서만 지내며 철야기도, 새벽기도, 금식기도…… 예배란 예배는 다 참석하며 예배당을 떠나지 않는 것을 경건하다고 할 수 없다.

어떤 목사님이 41일 금식 기도를 작정했다. 이유인즉슨 예수님이 40일 금식기도를 하셨으니 자신은 하루 더 늘려 산으로 올라가 41일을 하겠다는 것. 그래서 41일이 지나고 친구 목사님이 금식기도하시던 목사님을 모시러 올라갔는데 그만 천국으로 떠난 뒤였다. 그러자 데리러 간 목사님이 울며 그러더란다.

"아이쿠. 예수님이 40일 하셨으면 자기는 좀 적게 하지……."

예수님보다 더 많이 기도할 거라는 오만한 고집이 목사님을 죽음으로 인도한 건 아닐까? 내 뜻만 가지고 움직이면 아무것도 할 수 없다.

정말 중요한 건 하나님이 주시는 마음으로 겸손하게 세상과 살아가는 것이다. 하나님은 우리에게 세속에 물들지 말라고 부탁하셨다. 그러면서도 너희는 세상의 소금, 세상의 빛이라고 하셨다. 교회의 소금, 교회의 빛이라고 하지 않으신 것은 세상과 동떨어져 지내지 않지만 세상을 비춰주는 역할을 하라는 뜻이다.

세상 속에서 더불어 살되 세속에 물들지 않는 건 어떤 것일까. 도대체 불경건한 공동체 가운데서 어떻게 경건한 삶을 살 수 있는지, 불의한 세상에서 어떻게 정의로운 믿음의 삶을 살 수 있는지 애매한 문제로 다가온다. 이에 대해 성경은 대답하기를 자신의 믿음을 지키라고 말한다. 지킬 것을 지키고 하나님 말씀대로 살고자 노력하는 것이다.

그런데 가끔 믿음을 지키고 살다 보면 힘들고 조롱받고 고난당하고 핍박을 받는 일도 생긴다. 그때 대부분은 하나님 때문에 자신이 핍박을 받는다고 생각한다. 그러나 이 고난을 당하는 이유는 사실 예수 그리스도 때문이 아니라, 우리의 가치관과 믿음 때문이 아니라, 내가 잘못해서 나의 실수로 당하는 경우가 더 많다.

물론 하나님은 불의한 세상에서 경건하게 살고자 하는 자는 핍박을 받을 것이라고 말씀하셨다. 그러하기에 다가오는 문제나 고난의 이유를 잘 찾아야 한다. 말씀을 봐야 하고 말씀대로 살고자 몸부림쳤는지 돌아보는 자세가 필요하다. 그리고 기도하고 매달려야 한다.

세속에 물들지 않는다는 것은 세상과 떨어진 것이 아니라 세상 안에서 빛과 소금의 역할을 감당하는 모습을 말한다. 우리가 믿는 것을 붙잡고 구별되게 이야기할 수 있을 때, 또한 믿음을 지킴으로 구분된 모습을 보일 때 그것이 곧 빛과 소금이 될 수 있다. 또한 인생의 여러 가지 선택 가운데 흔들리지 않고 말씀대로 살되 Yes와 No를 이야기할 수 있어야 한다.

과연 우리는 하나님이 말씀하신 구별된 삶을 살고 있는가. 나의 삶 가운데 어려운 이웃을 향해 구체적으로 보여지고 드려지고 나눠지는 부분이 있는가. 내 삶의 여러 유혹을 인내하고 이기고 승리하고 믿음을 지키면서 가고 있는가, 구별된 삶에 대해 애매한 기준을 탓할 게 아니다. 하나님은 분명히 세 가지 구별된 모습을 요구하셨다.

구별된 삶, 어떻게 살아야 할까

이 땅에 크리스천으로서 구별된 삶을 사는 일은 결코 쉬운 게 아니다. 그럼에도 하나님의 백성으로서 참된 경건을 위해 살아가야 한다. 어떻게 구별된 삶의 모습을 지닐 수 있을까? 먼저 회복하고 훈련을 거쳐 인내해야 한다.

우리는 실수할 수 있다. 실패할 수도 있다. 생각만큼 삶이 진행되지 않을 수도 있다. 좀 다른 삶을 살고 싶은데 금세 유혹에 넘어가고 믿음이 약해질 수도 있다. 그러나 포기하지 말아야 한다. 우리가 믿음을 지키겠다고 의지를 굳히지만 한번 유혹에 빠져 더 이상 일어서지 못할 때 구별된 삶에 도전할 수 없다. 하나님은 회복의 하나님이시다. 하나님은 우리의 연약함을 누구보다 더 잘 알고 계시기에 계속 도전하고 일어난다면 회복의 하나님께서 우리를 다시 세워주신다.

일단 일어섰다면 끊임없이 훈련해야 한다. '망령되고 허탄한 신앙을 버리고 경건에 이르도록 나 자신을 연단하라.'(《디모데전서》 4 : 7)는 말씀처럼 우리의 인생은 연습의 연속이다. 요즘의 세상은 도전도 많고 격려도 많고 배움도 많지만 훈련은 많이 사라졌다. 훈련은 자기 의지에 의해 반복되는 것인데 너무 약해졌기에 훈련하지 않으려고 한다.

훈련에는 시간과 장소가 필요하다. 목적과 계획이 있어야 한다. 구별된 삶을 위한 훈련이라면 하나님의 말씀과 묵상이 반드시 필요하다. 나는 과연 세상을 이기기 위해, 구별된 삶을 위해 어떤 훈련을 받고 있는지 질문하기를 바란다. 세상을 이기기 위한 훈련은 말씀과 묵상, 나눔과 교제, 시간과 인내의 과정이 필요하다.

우리 교회의 젊은이 목장 모임에서 느끼는 그들만의 훈련 과정은 굉장한 도전이 된다. 예수님을 닮기 위해 노력하고, 세상과 구별된 삶을 살기 위해, 세상을 이기기 위해 자신을 연단하는 과정을 기꺼이 받아들이는 젊은이들의 훈련이 곧 하나님이 원하시는 삶이라고 확신한다.

물론 단번에 세상과 구별되는 삶을 산다는 것은 거의 불가능하다. 하루아침에 예수를 믿고 변화 받는 간증을 듣기도 하지만 하루아침에 삶의 모습이 변화하는 일은 어찌 보면 더 어렵다. 하나님은 훈련이라는 과정을 통해 스스로 느끼게 하는 과정을 더 원하시기 때문이다. 훈련을 통해 인내하는 과정 속에서 은혜를 주시고 삶이 변화되는 기쁨도 차근차근 경험하도록 하는 것을 하나님은 원하신다.

Show me

세상은 우리에게 요구한다. 당신은 크리스천이니 구별된 모습을 보여 달라고 한다. 우리 가운데 구별된 모습을 찾아보기 힘들 수도 있다. 불의한 세상 속에서 힘들고 어려워하고 있지만 하나님을 닮아가는 삶, 예수님이라면 어떻게 하셨을지 질문하고 고민하는 삶이 우리 가운데 있으면 된다. 계획 없이 흘러가고 있는 게 아니라 하나님의 목적을 향해 움직이는 그런 삶을 꿈꾸면 된다.

세상이 구별된 모습을 보여달라고 할 때 돌아봐야 한다. 나의 언어는 어떤 모습인가? 어려운 이웃을 향해 나는 어떻게 반응하고 있는가? 세상의 것들을 대하는 나의 태도는 어떤가? 하나님이 말씀하신 거룩한 목적을 향해 움직이고 있기를 바란다.

어떤 부부가 오랜 인내의 시간을 거쳐 귀한 아이를 얻게 되었다. 10년 동안 기도하며 얻은 아들이었기에 눈에 넣어도 아프지 않을 아이였다. 그러니 아들이라면 무조건 엎어질 만도 했건만 부부는 무척 지혜로웠다. 그 아이의 귀에 대고 '너는 하나님이 선택한 아들이다. 그러니 하나님이 이 땅에 보내신 이유를 알고 하나님의 영광을 위해 살아야 한다.' 날마다 속삭였다.

아이는 무럭무럭 자랐고 부모로부터 귀가 따갑도록 하나님의 영광을 위해 살라는 말을 들었다. 그런데 행복했던 가정에 불행이 닥쳤다. 어느 날 갑자기 운전하던 차가 빗길에서 미끄러지는 바람에 차 안에 있던 부부는 그 자리에서 사망했다. 다행히 아이는 살아남았지만 한순간에 고아가 되었다. 세상에서 가장 행복했던 아이에서 가장 불행한 아이로 전락했다. 그렇지만 아이는 자신의 정체성을 잊지 않았다. 부모를 잃은 슬픔은 컸지만 하나님이 선택한 사람이 바로 자신이고 그러므로 하나님의 영광을 위해 살아야 한다고 다짐했다.

아이는 어려운 환경 가운데 자랐지만 누구보다 훌륭했다. 시설에서 생활하는 대부분의 아이들이 윤리 도덕적으로 어긋나는 일을 할 때도 부화뇌동하지 않았고 평상시 일상용어처럼 쓰는 비속어는 입에도 올리지 않았다. 그로 인해 왕따를 당하고 폭력을 당해도 인내하며 신앙을 지켰다. 그 결과 아이는 좋은 선교사를 만나 외국 유학을 떠났고 하나님께 영광을 돌리는 일이 자신과 같은 아이를 신앙 안에서 돌보는 일이라 생각하며 고아들을 위한 재단을 세웠다. 재단을 통해 청년은 고아들의 좋은 아빠가 되었고 하나님의 영광을 마음껏 드러내는 삶을 살게 되었다. 청년의 삶은 고아들의 귀감이 되어 아이들 대부분이 그의 길을 잇겠다며 헌신을 약속했다.

하나님이 택하신 사람은 구별된 삶을 살도록 선택되었다. 이미 구별된 사람으로 선택하신 것은 우리의 정체성이 확실히 정해져 있다는 것이고, 그에 따른 의무도 주시지만 특권도 허락하셨다. 그러니 크리스천으로서 구별된 삶을 살아가는 것에 자긍심을 가질 필요가 있다.

하나님은 우리가 포기하지 않을 때까지 우리를 회복시키신다. 인내로 끊임없이 훈련해야 한다. 도전을 두려워하지 말고 실패에 놀랄 필요가 없다. 주위 환경이라는 올무에 걸리지 않고 하나님 자녀로서의 정체성을 회복하면 된다.

02

고난은 왜 내게만 오는가

고난의 상징, 욥

성경을 통틀어 가장 큰 고난을 겪은 인물이라면 욥을 꼽을 수 있다. 물론 많은 이들이 하나님으로부터 선택받기까지 고통을 겪고 다시 회복되는 일을 반복했지만 그중에서도 욥은 단연코 고난 극복의 대명사라 불리기에 충분하다.

그는 동방의 의인이라 불릴 정도로 큰 사람이었다. 많은 자녀와 풍요로운 재산을 소유했고, 지역에서 큰 영향력을 끼치고 있던 욥은 하나님께도 순전한 자로 신앙을 지키고 있었다. 그런데 그에게 어느 날 갑자기 고난이 다가온다. 그가 당한 고난은 누구도 예상치 못하고, 당한 적 없는 심한 고난이었다. 그 많던 소유를 한꺼번에 잃는 것, 사랑하는 자녀가 죽게 된 것, 아내가 떠나간 것, 건강을 잃은 것, 비난을 받으며 영향력을 잃게 된 것이었다.

이 고난의 5종 세트가 한꺼번에 다가왔을 때 욥은 어떠한 심정이었을까. 특별히 잘못한 것도 없이 하나님을 잘 섬기며 잘 살고 있었건만 하루아침에 소유를 쓸어가고 가족을 잃게 되는 슬픔이란 그 무엇과도 비교할 수 없었을 것이다. 어디 그뿐인가, 그것으로도 부족했다고 여긴 사단은 아내가 남편을 비난하는 아픔을 겪게 했다. 온몸이 가려워 죽을 정도의 신체적 고통을 느꼈을 땐 비참했을 것이다. 똑똑한 친구들로부터 논리정연한 촌철살인의 비난을 들었을 때 그는 낙심했다.

〈욥기〉 서를 살펴보면 욥이 당한 고난의 역사가 너무 처절하여 눈을 질끈 감게 된다. 나에게 그런 고난이 온다면 어떨지 생각조차 하기 싫다. 그런데 하나님은 당신이 순전한 자라고 칭찬했던 욥을 내세워, 사단이 그를 시험하도록 허락하셨다. 그가 정말 하나님을 순전히 사랑하고 있는지, 조건부 신앙은 아닌지 사단과의 논쟁 끝에 사단이 시험하도록 허락하신 것이다. 그로 인해 시작된 고난이었기에 욥의 고난은 어찌 보면 억울해 보일 수도 있다.

하지만 욥은 그 고난에 대해 낙심하고 원망도 했지만 결국 고난을 감내했다. 온몸이 가려워 기왓장으로 몸을 벅벅 긁는 고통 속을 헤매었고, 가지고 있는 소유를 다 잃고 폐인처럼 되었지만 그는 친구들과의 논쟁 속에서도 하나님의 대답을 기다렸다.

결국 욥은 그가 당한 어마어마한 고난의 시간을 지혜롭게 이겨내고, 겸손이라는 테두리에 쌓여 혹시 다른 것을 의지했던 신앙을 되돌아보며 온전히 하나님께로 나아가게 된다. '내가 주께 대하여 귀로 듣기만 하였사오나 이제는 눈으로 주를 뵈옵니다. 그러므로 내가 스스로 거두어들이고 티끌과 재 가운데에서 회개하나이다.'(《욥기 42》: 5-6) '그러나 내가 가는 길을 그가 아시나니 그가 나를 단련하신 후에는 내가 순금같이 되어 나오리라.'(《욥기》 23 : 10)라고 고백하는 겸손한 믿음으로 다시금 단련되었던 것이다.

욥의 고난은 그가 대단한 잘못을 저질러 받은 고난은 아니었다. 얼마나 황망한 일이었으면 '도대체 왜 이런 고난이 욥에게 임했는가? 누구의 잘못인가? 누구의 문제인가?'라고 성경은 〈욥기〉 서를 통해 계속 묻고 있다. 그러나 욥은 고난의 5종 세트를 한꺼번에 받으면서도 고난에 붙들려 있지 않았다.

하나님이 고난당한 욥에게 다시금 두 배의 축복을 주며 의인으로 세우신 것은 그가 이유 없이 온 고난을 원망하기는 했어도 고난에 이리저리 끌려다니지 않았기 때문이다. 대신 고난 가운데, 친구들과 아내와 논쟁 끝에 왜 이 고난이 자신에게 왔는지 끊임없이 자신을 돌아보고 하나님께 묻고 그 답을 구했다. 그 모습을 하나님은 원하셨던 것이다.

오늘날 욥이 고난의 상징이자 축복의 상징이 된 것은, 우리 생활에 끊임없이 다가오고 도전해오는 고난에 대해 대처해야 할 자세를 알려주기 때문이다. 그리고 분명한 것은 하나님께 속한 이들에게 다가오는 고난은 고난을 위한 고난이 아닌 은혜로운 잔치의 전초전이라는 사실이다.

Why me?

"목사님 왜 저한테만 고난이 오는지 모르겠어요."

성도들에게 참 많이 듣는 한탄이다. 그러고 보면 그 누구에게 고난이 없는 삶이란 없는 것 같다. 오죽하면 프랑스의 문학가 로맹 롤랑도 '산다는 것은 고생하는 것이요 싸우는 것이다.'라는 말을 했을까. 옛말에도 그런 말이 있다. 대문 밖에서는 행복해 보이지만 막상 문 열고 들어가면 문제 없는 집이 없다고. 겉으로는 좋아 보여도 조금만 더 들여다보면 어느 누구에게나 힘들고 어려운 고통의 흔적이 있다.

한 권사님이 자녀 여섯을 키우셨는데 그런 말씀을 하셨다. 자식 키우면서 한시도 마음 편할 때가 없었다고. 한 녀석 잠잠해지면 또 하나가 문제 일으키고, 그러다 보니 셋째가 들어서고 집 걱정, 건강 걱정, 먹고살 걱정 등 늘 문제 가운데서 살다 보니 어느새 나이 60을 훌쩍 넘으셨단다.

하나가 괜찮으면 또 다른 것이 힘들게 하고, 이제는 좀 괜찮다 싶었는데 생각지도 못한 일이 고난을 가져다준다. 고난의 종류는 참 다양해서 가족간의 관계부터 직장의 문제, 건강의 문제, 영적인 문제에 이르기까지 오만가지 고난이 다가오는데 가장 큰 문제는 왜 그 문제들이 나에게만 오는 것인지 고민하게 된다는 것이다.

'Why me?' 고난이 올 때 가장 처음 하는 질문이 '왜 나한테 이런 일이?'일 것이다. 하지만 자신에게만 오는 것이 아니라 모두에게 오는 고난이다. 고난을 비껴가는 인생은 없다. 다만 사람은 자기 외에 다른 이들의 아픔에 대해 100% 공감하기는 어렵기 때문에 자기의 아픔이 최고의 아픔으로 느껴질 뿐이다. 그러니 자기 고난이 최고 슬픔이요 최고의 문제라 여기는 것이다.

하나님을 믿는 자들에게 고난은 더욱 애매하게 다가올 수 있다. 하나님은 분명히 나를 사랑하시고 축복해주시기를 원하시는 분이신데 왜 고난이라는 두려운 것을 허락하시는지 이해가 안 될 수 있다. 앞서 나온 욥도 하나님이 특별히 사랑하신 사람이었는데 이유 없이―하나님에게는 분명한 이유가 있으셨지만―고통을 주셨다는 것이 이해가 되지 않는다. 또한 고난의 힘든 시간을 지나며 이 고난이 어디서 오는지, 왜 오는지 이해할 수 없어 괴로워한다.

그런 의문이 들 때마다 가슴속을 짓누르는 생각은 하나다. '내 죄 때문인가?' 이 고난이 자신의 죄 때문에 오는 것은 아닌지 생각하면서 죄책감에 시달리게 된다. 그러면서 자신의 죄를 되짚어가는 일은 점점 구체화된다.

'내가 예배에 빠지지 않았더라면 이런 고난은 안 왔을 텐데…….'

'그때 큐티를 제대로 안 해서 벌 받는 거야.'

'우리 부모님이 하나님 앞에 그렇게 반역하지 않고 좀 더 성실하게 섬겨주셨더라면 나한테 이런 일은 오지 않았을 텐데…….'

이렇듯 고난이 다가왔을 때 고난을 힘겨워하는 이유는 고난의 출처를 죄성에서 찾기 때문이다. 자신이 서원했던 것, 약속했던 것을 지키지 않아 하나님의 분노를 샀고 그것이 고통으로 고스란히 다가왔다는 고난의 프로세스를 스스로 짜놓는 것이다.

물론 죄의 열매가 있는 것은 사실이다. 우리가 죄를 지으면 그 죄 가운데 있는 죄의 결과가 드러나는 것은 사실이다. 그러나 우리가 그 죄에 대해 가장 크게 오해하고 있는 부분이 있다. 성경은 말하기를 모든 것이 그렇지는 않다는 것이다. 우리의 실패가, 때로는 우리의 고통과 아픔이 결코 하나님의 저주나 징계가 아님을 말씀하신다.

우리가 흔히 저지르기 쉬운 실수가 있다. 그것은 다른 이들의 고통과 고난에 대해 아무렇지도 않게 죄에 대해 언급한다는 것이다. 갑자기 사고를 당한 이를 향해 안타까워하면서도 속으로 또는 대놓고 '뭘 잘못했기에 하나님이 치시는 걸까?' 생각한다. 자녀 때문에 힘들어하는 가정에 심방을 가서는 위로한답시고 "하나님이 기도하라고 치시는 거예요. 그동안 기도 소홀히 하셨나 봐요. 회개하세요."라고 기어코 한마디 하고 돌아선다.

흔히 성공을 하나님의 축복으로 이야기한다. 일이 잘되었을 때에 하나님의 축복을 받아 그렇게 되었다고 하나님께 영광을 돌린다. 하나님이 가장 좋은 것을 주시길 원하신다는 것을 믿기 때문에 성공의 열매를 축복과 연관 짓는다. 그렇다고 그 반대의 경우가 하나님의 징벌은 아니다.

사도 바울은 육체의 가시, 질병이 있었다. 그는 하나님의 사역을 잘 감당하기 위해 육체의 가시를 제거해달라고 기도했다. 그러나 가시는 제거되지 않았다. 그가 거듭난 뒤 복음의 증거자가 되어 선교 사역을 함에 있어서 자꾸만 찾아오는 육체적 고난은 그의 마음을 약하게 했을지 모른다.

"하나님, 왜 접니까? 아…… 제가 옛날에 예수 믿는 사람들을 그렇게 핍박했더니 하나님이 그것을 다 기억하셨다가 저를 힘들게 하시는군요. 그때 스데반이 순교하던 자리에 있지 말았어야 했는데……."

아마 이렇게 한탄하지는 않았을까? 바울의 이런 태도에 대해 하나님은 어떻게 하셨는가. 바울이 저지른 과거의 잘못 따윈 전혀 기억하지 않으셨다. 다만 육체의 고난을 통해 무엇을 말씀하시려는지 이렇게 대답하셨다.

'내가 너에게 그렇게 한 것은 나의 은혜가 네게 족함이다. 네가 약할 때 내가 강함이다.'(〈고린도후서〉 12 : 9-10 내용) 육체의 가시가 죄의 대가가 아니고, 징계나 형벌도 아니고 하나님의 은혜라는 사실을 설명하고 있다.

대부분 우리는 고난이 다가올 때 왜 내게만 이 고난이 다가오는지 낙심하다가 고난이 어디에서 왔는지 이유를 열심히 찾는다. 그리곤 자신을 바라본다. 다른 사람을 바라본다. 그러면서 나 때문이라고 자책하고, 다른 사람 때문이라고 떠넘긴다. 그러나 고난은 이유를 들여다볼 때에는 답을 찾을 수 없다.

욥이 고난을 당했을 때 하나님께 계속 질문을 했다. 그의 아내도 하나님을 저주하라고 한다. 친구들도 그에게 잘못이 있었을 거라며 욥에게 그 이유를 깨닫도록 종용한다. 욥은 끊임없이 '누구의 문제입니까?'라고 질문하지만 하나님은 그 이유에 대해 한 번도 대답하지 않으신다. 왜일까? 하나님의 중요한 관심은 고난의 이유에 있는 게 아니라 고난 중에 하나님이 어떻게 역사하시는지 깨닫게 하시는 데 있기 때문이다.

성경에 보면 믿음이 좋은 사람도 여전히 고난 중에 있다. 의인이라고 해서 고난으로부터 면제되는 사람은 없다. 다만 그들은 고난의 이유에 집착하지 않고 하나님이 고난 가운데 역사하시는지 체험함으로 믿음을 더 완전히 이루었다.

그러므로 문제가 다가올 때, 고난이 다가올 때 자신이 고난을 어떤 자세로 맞이하고 있는지 돌아볼 필요가 있다. 결국 하나님은 고난을 통해 말씀을 이루시려 하신다.

고난당한 것이 내게 유익이라. 이로 말미암아 내가 주의 율례들을 배우게 되었나이다.(《시편》 119 : 71)

고난에 대한 하나님의 약속

어떤 유명한 여류작가의 이야기다. 그분은 고난을 극심하게 당하게 되었는데 자신의 아들을 잃었을 때 하나님께 기도했다고 한다.

"하나님, 제게 딱 한 말씀만 해주세요. 그러면 제가 위로를 받을 것 같습니다."

그런데 하나님은 그녀에게 한 말씀도 하지 않으셨다고 한다.

우리가 극심한 고난 가운데 있을 때 하나님을 찾으면서 외친다. 꿈에 한 번만이라도 나타나 위로를 해주시면 힘을 얻을 텐데, 아니면 세미한 음성이라도 들려주시며 해결해 주시겠다고 이야기해 주신다면 잘 이겨낼 수 있을 것 같은데 하나님은 대부분 나타나지 않으신다. 욥이 그 깊은 고통 가운데 있을 때에도 하나님은 거의 마지막에 나타나 말씀해주셨다.

그래서 고난 중에 우리는 하나님이 어디 계시냐며 묻는다. 마치 하나님이 계시지 않은 것 같은 외로움 때문에 더욱 고통스럽다. 그러나 하나님은 언제나 동일하게 우리 곁에 계신다. 고통과 고난 가운데 있을 때도 곁에 계신다. 비록 말씀은 안 하실지언정 고난당하는 우리에게 하나님은 네 가지 모습으로 함께하고 계신다는 것을 성경은 설명하고 있다.

첫째로, 하나님은 우리의 고통을 알고 계신다. 자신의 고난이 고통스러운 이유는 왠지 고난을 나 혼자 겪고 있는 것 같은 외로움 때문이다. 그러나 단 한 분, 하나님은 누구도 몰라주는 고통을 알고 계신다는 사실이다.

이스라엘 백성이 애굽에서 종살이를 하며 고통을 당하실 때 하나님은 출애굽을 명령하시며 이렇게 말씀하셨다.

내가 애굽에 있는 내 백성의 고통을 분명히 보고 그들이 그들의 감독자로 말미암아 부르짖음을 듣고 그 근심을 알고.(《출애굽기》 3 : 7)

백성의 고통을 분명히 보고 아신다고 말씀하셨다. 하나님은 모든 눈물을 눈에서 닦아줄 것이며 다시는 애통하는 것이나 곡하는 것도 없이 해주시겠다고 약속하셨다.

하나님은 우리가 외롭기를 원하지 않으신다. 고통을 아시고 눈물을 닦아 주시겠다고 하시며 고통을 가슴 아파 하시며 함께 지고 가길 원하신다.

누구나 어린 시절 아팠던 경험이 있다. 열이 펄펄 끓거나 발을 헛디뎌 손이나 다리가 부러지는 안타까운 경험을 한 적도 있을 것이다. 그때 아파서 고통스러워하는 머리맡에서 가장 괴로워하시는 분은 바로 부모님이다. '차라리 내가 대신 아팠으면 좋겠다.'고 하면서 고통을 대신 짊어지길 원하시던 부모의 사랑을 체험해봤을 것이다.

하나님 역시 같은 마음이다. 자녀의 고난, 자녀의 고통을 아시며 눈물을 닦아주시며 위로해주시며 함께 계신다. 내가 너의 고통을 이미 잘 알고 있다는 사실을 잊지 않을 때 우리는 더 이상 외롭지 않다.

둘째로, 하나님은 고난 중에 함께하신다. 고난을 당할 때 하나님은 고난을 피하게 해주겠다고 말씀하시지 않는다. 다만 너와 함께하겠다고 하신다. 하나님이 이사야 선지자를 세우실 때도 그에게 이런 약속을 하셨다.

네가 물 가운데로 지날 때에 내가 함께할 것이라 강을 건널 때에 물이 너를 침몰하지 못할 것이며 네가 불 가운데 지날 때에 타지도 아니할 것이요 불꽃이 너를 사르지도 못하리니.(〈이사야〉 43 : 2)

하나님은 우리를 그냥 두지 아니하고 우리와 함께하시겠다고 하신다. 물 가운데 불 가운데 지날 때 사람을 괴롭히는 물과 불을 없애주겠다고 약속하지 않으셨다. 오히려 더 크게 말씀하시기를, 불 가운데 물 가운데 건너가는 너와 함께하겠다고 하신다.

이 약속이 훨씬 큰 힘이 된다. 찬양 중에도 그런 가사가 있다. '거친 파도 날 향해 와도 주와 함께 날아오르리.' 하나님은 거친 파도 가운데 지나는 우리를 파도에서 건져주시는 것이 아니라 우리를 안고 파도를 타고 항해를 하신다. 고통을 피해 가는 연약한 자로 두는 것이 아니라 고통을 경험하되 결코 외롭거나 무능력하게 버려두지 않으시겠다는 의지다.

오래전 LA에 살 때의 일이다. 그곳에 대지진이 났던 적이 있었다. 지진을 처음 경험했던 나로서는 자연재해가 얼마나 무서운지 그때 처음 알았다. 진도가 6.7~6.8 정도 되는 큰 지진이 나면서 땅과 모든 것이 흔들리는 것이 얼마나 두려웠던지, 아내와 함께 아파트에 있다가 놀라서 대피했다. 잠자던 모습 그대로 밖으로 나갔지만 바깥에서도 모두 흔들리니 밖으로 나오는 것도 도움이 안 되었다.

모든 것이 흔들린다는 것이 얼마나 두려운 것인지 처음 경험했는데, 더욱 두려운 것은 여진에 대한 공포였다. '언제 다시 지진이 일어날지 모른다. 다시 흔들리는 건 아닐까?' 간헐적으로 시작되는 여진은 사람을 공포스럽게 만들었다. 보통 다른 재해는 예측 가능하다지만 지진은 예측할 수가 없다.

그때 LA에 있던 한국교회의 새벽기도회 출석 인원이 최대로 많았다고 한다. 땅이 흔들릴 때마다 어찌나 교회에 사람들이 많이 오는지, 어떤 목사님은 "주님, 매일 조금씩만 흔들어주옵소서."라고 기도했단다.

우리 인생은 흔들리는 삶이다. 언제 큰 지진과 같은 일이 다가올지 모른다. 그러나 하나님은 그 흔들리는 삶 속에서 함께하신다. 물 가운데 불 가운데 지날 때에도 함께 건너갈 것을 약속하셨기에 우리는 두려울 필요가 없다.

셋째로, 하나님은 고난 중에 도움을 주신다. 어떤 여자 성도가 둘째를 낳았다. 살아온 환경도 평탄했고 결혼한 뒤 둘째를 낳기 전까지 한 번도 어려운 일 없이 살아왔던 터라 그녀가 믿는 하나님은 축복의 하나님일 뿐이었다. 그런데 둘째가 세상에 태어났을 때 믿음이 깨졌다. 태어나면서부터 울음소리가 이상했던 아이는 심장에 문제가 있었다. 선천성 심장병, 심장이 제대로 닫히지 않은 채 태어난 아이는 숨 쉬는 것을 힘들어했다.

생각지도 않게 다가온 고난에 가족 모두 당황했다. 자신에게는 이런 고난이 없을 거라고 막연하게 생각했기 때문일까? 그녀는 아이의 아픔도 아픔이지만 왜 이런 상황이 자신에게 닥쳤는지 이해가 되지 않았다. 아이의 상태는 좋지 않았다. 조금 더 힘들어하면 응급수술을 통해 심장의 구멍을 막아야 한다는 의사의 말에 산후조리도 제대로 못한 채 울며 하루하루를 보냈다.

그러던 어느 날 갑자기 그녀에게 〈고린도전서〉 10장 13절 말씀이 기억나도록 하셨다. 아이를 낳기 전까지 방송국 작가로 활동하던 그녀는 CCM 음악 프로그램을 맡으며 복음성가를 자주 접하곤 했는데 어렴풋이 한 가수가 말씀에 곡을 붙인 찬양이 떠오른 것이다.

사람이 감당할 시험 밖에는 너희가 당한 것이 없나니 오직 하나님은 미쁘사 너희가 감당하지 못할 시험 당함을 허락하지 아니하시고 시험 당할 즈음에 또한 피할 길을 내사 너희로 능히 감당하게 하시느니라.(〈고린도전서〉 10 : 13)

이 구절이 그녀 가슴에 깊이 와서 박히며 그녀는 고통 가운데에서 기도했다. 반드시 피할 길을 주실 거라는 믿음이 생겼다. 그러자 놀랍게도 아이의 젖 빠는 힘이 조금씩 생기기 시작하더니 엄마의 젖을 잘 먹었고 살도 조금씩 올랐다. 병원 의사의 말로는 아이 심장에 생긴 구멍은 꽤 사이즈가 컸기에 막히는 게 거의 불가능했는데 조금씩 막혀가고 있다는 것이었다. 그 후 아이는 계속 호전되었고 하나님의 도우심을 믿고 기도한 결과 건강하게 자라게 되었다. 고난 가운데 하나님의 도우심이 임한 것이다.

하나님이 허락하시는 고난은 우리가 능히 감당할 수 있는 것이다. 우리가 이겨낼 수 있도록 그 과정을 통해 하나님 앞에 더 성숙한 길로 나아갈 수 있도록 돕겠다고 하신다. 그러므로 고난이 다가올 때 반드시 등 뒤에서 도우시는 하나님을 믿고 의지해야 한다. 때때로 우리에게 그것이 보이지 않을 수도 있다. 그러나 고난의 과정 가운데 믿음을 붙잡는 이유는 하나님께서 모든 과정 가운데 함께하시고 고통을 아시고 도우신다고 말씀하시기 때문이다.

하나님의 도움은 때로 전혀 알지 못했던 사람으로부터 올 수도 있고, 주변의 사람을 통해, 환경을 통해 열릴 수도 있다. 그 손길을 바라보기만 하면 되는 것이다.

넷째로, 하나님은 고난이 결국 축복이 되게 하신다. 욥의 최종 결말은 하나님이 이전보다 두 배의 축복을 주시는 것이다. 물론 욥이 자신에게 다가온 고난을 지혜롭게, 원망하지 않고 견뎌냈기 때문에 받게 된 축복이다.

이 시대 최고의 영성가로 불리던 헨리 나우웬은 이렇게 말했다.

'자신을 고난과 끊으려는 시도는 결국 우리의 고난을 우리를 위한 하나님의 고난과 끊는 결과를 낳는다. 상실과 상처를 벗어나는 일은 그 속에 들어가 그것을 통과하는 것이다.' 그는 이어 슬픔의 한복판에서 하나님의 은혜를 발견할 수 있다며 슬픔이 변하여 춤이 되게 하시는 하나님을 높였다.

'춤출 때 우리는 자신의 좁은 자리에 머물러 있을 필요 없이 춤동작으로 그 자리를 뛰어넘을 수 있다는 사실을 깨닫는다. 삶의 중심을 자기에게 두지 않는 것이다. 게다가 우리는 다른 사람들의 손을 잡고 더 큰 춤의 자리로 들어간다. 다른 사람들과 함께 있을 때 은혜를 베푸시는 하나님을 위한 자리를 내 한복판에 확보하는 법을 배워야 한다.'

다윗 역시 나의 슬픔이 변하여 춤이 되게 하시며 나의 베옷을 벗기고 기쁨으로 띠 띄우셨다고 고백하며 고난을 축복으로 변화시키는 하나님을 찬미했다. 지금은 고통 중에 있고 슬픔 중일지언정 결국은 하나님께서 나와 춤을 춰주신다.

고난은 곧 선물이요 은혜다. 하나님이 우리를 큰 환난에 빠뜨리려고, 큰 곤궁 가운데 빠뜨리려고 고난을 주시지 않는다. 다만 우리가 가져야 할 자세는 고난을 통해 약속하신 하나님의 말씀을 아는 것이다.

길 끝에서 만나는 은혜

뇌성마비로 태어나 하늘의 시인이라는 이름을 가진 송명희 시인이 있다. 그녀는 뇌성마비 중에서도 중증을 가졌고 말할 수 없는 고통 가운데 하루하루를 보냈다. 그러나 하나님을 만난 뒤 새로운 삶으로 변화받고 글을 통해 세상과 소통하고 있다.

그녀는 예수님을 고난의 선생님이라 불렀다. 고난의 선생님이라는 말이 아이러니하게 느껴지지만 그 말 가운데에는 고난에 대해서 배울 수 있는 분이 주님이라는 의미가 내포되어 있다. 송명희 시인은 시를 통해 "고난은 많아져 육신은 고통스러웠으나 마음은 편안했고 감사했다"고 전한다.

고난은 점차 우리에게 나타날 영광과 족히 비교할 수 없다. 많은 사람들이 고난을 당할 때 '도대체 고난의 끝이 어디 있습니까? 그 끝이 오기는 합니까?'라며 괴로워한다. 그러나 고난을 주신 하나님의 의미를 생각하고 고난과 함께하고 계시는 보이지 않는 손을 믿고 의지하면 반드시 그 끝에는 은혜가 기다리고 있다.

고난을 대하는 우리에게 평생 고난이라는 숙제가 따라다닐 수밖에 없는 우리 인생에서 고난이라는 과제를 대하는 의식이 필요하다. 구약 시대 하나님 앞에 나아갈 때 의식을 중요시했던 것처럼 고난을 대하는 리츄얼(Ritual, 의식)은 고난을 대하는 자세를 다르게 만들어줄 것이기 때문이다. 고난이 다가올 때 'Why me?' 반문할 게 아니라 '아, 하나님이 나의 고통을 아시고 함께하시고 도와주시려 움직이신다. 고난에 참예하자.'는 의식을 갖추는 게 필요하다.

오늘 성경은 고난의 이유(Reason)를 중요시하는 게 아니라 고난에 대한 반응(Response)이 더 중요하다는 것을 알려주고 있다. 그래야 고난당하는 게 나에게 유익이라고 노래할 수 있는 은혜를 하나님이 주실 수 있기 때문이다.

03

나에게 주신 비전은 무엇인가

비전이 없어요!

최근 취업을 준비하는 취업 준비생들 사이에 낙바생(낙타가 바늘구멍 통과하듯 관문을 뚫고 직장 구하려는 사람)이라는 말이 유행이라고 한다. 한 청년이 낙바생으로 이곳저곳 전전하다가 드디어 직장을 잡았다. 어렵게 들어간 직장에서 청년은 열심히 일했다.

'그래, 이 직장이 내가 비전을 펼칠 수 있는 곳이 될 거야.'

하지만 막상 청년이 경험한 사회생활의 현실은 너무 달랐다. 입사하자마자 뭔가 대단한 일을 할 것만 같은 마음에 회사 일을 하려고 했지만 그에게 돌아오는 일은 단순한 일들뿐이었다. 게다가 먼저 입사한 직장 선배와 상사 틈바구니에서 겪는 마음고생이 이만저만이 아니었다. 생각했던 것과는 너무 달랐던 직장생활에 청년의 마음은 힘들었고 실망감이 조금씩 들기 시작했다. 직장생활도 생각보다 힘들었다.

'그래, 여긴 너무 비전이 없어. 비전 있는 곳으로 가자.'

청년은 과감히 사표를 던지고 또 다른 회사에 입사했다. 새로 입사한 회사에서 청년은 다시 신세계를 찾지만 세상은 녹록지 않았다. 또다시 어려움이 찾아왔고 이전에 다닌 회사에서 느꼈던 똑같은 마음이 들었다.

'여기도 아닌가? 이 회사도 비전이 없는 것 같아. 또 옮겨볼까?'

청년은 그렇게 비전 있는(?) 회사를 찾아 몇 년 동안 메뚜기처럼 옮겨 다녔다. 자신이 볼 때 비전 있다고 여겨지는, 남들의 부러움을 살 만한 직장으로 옮기고 싶었으나 결국 자신의 능력에 걸맞다고 생각한 직장을 찾지 못했다.

또 한 명의 여성이 있었다. 그 여성은 마침 다니던 직장을 그만두게 되었다. 평소 신앙이 좋다고 소문났던 그 자매는 안타깝게도 얼마 전 오랫동안 사귀던 이성과 헤어지게 되었던 터라 상심한 마음으로 하나님께 기도하며 매달렸다.

그러던 어느 날 참석하게 된 예배에 중동아시아 지역에서 선교하고 계시는 선교사님이 선교 보고를 하셨다. 복음이 자유롭게 전해지지 못하는 국가에서 복음 하나만을 위해 헌신하고 현지인들과 살아가는 선교사님의 이야기를 듣고 그 자매는 뜨거운 감동을 받았다.

'그래 그거였어. 내가 지금 처한 이 상황으로 볼 때 하나님이 원하시는 건 선교에 헌신하는 건지도 몰라. 이렇게 선교사님을 만나게 하신 것도, 직장을 그만두게 하신 것도…….'

그때부터 자매는 자신의 비전이 선교에 있음을 선포하고 다녔다. 사람들은 그녀의 비전에 박수를 보냈고 격려와 기도를 해주었다. 그 후 그 자매는 선교사 훈련을 받기 시작했다. 처음 자신의 가슴을 뜨겁게 했던 선교에 대한 열정으로 과정을 준비하는 듯 보였으나, 얼마 가지 못해서 건강상의 문제로 선교사 훈련을 중단하게 되었다.

비전(Vision)이라고 하면 꿈이나 소망 등과 비슷한 이미지로 생각한다. Boys! Be ambitious 즉 '소년이여, 야망을 가져라'라는 어록을 귀가 따갑도록 들었기에 야망이 곧 꿈, 꿈이 곧 비전이라고 생각한다.

그러면서도 꿈보다는 비전, 소망보다는 비전이란 말이 한층 더 수준이 높아 보이는 것 같고, 있어 보이는 경향이 있어서 실제 많은 이들이 비전이라는 말을 사용한다. '비전을 가져라.' '비전 있는 삶을 살자.'는 말처럼 뭔가를 독려하고자 할 때, 뭔가 '으쌰으쌰' 하는 분위기를 낼 때 비전이란 단어를 그저 의지를 북돋우는 수식어쯤으로 사용할 때가 많다.

이처럼 비전의 정확한 의미를 잘 모르는 경우가 대다수다. 실제로 많은 이들이 비전을 추구하며 비전 있는 삶을 살고자 한다. 그런데 문제는 비전을 다른 것과 착각한 나머지 그릇된 길로 간다. 하나님은 우리에게 분명히 비전을 주신다. 다만 그 비전이 무엇인지 찾기에 앞서 비전을 통해 무엇을 이루시고자 하는지 먼저 생각해야 한다. 이것이 선행되지 않고서는 스스로 비전이라 믿고 있는 것은 비전이 아닐 가능성이 크다.

비전이 애매한 이유 1 (비전 = 직업?)

한때 사과 열풍을 일으킨 애플사의 스티브 잡스를 기억할 것이다. 그는 이미 떠났지만 아직도 세상은 그의 족적을 입에 올린다. 그가 전 세계에 사과를 선물했기 때문이었을까? 그건 아닐 것이다. 스티브 잡스라는 인물은 마음속에 뚜렷한 비전을 가진 사람이었다. 그를 아는 이들은 그가 차고에서 애플을 시작했을 무렵, 한마디로 무일푼으로 시작했을 때부터 비전을 품고 사는 사람이었다고 입을 모은다. 아무것도 없었지만 투자자에게 가정과 회사에 컴퓨터를 팔아 세상을 변화시키는 일을 도모하겠다는 비전에 투자자는 지갑을 열었다. 또한 회사에 꼭 필요한 인재를 영입할 때에도 그는 앞으로 컴퓨터 운영체계가 어떻게 바뀔 것인지 정확히 예측함과 동시에 함께 만들어갈 미래를 제시하며 그들의 마음을 샀다.

펩시콜라의 마케팅을 성공시킨 존 스컬리라는 사람을 데려올 때도 끝까지 제안을 거절하던 그에게 비전을 제시하는 독한 말을 쏟았다.

"남은 인생을 설탕물이나 팔고 살 건가요? 아니면 세상을 바꿀 기회를 원하십니까?"

결국 그는 세상을 바꿀 기회를 함께 만들어가자는 비전을 제시하며 사람들과 함께 애플을 성장시켰다.

스티브 잡스가 생각한 비전은 컴퓨터 회사를 만들겠다는 직업적인 차원이 아니었다. 그는 그 일을 통해 미래를 그렸고 그가 그려간 미래를 통해 세상을 편하고 스마트하게 바꾸겠다는 생각이었다.

많은 사람들이 비전에 대해 가장 애매하게 생각하는 이유는 비전과 직업을 동일시해서다. 어린아이들에게 '꿈이 뭐니?'라고 물었을 때 열이면 아홉은 '선생님이요.' '대통령이요.' '여자 대통령이요.' 이런 식의 대답이 나온다. 자신이 하고 있는 일, 다니는 직장이 곧 꿈이라고 믿기 때문이다.

그러나 비전은 직업으로 그치는 게 아니다. 물론 직업을 통해 비전을 성취할 수 있지만, 중요한 사실은 직업을 통해 무엇을 하기를 원하는지 찾는 것이 비전이다. 비전을 정의하자면 마음에 그려지는 그림이다. 그 그림을 바라보며 10년, 20년 후에 마음속에 그리는 일이 이뤄지는 상상을 하면서 '그래, 이 일이 꼭 이뤄질 거야. 내가 원하는 모습이야.'라고 말할 수 있는 그림이다. 그런데 앞에서 이야기했던 청년은 직장생활에서 그려지는 그림이 없었다. 10년 뒤에도 똑같은 일을 하고 있는 자신을 그렸기 때문에 비전을 찾아 헤매게 된 것이다.

그림은 하나님이 주시는 것이다. 다시 말해 직업을 통해 그림을 그리게 하시는 분이 하나님이다.

성경에서 비전과 가장 연관이 많은 사람을 꼽자면 아브라함이다. 평범한 족장이었던 아브라함에게 하나님이 찾아오셔서 비전을 심어주셨다. 하나님은 아브라함을 따라 나오게 하신 뒤 하늘에 떠 있는 별을 보여주셨다.

그리곤 수많은 별들처럼 자손이 풍성해질 것이라고 말씀하셨다. 그는 말씀을 받고 모습을 그리기 시작했다. 아마 그는 그림을 실제로 마음속에 그리며 상상했을 것이다. '그래 하나님이 내게 주신 그림이야.'라며 확신했을 것이다. 아마 매일 밤마다 바깥에 나가 하늘의 별들을 쳐다보며 그 그림을 마음속에 담았을 것이다. 계속 기도하고 묵상하며 용기를 얻었을 것이다. 그 후 아브라함은 오랜 기다림의 시간을 보내야 했지만 미래의 그림이 확실했기에 하나님의 비전을 끝까지 품을 수 있었다. 비전은 그런 것이다.

어떤 사람들은 반문하기도 한다. 다람쥐 쳇바퀴 돌듯 바쁘게 반복되는 일상 속에서 비전은 사치라고. 그러나 순서가 바뀌었다. 비전이 없기 때문에, 찾지 못했기 때문에 쳇바퀴 돌듯 도는 일상을 살아가는 것은 아닐까? 마음에 그려지는 그림이 없기 때문에 일상이 지루하게 느껴지고, 또 생존을 가장 큰 이슈로 생각하기 쉽다. 또한 교회 안에 있는 것이 비전이라고 생각할 때도 많다. 교회 일을 돕고 사역을 하고 선교나 전도하는 것이 하나님의 뜻이며 자신에게 주신 비전이라고 생각할 때도 있다. 그러나 이 모든 경우에 있어서 하나님의 일을 하는 것처럼 보이지만 비전이 아닐 수도 있다.

비전은 하나님의 방향이며 뜻이다. 우리를 향한 목적이며 계획이다. 그렇다면 모든 사람이 비전을 그리고 있을까? 물론 모두에게 비전을 주시지만 각자에게 주시는 비전은 다르다. 하나님은 각기 삶 가운데 다른 비전이 그려지길 원하신다. 그리고 그 비전은 자신에게 주어진 직업이 아니라 하나님이 주시는 것들을 통해, 내가 있는 곳을 통해, 내 삶의 현장을 통해 하나님이 이루시기 원하신다.

남들이 부러워하는 직장을 가졌다고 해서 비전이 그려지는 것도 아니다. 남들의 시선, 세상의 이목과는 달리 하나님이 주시는 비전은 그 사람의 환경 속에서 나타내고자 하는 뜻이며 계획이기에 세상적인 잣대와 비교할 필요가 전혀 없다.

지금 자기 마음속에 그려지는 그림이 있는가? 분명히 어렸을 때부터 꿈이 있었고 자신 있게 꿈을 말할 수 있었음에도 불구하고 그려지는 미래의 그림이 없다면 다시 찾아야 한다. 하나님은 앞으로 10년 후 20년 후 모습을 보시며 조금 더 나은 일, 조금 더 나은 직장, 조금 더 나은 월급 등 세상적인 기준까지 내려놓을 수 있는 비전을 반드시 주신다. 그 비전을 발견하기 위해 기도해야 한다. 그렇게 될 때 마음에 그려지는 그림이 미래를 향해 나아가게 할 것이다.

비전이 애매한 이유 2 (비전 = 야망?)

'Boys! Be ambitious, 소년이여 야망을 가져라'

얼마 전까지만 하더라도 기성세대 영어 교육을 받은 이들은 한번쯤은 외웠던 문장이다. 이 말을 입에 올리고 말했던 이들은 영어 문장이 어떤 구조로 이루어지는지 살피는 동시에 야망이란 것이 얼마나 위력이 대단한 것인지 은연중에 심겨졌을 것이다. 개인적으로 이 말에 억하심정이 있는 것이 아님을 분명히 밝힌다. 이 말을 했던 인물이 어떤 의미에서 말했는지 충분히 알고 있기에 반드시 필요한 말이었음을 공감한다.

다만 비전을 이야기할 때 그 기준이 애매해지는 이유 중 하나가 비전과 야망을 잘못 이해하고 있기 때문이다. 우리는 비전과 야망 가운데 혼돈할 때가 있다. 첫째, 하나님이 주신 비전인데 왠지 내 실속만 차리는 야망인 것 같아 죄책감이 들 때가 있다. 둘째, 나의 야망인데도 하나님의 비전이라고 이야기할 때도 있다. 그러므로 둘 사이에 명확한 기준이 필요하다.

비전과 야망을 구분할 수 있는 분은 하나님이시고 그 다음은 자기 자신이다. 물론 자기 자신도 잘 모르겠다고 대답하는 이들이 많겠지만 비전과 야망을 구분하려면 '내 마음의 동기'를 살펴보는 게 어느 정도 보인다.

동기를 살피기 위해서는 스스로 질문해보아야 한다. 이것이 과연 누구를 위한 것인가? 어디서부터 왔는가? 이 질문은 스스로를 돌아보게 하며 동기를 구분하도록 도와준다.

때로 우리는 하나님 말씀 앞에 가까이 가고자 하지만 결국 자신의 만족을 위한 일이 될 때가 많다. 또 하나님의 일을 정말 잘하면 하나님께서 축복을 주시지만 그 축복이 꼭 야망같이 느껴질 때도 있다. 예를 들어 고등학생 때부터 오랫동안 주일학교 교사를 해온 사람이 똑같이 행정고시를 준비했던 사람들에 비해 훨씬 더 빨리 시험에 합격하고 하는 일마다 형통한 축복을 받았다. 주위에선 역시 하나님 일에 충성하더니 축복을 받았다고 하는데 정작 본인은 혹시 그 축복에 대한 야망 때문에 봉사한 것은 아닌가 걱정스럽기도 하다.

이때 우리는 하나님과 나의 관계에서 과연 그 동기가 누구를 위한 것인지 질문을 던져보아야 한다. 하나님께서 나를 통해 무엇을 하시기를 원하시는지 생각해보아야 한다. 그러다 보면 비전과 야망을 구분할 가장 중요한 단서인 비전의 출처를 발견할 수 있다.

내가 비전이라 생각하고 있는 것이 어디에서 나왔을까? 먼저 과거에서부터 올 수도 있다. 어떤 사람은 자신이 과거에 이룬 성공을 통해, 경험을 통해 비전을 정하기도 한다. 과거에 자신을 풍요롭게 이끌었던 경험을 되짚어보며 '그래 결국 나는 그 일이 가장 잘 맞아. 제일 잘할 수 있을 거야. 좀 더 업그레이드시키면 잘될 테니 그 비전을 갖자.'라고 정할 때가 있다. 이것은 결국 자기를 위한 야망이다.

또한 현재의 필요에서 나온 동기를 비전이라고 착각하기도 한다. 현재에 무엇이 가장 필요한지 생각하다 보면 아이디어가 떠오르기 마련이다. 이런 직관과 선견지명(先見之明)이 비전으로 착각될 수 있다. 앞서 이야기한 자매처럼 갑자기 직장도 잃고 이성과 헤어진 상황 가운데 가장 필요한 것은 모든 것을 잊을 수 있는 환경이었을지도 모른다. 게다가 그 시점에 선교사를 만나게 되었기에 선교 쪽으로 비전을 정하게 된 것 역시 잘못된 방향이다.

우리의 필요에 의해, 우리의 원하는 것에 의해, 과거의 성공과 현재의 문제에서 비전이 시작되었다고 해서 모두 하나님이 주시는 비전은 아닐 수 있다. 하나님의 비전은 약속의 말씀으로부터 시작된다. 또한 하나님이 주신 비전은 미래에서부터 시작되는 미래를 향한 비전이다. 미래를 향한 하나님의 약속에서부터 미래를 향한 비전이 시작되는 것이다. 반드시 하나님의 약속이 있고 그 약속을 통해 나를 통해 원하시는 바를 하도록 하신다.

가끔 자녀를 둔 어머니들이 부탁을 해온다. '우리 애한테 비전을 심어줬으면 좋겠는데 목사님, 비전 좀 심어주십시오.' 이때처럼 난감할 때가 없다. 비전은 심는 게 아니라 하나님이 주시는 것이다. 비전은 받는 것이기에 우리가 할 일은 어떻게 받을지 신경 쓰는 것이다. 또한 비전을 받고 나를 통해 하길 원하시는 것을 하면 된다.

우리는 종종 자신이 원하는 것을 하나님의 이름을 들먹이면서 하나님 일을 하는 것처럼 비전이라고 이야기할 때가 있다. 그러나 과연 그 비전을 하나님께 들었는지, 그 비전을 하나님께서 말씀하셨는지 가깝게 다가서지 않으면 뜻을 알 수 없다. 하나님과 거리를 둔 채 약속의 말씀을 듣다 보니 당연히 커뮤니케이션의 문제가 생기는 것이다.

아브라함 역시 비전을 받는 데 있어 문제가 있었다. 아브라함은 자손이 풍성하리라는 약속을 받았다. 그런데 기다리다 보니 아무 일도 일어나지 않았다. 그때 아브라함의 마음속에 다른 마음이 생기면서 하나님께서 자신에게 씨를 주지 않으셨으니 자기 집에서 길린 자가 상속자가 될 것이라고 말한다. 하나님의 계획은 뭇별처럼 많은 자손을 주시겠다는 것이었는데, 그 비전 속에 자신의 생각을 집어넣기 시작한 것이다. 그러자 하나님은 분명히 말씀하신다. 아브라함의 집에서 길러진 자가 아닌 아브라함의 몸에서 나는 아이가 상속자가 될 것이라고. 이렇듯 비전은 말씀 속에 있고, 말씀을 통해 약속을 하시며, 그 약속은 하나님의 영광을 위한 것임을 깨닫는 과정에서 야망과 확실히 구분 지을 수 있다.

그런데 간혹 자신이 처한 상황 속에 하나님이 약속하신 비전이 있음에도 불구하고 그 비전을 잡지 못하는 경우를 본다.

한번은 사업체 예배 심방을 가게 되었다. 심방을 할 때마다 마지막 기도 전에 기도 제목을 묻곤 하는데, 그날도 마찬가지였다. 새로 시작한 사업이었고 집사님이 꿈꾸는 것이 있을 텐데 그 집사님은 '사업체를 통해 전도 많이 할 수 있도록 해주십시오.'라는 기도 제목을 내놓았다.

물론 그렇게 말씀하시는 집사님의 신앙에 박수를 보냈다. 그러나 한편 그런 생각이 들었다. 사업체를 새롭게 시작하신 분이라면 사업이 잘되는 게 가장 시급한 문제는 아닐까? 사업을 통해 물질적인 풍요와 함께 유익을 끼치는 사업체를 운영하고 싶지는 않을까? 아마 개인적인 생각으로는 목사가 기도 제목을 물으니 목사가 가장 좋아할 기도 제목을 내놓은 것 같다.

그런 모습을 볼 때면 안타까운 마음이 든다. 하나님이 주시는 비전이라고 하면, 흔히 교회 사역이나 선교나 목회일로 생각할 때가 있다. 그러나 비전은 하나님으로부터 오는 미래의 그림이고, 각자 개인이 처한 상황에 맞게 주어진다. 하나님은 각자 개인의 사정에 따라 비전을 주시기 원하신다. 그것을 분명히 기대하고 기도하며 입으로 선포해야 한다. 사업을 새로 시작한 사람에겐 사업체를 통해 하나님이 주시는 비전이 있을 것이고, 사법고시를 패스한 사람에겐 그 길 가운데 하나님이 주시는 비전이 있다. 뚜렷한 약속의 말씀을 붙들고 그림을 그리며 나아가야 한다. 그 그림을 그릴 때마다 마음이 뜨겁다면 하나님이 주신 비전이 분명하다. 그 약속의 말씀 약속의 음성에 귀를 기울이면 되는 것이다.

비전이 애매한 이유 3 (비전 = 꿈?)

아마 비전과 가장 비슷한 단어를 꼽으라면 꿈일 것이다. 우리는 꿈이라는 단어를 좋아한다. 꿈을 가지라고 이야기하고 꿈을 꾸라고도 이야기한다. 그런데 꿈과 비전은 같은 것일까? 비슷한 것 같지만 이 둘 사이엔 차이가 있다.

먼저 꿈과 비전이 가진 공통점이라면 자기 마음에 그려지는 것을 정말 원한다는 사실이다. 그런데 꿈이 있는 드리머(Dreamer)는 비전을 품은 비저너리(Visionary)에 비해 열정이 없다. 열정이라 하면 어떠한 것만 생각하면 막 뜨거워지고 정신없이 쫓아다니는 마음이 아니다. 정신없이 꿈에 대해 소리치는 것이 아니다. 꿈을 향해 수고하고 애쓰며 희생하며 대가를 치를 수 있는 마음이 열정인 것이다.

열정이라 해석되는 영어 Passion의 원어의 뜻을 살펴보면 그것이 '파시오'라는 단어에서 파생되었음을 알 수 있다. 파시오라는 단어는 원래 아픔이라는 뜻을 가지고 있다. 그래서 고난주간을 패션위크(Passion Week)라고 하는 것이다.

이렇게 열정과 고통이 같은 단어인 이유가 뭘까. 아마도 열정에는 고통을 동반하며 그 고통에도 흔들리지 않는 뜨거움과 간절함이 있기 때문이 아닐까 싶다.

그렇다. 열정에는 아픔이 있을 수 있다. 그 아픔은 고통을 의미한다. 다시 말해 하나님이 주신 비전에는 날마다 가슴 부푸는 희망이 있는 것뿐 아니라, 비전을 위해 포기할 수도 있고 희생할 수도 있고 장애물을 건너야 할 고통도 있다. 그 열정은 어디서 올까? 바로 하나님에 대한 믿음에서 나온다.

하나님이 아브라함을 선택하시며 비전을 허락하실 때 아브라함은 자신의 생각을 집어넣는 실수를 했지만 하나님이 그에게 믿도록 약속의 말씀을 주셨고 믿도록 하셨다.

'아브라함이 여호와를 믿으니 여호와께서 이를 그의 의로 여기시고 또 그에게 이르시되 나는 이 땅을 네게 주어 소유를 삼게 하려고 너를 갈대아인의 우르에서 이끌어낸 여호와니라.(〈창세기〉 15 : 6-7) 아브라함은 하나님이 주신 비전을 품고 나가며 열정을 가질 수 있었다. 그 열정

속에는 오랜 시간 기다려야 하는 인내가 수반되었다. 그러나 그가 인내할 수 있었던 것은 여호와 하나님에 대한 믿음 덕분이다. 마침내 약속이 이루어지고 그에겐 엄청난 기쁨과 축복이 있었다.

많은 이들이 비전을 붙잡고 간다고 하면서도 쉽게 지치는 것을 본다. 그 이유는 열정이 없기 때문이다. 비전을 향해 하나님이 주시는 대가를 치르기 힘들어 내려놓는다. 조금만 힘들면 그만두고 바꾼다.

비전을 받길 원한다면 먼저 비전을 성취해가는 과정 속에 다가올 일을 인내하고 앞을 향해 나아갈 수 있는 믿음의 모습이 우리 가운데 있는지 살펴보길 바란다. 그런 헌신과 희생, 아픔이 없는 비전은 그냥 꿈이다. 몽상이다. 뜬구름이다.

하나님이 우리에게 주시는 비전을 붙잡기 원한다면 비전을 주신 하나님에 대한 믿음이 반드시 동행해야 한다. 인내하고 고통을 이겨내고 아픔도 있지만 그럼에도 여전히 비전 가운데 설 수 있는 이유는 비전을 주신 하나님에 대한 믿음과 비전이 자신의 삶에 중요하다는 확신과 믿음이 있기 때문이다.

지금 꿈을 꾸고 있는가? 비전을 향해 나아가고 있는가? 우리 마음속에 비전을 주신 하나님에 대한 확실한 믿음이 있는지, 믿기 때문에 끝까지 인내하며 나아간다면 당신은 비전을 붙잡은 것이다.

진정한 비전

제레미 린(Jeremy Lin)이라는 청년이 있다. 최근 미국인들에게 큰 관심을 받았던 이 청년은 미국이 낳은 최고의 농구 스타다. 게다가 그의 화려한 전적(?)은 그에 대한 관심을 부추겼다. 원래 하버드 대학생이었던 그는 너무도 농구가 하고 싶어 뒤늦게 농구를 시작했고 무명으로 뛰면서 힘든 과정을 버텨나갔다. 그렇게 노력하며 인내한 결과 일약 농구 스타가 되었다.

린파서블(Linpossible)이라는 이름까지 붙여진 린의 이야기는 미국인들에게 신선한 충격을 주었다. 그런데 그를 놀랍게 여기게 만든 것은 농구 실력이 아니다. 하버드 대학이라는 학벌에도 있지 않다. 하나님이 주신 비전을 향해서 어렵고 힘든 과정을 이겨내고 인내하며 겸손하게 비전을 향해 나아간 모습에서 엄청난 능력이 나온 것이다.

중국계 미국인인 제레미 린을 중국 관영방송에서도 엄청나게 취재했다. 그런데 그때마다 린은 하나님 때문에, 하나님의 영광을 위해 뛰고 있다는 이야기를 했다. 중국 정부에서 그대로 방영할 리가 만무했다. 하나님에 대한 이야기는 무조건 자막 처리를 해서 보냈다.

그러나 아무리 훌륭한 자막 기술일지라도 방송 말미에 나온 인터뷰에서의 고백까지 지우지는 못했다.

"하나님이 저에게 많은 상황을 경험하게 하셨습니다. 그 가운데 내힘으로 뭔가를 이뤄보려 했던 저는 정말 작은 존재라는 걸 깨달았습니다. 그래서 이 코트 위에 서 있을 수 있는 것입니다. 그래서 한 가지는 확실하게 말할 수 있습니다. 모든 영광은 하나님께만 돌려야 한다는 것입니다."

세계 각국의 실력자들만 선다는 NBA에서 아시아계 농구선수가 뜰 수 있는 가장 큰 이유는 하버드 때문이 아니고 농구 실력 때문도 아니었다. 그는 농구로 다른 학교에 가고 싶었지만 아시아인으로서 농구계에서 인정받지 못했기 때문에 할 수 없이 공부해서 하버드를 간 것이었다.

그런데 그가 쓰임 받을 수 있었던 것은 자신이 서 있는 곳에서 하나님이 주신 비전을 가지고 어려운 상황과 장애물을 통과하며 인내하면서 앞으로 나아갔기 때문이다.

지금 나의 마음속을 뜨겁게 만드는 하나님이 주신 비전이 있는가? 내가 내 생명을 줘도 아깝지 않은 그런 모습을 떠올리게 하는 비전이 있는가?

진정한 비전은 하나님께 영광이 돌려지는 삶이다. 자신이 있는 곳에서 나의 야망이 아닌 하나님에게서 나오는 비전을 구하고 그것이 이끄는 인생으로 영광을 돌리는 것이다. 비전을 통해 내가 존재하는 의미가 드려지는 것이다.

그러므로 이렇게 기도하길 바란다. 하나님이 주시는 비전을 감사함으로 받고 비전을 향해 온전히 나를 드리고 감사하며 인내함으로 하나님의 영광에 들어갈 수 있도록. 자신에게 주어진 환경 속에서 하나님 나라가 높임 받으시는 것을 드러나게 하시되 과감한 용기를 가지고 고난도 기꺼이 믿음으로 인내할 수 있는 마음을 달라고. 우리 인생이 지나고 주 앞에 서는 그날, 뒤를 돌아보며 한 점 후회 없이 다 드려졌다고 고백할 수 있는 비전을 붙잡고 갈 수 있게 해달라고.

04

진정한 성공과 행복이란

성공했지만 행복하지 않은 사람들

얼마 전 로또에 당첨된 연인이 법정 싸움을 벌인 일이 있었다. 로또 당첨의 주인공은 이제 갓 20대에 접어든 대학생 커플이었다. 이들은 재미삼아 들른 복권방에서 즉석복권을 구입해 긁었는데 그 자리에서 덜컥 5억 원에 당첨이 되었다. 그 당시 둘은 뛸 듯이 기뻐하며 새끼손가락 걸고 당첨금을 반으로 나누기로 약속했다. 둘의 복권 당첨 사실이 알려지자 주변에서 난리가 났다. 완전 대박 인생이고, 이제 앞날은 탄탄대로라고. 실제로 두 사람 역시 갑자기 성공을 손에 쥔 것 같아 어깨에 힘이 잔뜩 들어갔다.

얼마 뒤 둘이 헤어지게 되면서 사건이 일어났다. 여성의 돈으로 산 복권이 당첨되었고 당첨된 복권은 그 당시 남학생이 가지고 있었다.

둘은 대학생이었지만 장래를 약속한 사이였기에 남학생의 어머니가 당첨금 전부를 보관(?)하면서 나중에 결혼할 때 자금으로 주겠다고 했었다. 여성 쪽에서도 흔쾌히 '그러마!' 했었는데 한치 앞을 모른다고, 둘은 헤어지게 된 것이다.

그러다 보니 이제 당첨금이 수면 위로 떠올랐다. 원래 당첨금을 반으로 나누기로 했으니 그 돈을 돌려달라고 했으나 남자 측에선 묵묵부답이었다. 여성 측에서도 가만히 있지 않았다. 결국 남자친구를 상대로 소송을 하게 되었는데 문제는 그 당첨금이 어머니 품속으로 들어가 장사 밑천으로 쓰여서 쉽게 찾을 수 없다는 내용이었다.

하루아침에 대박 인생, 성공 인생의 주인공이 되는 듯했지만 인생은 한 치 앞을 내다볼 수 없었다. 그들은 더 이상 행복하지 않았다.

한 남성은 소위 잘나가는 CEO였다. 젊었을 때 벤처사업을 시작해 꾸준히 성장했고 이제 코스닥에 상장하는 등 사업은 발전했지만 너무 바빴다. 그는 마치 바쁨 강박증에 빠진 듯 행동했다. 함께 점심을 먹게 되면 바쁜 이들의 특성상 늦는 건 기본이고 식사 자리에 앉자마자 '제일 빨리 나오는 걸로' 주문을 하고 단답형 대화를 잇는다. 그리곤 서둘러 식사를 끝낸 뒤 후식이 나오기도 전에 먼저 일어나며 '제가 좀 바빠서요.'라는 말을 입에 달고 살았다.

남들은 그를 부러워했다. 잘나가는 사람, 성공한 사람이라고 추켜세웠고 그는 자신이 성공했는지 가늠할 여유도 없다며 일에 파묻혀 살았다.

그의 재력과 능력을 부러워하던 한 사람이 그의 집을 찾았다. 당연히 그는 사업차 업무 중이었고 그의 아이들을 만날 수 있었다. 초등학생인 두 아이에게 물었다.

"아빠가 성공한 분이라서 좋겠다."

"……별로요."

"아니 왜? 세상에서 인정도 받고 또 사업이 잘되시니 너희들도 좋을 거 아냐."

한참을 생각하던 큰 아이가 시크하게 대답했다.

"전 우리 아빠처럼 살고 싶지 않아요."

아이들에게 인정받지 못한 성공한 인생이 과연 성공한 인생이라 할 수 있을까.

흔히 성공＝행복이라는 공식을 믿는다. 그러나 앞의 사례와 같이 성공과 행복이 일치하지 않는 경우를 너무도 많이 본다. 혹시 성공하지 못해서 그런 사례를 찾아다니며 위안을 받으려고 생각하는가. 그럴 필요 없다. 실제로 많은 이들이 생각하는 성공한 모습과 행복하다고 생각하는 모습이 일치하지 않는 경우가 허다한 것을 여러 매체를 통해 자주 접하게 된다.

남들이 그토록 아름답다고 추켜세우는 여배우가 성공적인 외모를 가졌음에도 불구하고 실패한 인생을 선택하는 경우가 허다하다. 세상의 돈은 모두 가진 듯 성공적인 재력을 갖춘 부자가 돈 한 푼에 벌벌 떨며 자기 자신을 위해서도, 남을 위해서도 돈을 쓰지 못하기도 한다. 세상의 권력이란 권력은 다 가진 듯 보이는 소위 기득권의 자리에 있으면서도 언제 어떻게 힘을 잃을지 몰라 전전긍긍하며 불안에 떠는 모습들을 보기도 한다.

반면 가진 것이 별로 없어도 스스로 행복하다고 여기는 이들이 있다. 자신의 상황에 충분히 만족하고 높은 자존감으로 행복을 외친다. 철가방을 들고 다니며 가난하고 사랑받지 못한 아이들을 키워준 철가방 우수 씨는 세상적인 기준으로 볼 때 성공하지 못했다. 그러나 그의 나눔 인생, 행복했던 나눔의 인생에 박수를 보낸다. 그가 행복하다는 사실에 아무도 반기를 들지 않았다.

교육열 높은 우리나라의 경우, 수십 년 전만 해도 부모님들의 자녀에 대한 기대는 하나로 집중되었다. 공부 잘해서 자기 앞가림하는 사람이 되라는 것이었다. '공부해라. 공부해서 남 주냐?' 또는 '머리가 될지언정 꼬리는 되지 말아야 한다. 공부 안 하면 남한테 얻어먹고 산다.'며 귀에 못이 박이도록 말씀하시곤 했다. 덕분에 그 시절 자녀들은 사람 되려면 공부를 해야 했다. 아마 전후세대의 부모세대에게 자녀의 성공은 배울 만큼 배워서 사회의 일원으로 자리매김하는 것이었으리라. 그러다 보니 그때는 남보다 많이 배우고 좋은 직장에 다니고 집 사고 땅 사는 전형적인 부자를 곧 성공한 사람이라 여겼다.

그 뒤 사회가 발전해가고 산업이 근대화되면서 성공의 기준도 좀 바뀌었다. 지금은 어떤가? 사회적으로 유행하는 키워드를 보면 한동안 웰빙 열풍이 불면서 건강한 몸과 정신을 키우려는 노력이 이어졌다. 그러다가 힐링, 자신 안에 있는 상처를 치유하는 힐링의 시대가 되었다. 그만큼 사회 발달과 함께 상처받는 영혼들도 많아졌음을 말한다.

힐링 이후엔 무엇이 대세인가? 지금은 '진정한 행복'에 집중하고 있다. 마음을 치유하는 것만으로도 채워지지 않는지 이제는 어떻게 행복한 삶, 진정한 행복의 삶을 만들어가야 하는지 고민하고 있다. 성공했지만 행복하지 못한 사람들이 너무도 많기 때문이다.

이제는 성공을 논하기보다 성공의 본질이라고 할 수 있는 행복에 집중해야 한다.

성공을 애매하게 만드는 여섯 가지

성공했다고는 하나 행복하지 못한 이유는 무엇일까? 이유는 단 하나다. 성공의 잘못된 기준을 곧 행복이라고 착각하며 살았기 때문이다. 행복은 자신의 감정과 의지가 결합되어 가슴을 따뜻하게 하고 뛰게 만드는 마음가짐이다. 그 행복은 자기 자신에게서 나오는 것인데도 불구하고 잘못된 성공 기준이 자기 자신을 들여다보지 못하게 만들기 때문에 성공과 행복이 일치하지 못한다. 자기 자신에 대한 확실한 정체성이 잡혀 있지 않고 세상적인 기준으로 자기 자신을 바라보다 보니 그 기준에 자신을 끼워 맞추고 있다.

자신의 정체성을 잘못 깨닫게 만드는 '6P'라는 잘못된 성공 기준이 있다.

잘나가는 남성들 사이에 식스팩이라는 복근이 필수 아이템이라지만 식스피, 여섯 가지 질문은 나의 눈을 가리는 아이템이다. 몸값, 가치 평가 등 세상이 우리를 바라보는 기준과 거의 비슷한 이 여섯 가지는 자기 자신의 정체성을 제대로 보지 못하게 만든다.

6P의 첫 번째 P는 '어떤 모습으로 보이는가?'(Perception)이다. 자기 자신을 제대로 알지 못하게 하는 이 외형적 잣대는 사람의 눈을 흐리게 만든다. 물론 외모는 중요하다. 하물며 우리나라가 성형의 천국이 되었고 성형수술 원정을 올 만큼 성형술이 발달하게 되었다. 이 모두

가 외모지상주의적 기준에 따라 살고 있기 때문이다. 지금 세상은 보이는 것을 지나치게 중요하게 생각한다. 각종 매체에서는 예쁘고 멋진 연예인들이 매일 새롭게 등장하고, 먹기만 해도 살이 빠진다는 황당한 다이어트 관련 제품이 나오고 있다. 말도 안 되는 이야기라고 생각하면서도 자기도 모르게 따라 하게 되는 것이 불편한 진실이다. 우리는 이렇게 보여지는 모습, 어떻게 보이느냐에 따라 자신의 모습이 결정된다고 생각한다. 그게 행복이라고 생각한다. 그러나 보이는 아름다움은 시간의 흐름에 따라 변하면서 결국은 모두가 비슷비슷해진다. 생각해 보자. 아무리 예쁜 미스코리아 진도 고령이 되면 그 외모적 아름다움을 분간하기 힘들지 않겠는가.

두 번째 P는 '내가 뭘 가지고 있는가'(Possession)이다. 요즘 미혼남녀들을 연결해주는 업체의 이야기를 들어보면 그들이 생각하는 배우자의 기준 중 첫 번째는 단연 '재산이 얼마나 되는가'라고 한다. 그만큼 가지고 있는 것으로 사람을 평가한다는 것이다. 자신을 잘 알지 못하게 만드는 이유 역시 내가 얼마나 잘살고 있는가, 어떤 차를 운전하는가 어떤 동네에 사는가, 몇 평의 아파트를 가지고 있는가 등등 자신의 소유가 자신이라고 착각한다. 그렇지만 가지고 있는 소유 역시 영원하지 않다. 재산이란 있다가도 없어지고 영원할 것 같지만 어느 순간 손가락 사이로 빠져나가기 쉽다.

세 번째 P는 '어떤 위치에 있는가'(Position)이다. 이 말은 사회적 위치가 자신이라고 생각하는 것을 말한다. 사람의 타이틀, 지위나 직책 등으로 그 사람을 평가할 수는 없다. 이러한 잣대는 상황과 환경에 따라 달라질 수 있고 객관적인 기준이 절대로 될 수 없다.

한 기업에서 최고 결정권자의 위치까지 오른 사람이 있었다. 그는 자신의 위치에서 거의 모든 것을 누렸다. 그러나 성과에 의해 좌우되는 냉정한 사회의 법칙에 따라 실적이 낮아지자 밀려나게 되었다. 그런데 그는 자신의 위치를 망각했다. 예전처럼 호령했고 예전처럼 힘을 발휘하려고 했기에 결국 그의 주변엔 아무도 남지 않았다. 사회적 위치라는 것도 영원하지 않은 것이다.

네 번째는 '파워가 있는가'(Power)이다. 특히 우리나라 정서에서 파워의 유무는 무척 중요하다. 권력과도 비슷한 의미로 사용할 수 있는 파워를 가진 사람들을 보면 그 파워가 곧 자신이라고 생각한다. 영화를 보면 권력 있는 사람들이 자주 등장해서 이런 말을 한다.

"내가 누군지 알아? 나야 나. 내 말이 곧 법이야."

물론 그 사람이 가진 권력이 클 수도 있다. 하지만 그 파워는 자리를 통해 얻어진 것일 뿐 그 사람의 존재 가치를 결코 결정지을 수 없다.

다섯 번째 P는 '성과가 있는가'(Performance)이다. 퍼포먼스, 특히 학구열 높은 한국의 부모는 자녀의 퍼포먼스에 목숨을 건다. 얼마나 성과가 있는지, 얼마나 능력이 있는지, 어떤 결과를 가져오고 있는지 그 퍼포먼스로 자녀를 평가하기 때문에 성적이 1점이라도 오르면 '어이쿠 내 새끼' 하고, 1점 떨어지면 '넌 애가 왜 이 모양이니?'라는 심한 말을 뱉는다. 아이는 그 엄마의 말에 '사랑스러운 엄마 새끼'가 될 수도 있지만 '이 모양 이 꼴'의 아이가 되기도 한다.

마지막 여섯 번째 P는 '학력이 있는가'(Ph.D)이다. 우리나라처럼 학력을 소중히 여기는 나라도 드물다. 학력 위주의 채용 기준 때문에 좋은 학교 높은 학력을 가진 사람에 대한 동경이 크다. 서울대 하면 저절로 고개를 돌려 다시 보고, 학력을 알지 못했을 때 보였던 단점이 장점으로 승화되어 보이는 기현상(?)도 벌어진다. 그러다 보니 학력 위주의 사회에서 자신이 곧 학력이라는 평가 기준을 갖게 되는 것이다.

이렇듯 6P는 세상이 사람을 평가하는 기준이며 정체성을 혼란하게 만든다. 그러다 보니 이러한 기준에 의존하다 보면 자신의 존재 가치에 대해 잘 알지 못하고 자신이 가진 것, 자신이 보여지는 것, 자신이 성취한 것, 공부한 것 등이 곧 자신이라고 믿어버린다.

그런데 그렇게 형성된 가치가 정말 옳은 것일까? 정말 성공일까? 아니 성공보다 더 나은 행복을 줄 수 있을까? 안타깝게도 그렇지 않다. 여섯 가지 기준에 어느 정도 만족한다고 생각할 수 있지만 상황과 형편은 계속 변하기 때문이다. 어제까지만 해도 그럭저럭 외모도 볼 만했고 가진 것도 꽤 됐으며 지위도 괜찮았는데, 하루아침에 가진 것을 잃고 지위를 박탈당한 사람은 갑자기 자기 존재 가치가 괜찮은 사람에서 개털인생이 되었다며 자괴감에 빠지기 쉽다.

실제로 한인교회에서 사역을 했을 때 우울증에 빠진 한 자매의 경우가 그랬다. 그녀는 한인 사회에서 성공했다고 평가받고 있었다. 남편 역시 소위 잘나가는 분이었기에 그런대로 자부심을 가지고 성공했다고 여기며 생활하고 있었다.

그런데 어느 날 남편과 말다툼을 벌이게 되었는데, 홧김에 남편이 아내를 향해 '에잇, 쓸모없는 것!'이라고 말했다. 그 자매는 쓸모없는 사람이라는 말에 큰 충격을 받았다. 그 말이 얼마나 날카롭게 가슴에 꽂혔는지 자신이 지금껏 누구를 위해 살았고, 무엇을 위해 살았는지 이유를 모를 정도로 모든 것이 한순간에 무너져내렸다. 결국 그녀는 그 상처를 극복하지 못하고, 과연 '나는 누구인가?'라는 혼란에 빠져 우울증에 시달리게 되었다.

그녀는 세상이 말하는 여섯 가지 기준에 만족한다고 생각했다. 그러나 정작 자기 존재에 대한 공격을 받자 모든 것이 아무것도 아니라는 것을 깨닫게 된 것이다.

결국 존재 가치에 대한 성찰 없이는 성공도 행복도 소리 나는 구리와 울리는 꽹과리에 불과하다. 세상의 기준에 도달하려고 애쓰지만 항상 그 기준에 그 판단에 모자라는 자신을 바라보게 되고 항상 부정적이고 짜증나고 낮추게 된다. 그리고 조금 도달했다고 해도 존재 가치에 대한 확신이 없으면 모래성처럼 무너지기 때문이다.

우리는 성공에 대해 저 멀리 있는 것으로 생각하고, 파랑새를 찾아 떠나듯 밖에서 성공을 찾는다. 멀리 떨어져 있는 것이라 여기면서 그저 행복을 동경하기만 한다. 하지만 진정한 성공인 행복은 외모, 학력, 파워, 포지션 등과 같이 외부적인 요인에서 비롯되는 게 아니라 바로 자기 자신, 내면에서 우러나온다. 파랑새를 찾아 떠난 이들이 결국 주위에서 파랑새를 찾았듯이 자신에게 모든 것이 있다. 그러므로 자기 자신을 똑바로 바라보고 정체성을 확실히 알 필요가 있다.

진정한 나의 가치

내겐 세 명의 자녀가 있다. 아롱이다롱이라는 말이 딱 맞듯 어쩜 그렇게 성향도 취향도 다른지 하나님의 무궁무진한 창조 능력에 놀라울 뿐이다.

그런데 내리사랑이라고, 세 아이 중 막내아이는 특히 아버지의 마음을 기쁘게 하고 나 역시 그 아이의 재롱에 친밀함이 깊어지곤 한다. (물론 세 아이 모두 똑같이 사랑한다.) 그 아이는 어린 시절부터 유난히 귀엽고 정도 많았으며 예쁜 척을 많이 했다. 옷을 입어도 활동성이 있는 바지를 입기보다 굳이 치마를 입으며 표정 관리도 좀 했던 것 같다. 하여 하루는 내가 물었다.

"너…… 공주니?"

"네 맞아요. 나는 공주예요."

"그래? 왜 네가 공주야?"

"음…… 왜냐면 드레스를 입었기 때문이에요."

"그렇구나. 그런데 아빠가 공주인 이유를 알려줄게. 네가 왜 공주인 줄 알아?"

"왜 제가 공준데요?"

"그건 아빠가 왕이기 때문이야."

아이는 알 듯 모를 듯 미소를 지으며 그 뒤 내가 공주인 이유를 물을 때면 '아빠가 왕입니다.'를 공공연히 말하고 다녔다. 그 말을 들을 때마다 얼마나 기분이 좋았는지 모른다.

행복은 자기 자신을 아는 데에서 시작된다. 내가 어떤 사람인지, 어떤 존재 가치가 있는지 파악해야 한다.

나는 누구인가? 그 존재 가치는 이미 하나님의 자녀가 되는 순간 우리에게 일차적으로 주어졌다. 왕이신 하나님의 자녀가 된 것이다. 우리 막내딸이 공주가 된 것처럼 우리도 하나님의 자녀라는 귀한 존재,

권세를 얻었다. 나를 만드시고 우리의 피를 끓게 하신 하나님은 우리를 너무도 귀하게 여기고 계신다.

성경 〈이사야서〉 43장 4절에 이런 구절이 나온다. 공동번역으로 보면 '너는 눈에 넣어도 아프지 않을 나의 귀염둥이 나의 사랑이라.'라고 되어 있다. 다른 번역에서는 '내가 너를 소중하고 보배롭게 여기노라. 내가 너를 사랑하노라.'고 나온다.

이것이 바로 우리의 존재 가치다. 때로는 힘들고 낙심되고 정말 원하는 것이 무엇인가 그 근원을 찾아 깊이깊이 들어가면 결국 '나는 사랑받고 있는가?'라는 질문에 부딪힌다. 결국 사랑받고 인정받는 존재에 대한 갈증이 해결되지 않으면 모든 것이 이루어지지 않는다.

그런데 하나님은 우리의 존재 가치를 높이셨다. 세상은 내가 어떻게 생겼는지, 어디 사는지, 무엇을 공부했는지, 얼마나 가졌는지, 얼마나 똑똑한지 바라보지만 하나님은 우리를 보배롭게 여기고 무조건 소중하게 여긴다고 하신다. 얼마나 큰 위로가 되는가.

하나님이 우리를 소중하게 여기는 데에는 조건이 없다. 어떠한 전제 조건도 붙지 않는다. 있는 그대로의 나를 소중하고 존귀하게 여기신다. 하나님의 사랑이 우리를 향해 다가오신다고 말씀하신다.

우리가 아직 죄인 되었을 때에 그리스도께서 우리를 위하여 죽으심으로 하나님께서 우리에 대한 자기의 사랑을 확증하셨느니라.(〈로마서〉 5 : 8)

하나님은 우리의 있는 그대로의 모습을 사랑한다고 하신다. 하나님은 우리를 특별하게 보신다. 세상이 뭐라고 평가하고 판단할지라도 하나님의 조건 없는 사랑과 인정으로 우리는 살아가는 존재 가치를 충분히 느낄 수 있다.

막내딸이 내게 와서 자기를 사랑하는지 물었다. 그때 나는 당연히 사랑한다고 했는데, 아이는 그 이유가 궁금했나 보다. 그때 나는 문법상 잘 맞지 않지만 '사랑하니까.'라는 대답을 해주었다. 언뜻 문맥상 맞지 않는 것 같지만, 정말로 자녀가 사랑하는 이유를 물으면 그저 사랑하기 때문이라는 말을 할 수밖에 없다. 우리를 향한 하나님의 사랑은 그보다 더 크다. 전능자가 되시는 하나님, 그 하나님은 우리의 아버지가 되시며 무조건적인 인정과 사랑을 주시는 분이다. 우리는 그런 분의 자녀이기에 소중하고 보배로울 수밖에 없다.

존재 자체로 소중하고 보배롭다는 것은 세상이 어떤 기준을 갖다 대도 흔들리지 않는 자기 철학을 갖게 만든다. 내가 소중하다고 여길 때 세상적인 성공은 아무것도 아니다. 내면에서부터 흘러나오는 단단함, 영혼의 소중함을 확신하고 있다면 그것이 바로 성공이요 행복이다.

절대적 행복을 찾아

많은 사람들이 외모, 학력, 지위 등 어느 정도 위치에 있는 사람은 이 정도 수준의 삶을 살아야 한다고 나름 기준을 세워둔다. 우스운 이야기지만 회사원들 사이에서 경조사에 갈 때도 보이지 않는 기준이 있다. 부장인데 이 정도 부조금은 내줘야 한다는 보이지 않는 선이 있고, 평사원인데 과장보다 더 낼 수 없다는 불문율 같은 게 있다고 한다.

모든 게 다 상대적이다. 성공도 그렇다. 소위 성공이라는 것은 절대적이지 않다. 이 정도 이 위치에 오르면 성공=행복, 이런 기준은 존재하지 않는다. 고기도 먹어본 사람이 더 잘 먹는다는 말이 있듯 어느 정도 파워를 경험해본 경험자는 더 큰 권력을 얻고자 한다. 이만큼 가진 사람은 행복할 거라 생각하지만 그는 더 많이 가진 사람을 부러워하며 기어코 좇아가려고 애를 쓴다.

그렇기에 성공도 상대적이다. 상대적인 성공을 좇다 보니 그만큼 만족감은 떨어질 수밖에 없다. 왜냐하면 올라가도 올라가도 인간의 욕심은 끝이 없기 때문이다. 상대적 행복도 영원할 수 없다.

그러나 존재 가치를 회복하면 상대적 성공에 연연하지 않는다. 세상에서 말하는 성공은 아무것도 아니며 절대적인 행복이 있다는 것을 알기 때문이다. 우리에게 절대적인 행복이란 하나님과의 관계 속에 있다. 창조주 하나님이 나의 존재를 소중히 여기고 있기에 하나님과의 관계, 인라인에 놓여 있으면 평안과 위로와 복이 찾아온다.

'모든 사람의 마음에는 하나님이 만드신 공간이 있다. 그런데 피조물로는 이 공간을 채울 수 없다. 오직 창조주이신 하나님의 아들 예수 그리스도를 통해서만 이 공간을 채울 수 있다.'

프랑스의 철학자이며 물리학자인 파스칼(Pascal)의 말처럼 우리의 공간을 영적인 공간으로 채워야 한다. 이 말은 곧 하나님과의 관계가 친밀하게 놓여 있어야 함을 말한다. 반면 하나님과의 관계가 틀어지면 절대적 행복을 느낄 수 없다.

하나님이 다른 생물과는 달리 유독 사람에게만 영혼을 주신 이유는 영이신 하나님과 교류하기 위함이다. 영적인 교류는 참 중요하다. 절대적 행복 역시 영적인 교류를 통해 깨달아지고 견고해질 수 있다. 기도를 통해, 말씀을 읽으면서, 생활 속에서 하나님의 사랑이 깨달아지는 순간 우리는 나의 존재 가치에 확신을 갖게 되고, 하나님이 나를 특별히 사랑하신다는 사랑 안에서 절대적 평안, 절대적 행복을 느낄 수 있다.

이렇듯 절대적 행복을 깨닫게 되면 우리의 삶은 당연히 변화한다. 절대적인 행복을 나누고 싶기에 나눔과 베풂, 드림으로 생활의 변화가 나타난다. 물론 절대적 행복을 깨닫지 못한 채 나눔과 베풂을 실천할 수 있다. 그 경우 어느 정도 영향을 미칠 수도 있다. 그러나 자기의, 자기애, 자기만족을 위한 섬김과 나눔은 오래 가지 못한다. 진심이 없기에 쉽게 지치고 장애가 다가왔을 때 의연히 이겨내지 못한 채 실패한다. 인정과 칭찬에만 좌우되고 되돌아보지 않는 관심이 상처가 되기도 한다.

절대적 행복을 깨닫고 실천하는 나눔과 베풂은 다르다. 자신이 하나님의 존귀함을 받고 있다는 자존감을 바탕으로 하기 때문이다. 하나님의 존귀함을 받고 있는 내가 하나님의 존귀함을 받고 있는 이들에게 자신의 것을 나누고 섬기는 일은 존귀함을 배가시킨다. 그러므로 줄 때 더 기쁨을 누리게 된다. 이것이 하나님 안에 거함으로써 느끼게 되는 절대적 행복이 주는 시너지 효과다. 그리고 그것이 진정한 성공이다.

진정한 성공은 나 혼자만의 세계에서 느껴지는 것이 아니다. 존귀한 존재들로 연결된 사회에서 자신의 가치를 아름답게 드러내며 나눔과 섬김으로 더욱 가치 있는 사회를 만들어가는 것이다. 이것이 곧 하나님의 뜻이기도 하다.

PART 3

믿음의
애매함을 정해주는
하나님

믿음의 세계, 신앙의 세계는 보이지 않습니다.

눈에 보이지도 귀에 들리지도 손에 만져지지도 않습니다.

그러나 분명히 그 세계는 있습니다.

주님은 오늘도 말씀하십니다.

너희가 보고 믿느냐, 보지 않고 믿는 자가 복이 있다고 말씀하십니다.

보이지 않기에 애매한 것이 아닙니다.

보려고 하지 않는 애매한 믿음,

보고도 보지 못하는 고도 근시적 믿음이

보이지 않는 위대한 믿음의 세계를 가릴 수도 있습니다.

01

무엇이 하나님의 뜻인가

하나님의 뜻 vs 나의 뜻

한 여성이 있었다. 성지순례를 가야 할지 가지 말아야 할지 결정을 내리지 못해 나름 고민 중이었다. 열흘 넘는 기간을 갔다 오자니 직장생활에 너무 지장을 줄 것 같고, 가지 말자니 성지순례를 통해 믿음이 좀더 성장할 기회가 다시는 없을 것만 같았다.

'주님, 이 성지순례를 가야 할까요? 좀 알려주세요.'

여성은 기도했고 찜찜한 마음으로 일단 예약을 했다. 그녀가 예약한 비행기는 747기였다. 그런데 다음 날 놀라운 일이 벌어졌다. 밤새 뒤척이며 잠을 설친 때문일까, 깊은 잠을 못 자고 몇 번을 잠에서 깨다가 무심결에 탁자 위의 시계를 본 여성은 깜짝 놀랐다.

"어? 7시 47분이네? 7시 47분? 747? 오~ 하나님, 정녕 747호기 비행기를 타고 성지순례를 가라는 말씀이십니까?"

여성은 그날 아침 아주 우연히 보게 된 시계로 인해 마음 가뿐히 성지순례 길에 올랐다. 또 다른 형제의 이야기는 어떨까?

직장을 옮기고 상사와의 갈등이 심각할 대로 심각해졌던 한 형제가 고민에 빠졌다. 이유 없이 자신을 괴롭히는 사람과 매일 마주하는 것은 곤혹스러운 일이었다. 그 형제는 무릎을 꿇었다.

"주님, 지금 제가 어떻게 해야 합니까? 주님, 당신의 뜻을 알려주십시오."

답답한 마음에 기도를 드렸고 왠지 하나님께서 사인을 주실 것만 같은 마음에 성경을 폈다.

"주님, 저 이제 성경책을 펼쳐 눈 감고 말씀을 찍겠습니다. 제게 가장 필요한 말씀이 있을 줄 믿습니다. 자, 이제 펼칩니다."

신중에 신중을 기한 채 펼쳐 손가락으로 찍은 성경 구절은 〈마태복음〉 27장 5절이었다.

'유다가 은을 성소에 던져 넣고 물러가서 스스로 목매어 죽은지라.'

형제는 당황했다. 살벌하게 목매어 죽은 가룟 유다의 이야기가 나오다니, 그는 이내 마음을 가다듬고 자기 자신을 위로했다.

'아냐. 이럴 리 없지. 하나님은 좋으신 하나님인데 에이. 그래, 뭔가 잘못됐을 거야.'

이번엔 더욱 신중을 기해 성경책을 펼쳤다. 그런데 이게 웬일인가. 두 번째 나온 말씀은 〈누가복음〉 10장 37절 말씀이었다.

'가서 너도 이와 같이 하라 하시니라.'

점점 낯빛이 어두워진 그는 삼세번이라고 마음을 위로하며 마지막으로 말씀을 펼쳤다. 신중을 기해 눈을 감고 손가락으로 말씀을 찍은 곳은 〈요한복음〉 13장 27절이었다.

'네가 하는 일을 속히 하라 하시니.'

세 번씩이나 성경 찍기를 했던 형제는 어떻게 되었을까? 괜히 혼자 시험 들었다가 간신히 교역자의 도움으로 실수를 깨닫고 돌아섰다.

지금 우리들의 신앙이 이렇지 않은가? 보이지 않는 하나님의 뜻을 두고 자기 마음대로, 자기 편리한 대로 선택하고 판단하며 그것이 자신의 입맛에 맞지 않으면 토라져버리지 않는가? 우리는 확실치 않은 인생을 살고 있기에 마치 하나님을 믿음으로써 확실한 자신의 인생이 그림처럼 쫙 펼쳐지기를 원한다. 그래서 마음대로 하나님의 뜻을 갖다 붙인다.

'하나님, 저 빨리 집 계약을 결정해야 합니다. 12시 전에 부동산에서 전화가 오면 계약하라는 뜻인지 알고 계약하겠습니다.'

'하나님, 그 사람과 결혼하는 게 맞을까요? 오늘 그 사람이 제가 가장 좋아하는 옷을 입고 나오면 결혼하라는 뜻인지 알고 그렇게 할게요.'

우리는 수도 없이 기도가 아닌 자기 염원을 하고 있다. 결과가 자기 생각과 달리 전개되면 '과연 주님의 뜻이 어디 있었습니까? 분명히 저랑 약속하셨잖아요.'라며 속상해한다. 또한 생각지도 않은 방향으로 일이 흘러가면 브레이크를 건다. '어어? 하나님…… 이러시면 안 됩니다. 이게 하나님 뜻이 아닐 텐데요?' 자기 뜻을 앞세우는 경우도 많다. 결국 하나님의 뜻을 제대로 헤아리지 못한 채 믿음을 포기하기도 하는 것이 바로 우리들의 모습이다.

우리가 잘못 아는 하나님의 뜻

오늘날까지 많은 이들이 하나님의 뜻을 두고 많은 실수와 오류를 범한다. 성경에도 하나님의 뜻을 잘못 깨달은 사례가 나온다. 하나님의 친밀한 종이었던 모세가 그랬다. 모세는 이스라엘 민족을 애굽의 노예생활로부터 해방시키는 출애굽의 지도자였지만 그 역시 하나님의 뜻을 자기 임의로 해석하는 바람에 가나안 땅에 들어가지 못한 채 죽음을 당했다. 아나니아와 삽비라 역시 자신의 땅을 판 돈을 헌납하라는 하나님의 뜻을 임의로 해석해 일부만 드렸다가 죽임을 당했다.

이렇듯 좋은 믿음을 가지고 있는 사람들도 하나님의 뜻을 제대로 알지 못한다. 왜 그럴까? 보이지 않는 하나님의 볼 수 없는 뜻을 제대로 알지 못하기 때문이다. 내가 원하는 것은 알겠다고 하면서 내가 원치 않는 것은 모르겠다며 발뺌을 하기 때문이다. 게다가 조급하다. 신앙생활을 얼마나 했는지 그 기간은 상관없이 하나님의 뜻을 빨리 알기 원하고, 자기 맘대로 뜻을 정하려 한다.

그래서 '열린 문 닫힌 문'의 방법을 쓸 때가 있다. 한마디로 '이 문이 열리면 하나님이 여시는 것이고 문이 닫히면 하나님이 닫으시는 것이다.'라고 생각하는 것이다. 그러나 이 방법은 위험하다. 열리더라도 모두 하나님의 뜻이 아닐 수도 있고, 닫힌다고 해서 확실히 하나님의 뜻이 아니라고도 할 수 없다. 상황에 따라 열릴 수도, 닫힐 수도 있는 것이고 하나님이 말씀하시는 것이 아닐 수도 있는데 왠지 확실해 보이기에 믿어버린다.

성경에 이와 관련한 사건이 나온다. 바로 물고기 뱃속에 들어간 요나 선지자의 이야기다. 그는 하나님께서 니느웨로 가서 백성들을 회개하도록 하라는 명령을 받았지만 그곳으로 가는 게 절대적으로 싫었다. 불순종하기로 마음먹고 욥바로 내려갔는데 마침 다시스로 가는 배가 눈앞에 보였다. 그러자 그는 반색했다. '봐라, 다시스행 배가 있지 않나? 이것이 하나님의 뜻이다.'라고 생각하며 얼른 다시스행 배에 올라타지 않았을까?

하지만 결과는 좋지 않았다. 하나님 명령을 준행하지 못한 요나는 물고기 뱃속에 갇히고 철저히 깨어진 뒤 본래 명령하신 니느웨로 돌아가 그들을 회개시키는 사역을 행하게 되었다. 열린 문의 방법으로 하나님의 뜻을 해석했지만 제대로 알지 못한 것이다.

한 친구가 자신의 진로를 놓고 기도하면서 '남을 위해 헌신하고 봉사하는' 일에 대한 사명이 있음을 깨달았다. 하여 장애아들을 돕는 단체 중에 어디가 좋을지 고민하고 있는데 마땅한 자리가 나지 않았다. 그런데 우연히 교환 학생으로 갈 기회가 생겼다. 친구는 선택을 해야 했다. 자신이 원하던 사역의 현장이 아닌 전혀 다른 공부를 하러 열린 문으로 들어가야 하는지, 닫혀 있는 문이 열릴 때까지 기다려야 하는지. 불행하게도 '목사님, 아무래도 하나님이 이 길이 아니라고 저쪽 문을 열어주시는 것 같아요.'라며 유학길에 올랐다.

안타깝게도 그 친구는 유학 간 지 6개월 만에 자신의 적성과 전혀 맞지 않는 공부를 포기하고 돌아왔고, 1년의 세월이 지나서야 원래 기도했던 일을 하게 되었다.

요나 선지자나 앞의 이야기에서 알 수 있듯 환경이 열리고 닫히는 것으로만 하나님의 뜻을 판가름하면 안 된다. 왜냐하면 바로 자기 자신의 생각, 자신의 뜻을 너무 존중한 나머지 우연히 열린 환경을 하나님 뜻으로 성급히 판단을 내리기 때문이다. 한마디로 하나님의 뜻을 앞서는 실수를 범할 수 있는 것이다.

이뿐만 아니라 우리가 하나님의 뜻을 잘못 아는 일은 무수히 많다. 환경이 열린 것으로 가늠하는 것도 문제지만 자신의 뜻대로 하되 주님의 이름을 슬쩍 올려놓는 태도도 문제다.

한 사람이 운전 중에 너무 도넛이 먹고 싶었다.

"주님, 도넛 가게 앞에 주차할 수 있으면 사 먹으라는 뜻인 줄 알고 도넛을 사 먹겠습니다."

이런 기도를 드리고 가게를 갔는데 주차 공간이 없는 것이다. 주차장 주위를 11바퀴나 돌면서 주변을 서성이며 배회한 결과, 차 한 대가 빠지자 얼른 차를 주차하며 기도했다고 한다.

"주님, 감사합니다. 역시 도넛을 사먹으라는 하나님의 뜻이었군요."

하고 싶은 것을 하되 그 위에 하나님 이름만 살짝 올려놓는 것이 하나님의 뜻을 아는 것은 아니다.

또 어떤 이들은 마치 신령한 뜻을 받기 원한다. 하늘 문이 열리며 말씀이 내려오거나 신비한 환상 중에 콕 집어 알려주는 것도 원한다. 물론 이런 경우가 없는 것은 아니지만 지극히 드문 일이다. 또 어떤 경우는 자신의 기분에 따라 감정에 따라 마치 하나님의 뜻을 아는 것처럼 혼동하기도 한다. 말씀을 듣고 성령이 충만할 때는 하나님의 뜻인 것 같은데 바쁜 일상으로 돌아가 일에 쫓겨 피곤하면 하나님 뜻이 아닌 것 같다.

기분 좋을 때는 뜻을 알 것 같다가도 기분이 나빠지면 언제 그랬냐는 듯 감정에 따라 하나님의 뜻이 있어지기도 없어지기도 하는 것은 하나님의 뜻을 잘못 아는 방법이다.

이처럼 하나님의 뜻은 받아들이는 사람의 감정 상태에 따라, 환경을 잘못 이해함으로, 신비한 체험을 통해서만 알고자 할 때 애매하게 다가온다. 그것은 하나님이 뜻이 애매하기 때문이 아니다. 우리가 하나님의 뜻을 잘못 바라보고 있기 때문이다.

하나님 뜻에 담긴 원리

꿈의 사람 요셉을 생각해보자. 그는 '꿈꾸는 자'라는 타이틀처럼 꿈을 꾸며 평생을 살아갔다. 그 꿈은 당연히 하나님의 뜻에 의한 것이었다. 그러나 하나님이 주신 꿈이 단번에 이루어지기보다는 형제들에게 시기와 미움을 당해 애굽으로 팔려갔고 감옥에 갇히는 등 고단한 인생길을 걸어갔다. 하나님의 뜻이 정말 애매하게 생각되는 순간들을 지나갔을 것이다. 하지만 하나님은 끝까지 요셉을 통해 하나님의 뜻을 이루게 하셨고 요셉 역시 순종함으로써 애굽의 총리가 되는 승리를 맛보게 되었다.

요셉의 이야기는 우리를 통해 일어나는 일이-좋지 않은 상황일지라도-궁극적으로 하나님의 뜻에 의해 일어나며 그 안에 각기 개인에게 향하신 뜻이 있고 반드시 실행되어야 함을 나타낸다.

우리에게 일어나는 모든 일도 하나님의 뜻에 의해 일어나고 있다는 것을 알아야 한다. 그러려면 하나님의 뜻에 대한 기본적인 이해가 있어야 한다.

하나님의 뜻에 담긴 다섯 가지 원리를 살펴보려고 한다.

첫째, 하나님의 뜻은 지극히 개인적이다. '온 만민에게 이르러 나의 뜻을 너희 모두 성취하라'고 말씀하지 않으신다. 요셉에게는 요셉에게 원하는 뜻이 있고, 당신에게는 당신에게 원하는 하나님의 뜻이 있다. 이 말은 즉 각 개인을 향한 하나님의 특별한 뜻이 있다는 것이다.

한번은 어떤 사람이 친구와 함께 찾아와 이런 말을 했다. 기도 중에 자신의 친구가 하나님께 소명을 받았다는 것이다. 의과대학에 다니고 있던 친구는 의료선교로 하나님이 자신을 쓰시고자 하신다는 것을 깨닫고 그쪽으로 길을 정했다고 한다. 워낙 둘이 신앙적으로도 교제가 깊었기에 자신에게도 친구와 같은 소명을 주신 것 같다는 것이었다.

"기도 중에 그런 소원을 주시던가요?"

"아직 확실치는 않은데요. 목사님, 저희가 오랫동안 함께 기도했거든요. 친구가 의료선교의 뜻을 깨달았으니 저도 같은 선교의 뜻을 품고 나아가면 하나님 사역이 더 풍성해지지 않을까요?"

그럴듯한 답변이었지만 나는 그의 의견에 전적으로 동의할 수 없었다. 그래서 그에게 베드로와 요한의 이야기를 들려주었다. 예수님께서 부활하신 뒤 그물을 치던 베드로에게 와서 내 양을 치라고 명하셨다. 베드로는 말씀에 순종하겠다고 하면서 옆에 있던 요한에 대해서도 물었다.

"주님, 그럼 제 옆에 있는 요한은 어떻게 되겠습니까?"

그때 예수님은 요한에게 '그래 너도 같이 가서 베드로의 일을 도와라.'라며 선심성 명을 내리지 않았다. 예수님 말씀을 영어 성경 그대로 옮겨보면 다음과 같다.

'What's that got to do with you?' (그게 너와 무슨 상관이 있느냐?)

좀 더 정확한 우리말 표현으로 하면 '남 걱정 말고 너는 너를 향한 계획만 잘 따르면 된다.'는 의미다. 한마디로 뜻을 받은 자신에게만 집중하라는 의미다. 이처럼 하나님의 뜻은 지극히 개인적이다.

한 사람 한 사람을 향한 뜻이 있기 때문에 주변의 누가 응답을 받든, 누가 잘했든 신경 쓸 필요가 없다. 나를 향한 하나님의 뜻은 가장 완벽하고 가장 자신에게 맞는 뜻이다. 자신에게 주시는 뜻에 집중해야 한다.

그런데 하나님은 이렇게 개인적으로 걸음을 인도하시지만 한꺼번에 뜻을 알려주시지는 않는다. 여기서 하나님의 뜻에 담긴 두 번째 원리가 나온다. 하나님의 뜻은 스텝 바이 스텝 (step by step), 단계적이다. 긴 장편소설이 아닌 매회 연재되는 연재소설처럼 한 걸음씩 인도하신다. 10년 20년 뒤까지 한꺼번에 다 보여주시지 않는다. 사실 어떤 때는 그 점이 매우 답답하기도 하다.

'아휴 주님, 한꺼번에 쫙 보여주시면 하나님도 편하실 테고 저도 불안하지 않을 텐데요.'

그러나 하나님은 한 걸음씩, 스텝 바이 스텝을 원하신다. 그 과정 과정을 통해 우리 가운데 역사하시고 말씀하시고 우리와 교제하길 원하기 때문이다.

'내가 내 갈 길을 가르쳐 보이고 너를 주목하여 훈계하리로다.'(〈시편〉 32 : 8) 이 말씀처럼 하나님은 한 걸음씩 인도하시되 주목하고 훈계하시길 원하신다. 하나님은 필요한 만큼 확실히 보여주신다. 그러니 지극히 개인적이고 한 걸음씩 인도하시는 뜻의 원리를 잘 이해해야 한다.

세 번째, 하나님의 뜻에 담긴 원리는 우리를 향한 하나님의 뜻은 항상 선하다는 것이다. 〈예레미야〉 29장 11절을 보면 '여호와의 말씀이니라 너희를 향한 나의 생각을 내가 아나니 평안이요 재앙이 아니니라 너희에게 미래와 희망을 주는 것이니라'고 말씀하신다.

어떤 집사님이 개인적인 어려움을 당하고 있었다. 사업하시는 바깥 집사님의 사업 경영에 문제가 생기기 시작하더니 자녀의 대학 입시마저 실패로 돌아갔다. 재수를 한 자녀가 가까스로 대학에 붙었는데 점수에 적성을 맞춘 게 이유였는지 부모님께 의논도 하지 않고 자퇴를 해버렸다. 나중에 그 사실을 알게 된 집사님은 절망했다. 아마도 하나님이 자신의 가정에 고난을 주시려고 작정하신 것 같다며 갈 데까지 가는 것이 하나님의 뜻인 것 같다며 원망을 쏟아냈다.

아니다. 자녀가 나쁘게 되길 바라는 부모는 없다. 육신의 부모도 자녀에게 좋은 것을 줄 줄 알거늘 하물며 하늘에 계신 하나님 아버지께서 우리를 향해 나쁜 뜻을 품겠는가? 하나님은 축복을 주시기 원하신다. 언뜻 보기엔 고난과 고통인 것 같지만 '하나님을 사랑하는 자 곧 그의 뜻대로 부르심을 입은 자들에게는 모든 것이 합력하여 선을 이루느니라' (〈로마서〉 8 : 28) 말씀처럼 모든 상황을 합력하여 축복이 되도록 하신다.

때로는 고난 가운데 놓여 있을 때 사단은 우리를 헷갈리게 만든다. '정말 이게 하나님의 선한 뜻인가? 이 순간을 잘 넘긴다고 정말 좋은 일이 생길까?' 속삭인다. 그럴 땐 분명히 하자. 하나님의 뜻은 반드시 좋은 것이고 우리를 향한 선한 것이라고.

하나님의 뜻에 담긴 네 번째 원리는 하나님의 뜻은 우리와 교제하고자 하는 목적이 담겨 있다는 것이다. 평소 우리는 하나님의 뜻에 별로 신경을 쓰지 않는다. 그러나 문제가 터지면 그제야 하나님의 뜻이 무엇인지 허둥거리며 찾는다. 이 말은 곧 하나님의 뜻을 문제 해결의 비상구로 여긴다는 것을 의미한다. 물론 틀린 말이 아니다. 하나님의 뜻을 아는 것은 현실 속 문제의 해결점을 찾는 것이다. 그러나 하나님의 뜻은 평상시에 하나님과의 교제를 통해 더 명확하고 쉽게 알 수 있다.

성경은 하나님과 교제하는 모습을 이렇게 표현한다. 'You are in tune with God'. 자동차가 엔진을 철저히 조종하는 '튠업(tune up)'을 하듯 항상 하나님께 주파수를 맞추는 작업이 필요하다. 다시 말해 항상 하나님 곁에 자신을 둠으로써 교제를 해나가는 걸 원하신다.

문제가 있을 때만 연락하는 것과 평상시 교제하는 것은 차원이 다르다. 다급한 교제는 깊은 뜻을 공유할 수 없지만 시간을 함께하는 교제에서는 우리 삶 가운데 일어날 수 있는 애매한 부분들에서 하나님의 뜻을 훨씬 명확하고 쉽게 알 수 있다. 하나님의 뜻은 그런 깊은 교제를 바탕에 둘 때 더 명확해진다.

마지막 하나님 뜻의 원리는 반드시 순종을 필요로 한다는 것이다. 하나님의 뜻을 찾는다는 것은 하나님께 뜻대로 살겠다, 순종하겠다는 의미를 담고 있다. 그러나 '하나님, 한번 뜻을 보여주세요. 알려주신 뜻을 본 후 제가 봐서 따르겠습니다.' 이런 마음으로 뜻을 구할 때가 많다. '들어보고 결정하겠습니다.'와 같은 순종에 대한 애매한 태도는 하나님의 뜻을 더욱 애매하게 보이게 만든다.

사랑하는 자녀가 의견을 구해왔다고 하자. 사랑하는 마음이 너무 크기에 많이 생각해서 해결책을 제시하는데 자녀가 참고만 할 뿐 순종하지 않는다면 기분이 어떻겠는가.

하나님의 뜻을 구할 때는 반드시 순종을 전제해야 한다. 조금 하다가 조금 어려우면 하나님 뜻이 아닌 것 같다며 스스로 판단하여 내려놓는다면 끝내 하나님의 뜻을 알 수 없을 것이다. 그러므로 순종하겠다는 결단이 필요하다.

이처럼 하나님의 뜻에는 다섯 가지 원리가 담겨 있다. 바로 나 자신을 향한 개인적인 뜻이고 한 걸음씩 인도하시며 반드시 합력하여 선이 되는 뜻이다. 또한 하나님은 우리와 교제하기 위해 뜻을 보이시는 것이고 그 뜻을 보임으로 우리의 순종을 원하신다. 이런 다섯 가지 원리에 적용해 볼 때 하나님의 뜻은 결코 애매하지 않다. 다만 자신에게 느껴진 하나님의 뜻이 이 원리에 맞는지 성찰이 필요할 뿐이다. 그러므로 사도 바울이 골로새 교인들에게 '너희로 하여금 모든 신령한 지혜와 총명에 하나님의 뜻을 아는 것으로 채우게 하시기를' 바란다고 권면했듯이, 우리도 하나님의 뜻을 확실히 알기 위해 지혜로 채워야 한다.

하나님 뜻을 아는 7가지 방법

우리는 하나님의 뜻을 왜 애매하게 받아들이는지, 애매한 것으로 받아들이지 않기 위해 어떤 원리를 적용해야 하는지 살펴보았다. 그렇다면 이제 어떻게 하면 하나님의 뜻을 알 수 있을지 알아보고자 한다.

크리스천 작가로 유명한 C. S. 루이스(C.S. Lewis)는 인도하심의 원리에 대해 이런 말을 남겼다.

'내면으로부터 하나님을 기쁘게 하려는 동기로 내리는 결정은 성령님이 인도하신 것임에 틀림없다. 그러나 하나님께서 내면을 통해서만 말씀하신다고 생각하는 것은 오류를 범하는 것이 될 수 있다. 하나님께서는 실제로 성경, 교회, 그리스도의 친구, 책을 통해서도 말씀하시

기 때문이다.'

이처럼 일상생활에서 하나님의 뜻을 아는 방법은 다양한데, 그중 일곱 가지 방법을 함께 나눠보고자 한다.

1. 말씀을 통한 깨달음

어떤 성도님이 집사 직분을 받는 것을 거부하고 있었다. 아무래도 집사 직분을 받으면 시간을 많이 뺏길 것 같은 마음이 들어서였다. 그런데 자꾸만 '맡은 자들의 구할 것은 충성이니라.'라는 말씀이 계속 떠올랐다고 한다. 그럼에도 나중에 시간이 허락할 때 받겠다며 거부했는데, 결국 수년 뒤 잘나가던 사업 다 접고 두 손 들고 나와 직분을 받게 되었다. 하나님은 이미 말씀을 통해 뜻을 알려주셨는데 제대로 알아차리지 못한 것이다.

하나님은 이미 말씀으로 뜻을 알려주신다. 끊임없이 성경을 공부하고 말씀을 들음으로써 깨달아지는 바가 분명히 있음에도 그것을 들으려 하지 않고 자꾸만 엉뚱한 걸 질문한다. 자신의 뜻이 늘 하나님의 생각을 앞서고 있기 때문이다.

말씀 안에 진리가 있다. 하나님의 뜻은 말씀을 통해서 발견할 수 있다. 말씀은 곧 하나님의 뜻, 하나님의 생각이기 때문이다. 그렇기에 하나님 뜻을 알기 위해서 말씀 앞에 서는 게 당연하다. 그것을 자기 것으로 받아들이고 실천하면 되는데 자꾸 확인하려 하고 다른 뜻이 있는 것은 아닐까 의심하는 게 문제다. "하나님, 도둑질하지 않는 게 하나님의 뜻입니까?" 물어볼 필요가 없다. 이미 '도둑질하지 말라'는 말씀을 통해 알려주셨기 때문이다. 하나님의 뜻은 말씀 안에 있다. 그러므로 말씀을 읽는 가운데 자신의 가슴에 부딪히는 구절을 통해 하나님의 뜻을 깨닫는 노력을 해야 한다.

2. 기도를 통한 발견

"하나님, 이것도 주시구요, 저것도 해주세요. 아, 그리고 이건 제가 원하는 일이 아니니 해주시지 마시구요."

혹시 이런 기도를 하고 있지는 않은가? 표현이 조금 노골적이라 그렇지 사실 많은 이들이 이런 일방적인 기도를 하고 있다. 실컷 자기 할 얘기 해놓고 '이제 끝 아멘.' 하고 끝나는 것이 기도가 아니다. 이런 기도로는 하나님의 뜻을 알기 어렵다. 아니, 하나님에게 내 뜻을 알리는 정보 전달에 불과하지 않을까 싶다.

기도는 내 뜻을 말하는 게 아니라 하나님의 뜻을 구하는 것이다. '주님, 제게 말씀해주소서.' 간구하는 기도를 원하신다. 물론 내 뜻을 알릴 수도 있다. 그러나 마지막엔 반드시 예수님의 기도대로 해야 한다.

"하나님 아버지, 할 수만 있다면 이 잔을 내게서 떠나게 해주십시오. 그러나 내 뜻대로 마시고 아버지 뜻대로 하옵소서."

예수님도 자신이 원하는 바를 구했지만 결국 하나님의 뜻대로 하실 것을 간구했다. 하나님은 이런 기도를 원하신다. 그것은 하나님의 뜻을 바꾸는 기도가 아니다. 하나님의 뜻에 맡기는 순종의 기도인 것이다.

기도는 다이얼로그(Dialogue), 즉 하나님과 나와의 대화다. 대화의 기본 원칙은 말을 잘하기보다 잘 듣는 게 우선되어야 한다. 나는 새벽에 말씀을 묵상하며 기도하는 시간이 가장 좋다. 좋은 이유는 하나님과 깊이 대화하며 교제를 나눌 수 있기 때문이다. 실제로 하나님은 그 기도 시간을 통해 내게 가장 많이 임하시는데 그 시간을 통해 깨달음을 주시고 말씀해주신다. 하나님이 말씀하실 땐 잠잠히 듣고 있는데 그렇게도 친밀감이 느껴질 때가 없다.

그러므로 기도할 때도 하나님의 음성에 귀 기울여야 한다. 그 가운데 하나님의 뜻을 발견할 수 있고 깊은 깨달음이 온다.

3. 성령의 인도

〈천로역정〉의 저자 존 번연의 일화다. 청교도 신앙가였던 존 번연은 국왕의 명을 어겼다는 이유로 감옥에 갇히게 되었다. 그런데 어느 날 옥사를 지키던 간수장이 그에게 오더니 감옥 문을 열어주었다. 부인과 가족을 보고 오라는 배려였다. 너무도 고마운 나머지 정신없이 달려 나왔는데 기분이 이상했다. 자꾸만 되돌아가고 싶은 마음이 드는 것이다. 성령께서 자꾸 자신을 돌이키는 것 같았다.

할 수 없이 그는 다시 걸음을 돌려 감옥으로 돌아왔다. 간수장은 깜짝 놀라 이유를 물었다.

"호의는 고맙지만 성령께서 인도하는 길이 아닌 것 같소. 그래서 돌아왔소."

그렇게 1시간쯤 지났을까, 아무런 예고도 없이 국왕이 감옥으로 들이닥쳤다. 아마도 죄수가 잘 있는지 감시하러 온 길인 듯, 자신의 명을 어기고 수감된 존 번연을 보더니 돌아갔다. 간수장은 사색이 되었다. 그가 그냥 가족을 보러 갔더라면 어떤 일이 벌어졌을지 아찔했다. 왕이 돌아간 뒤 간수장이 존 번연에게 다가가 이렇게 말했다.

"목사님 정말 감사합니다. 제 목숨을 살려주셨습니다. 이제부터는 제가 가시라 오시라 하지 않겠습니다. 다만 성령의 인도하심에 따라 가시고 싶을 때 가셨다가 오시고 싶을 때 오셔도 좋습니다."

존 번연의 일화는 성령의 인도하심이 얼마나 큰 위력을 발휘하는지 보여준다. 우리가 하나님의 뜻을 발견하려면 성령의 인도하심대로 행하면 된다. 분명 존 번연이 감옥을 잠시 나갔다 들어오는 것은 하나님이 원하시는 바가 아니었을 것이다. 그러니 환경이 바뀌었어도 성령의 강한 돌이킴에 의해 뜻대로 행하지 않게 된 것이다.

이처럼 우리가 우리 힘으로 할 수 없을 때 성령이 인도하신다. 어떤 때는 갑자기 그런 간절한 마음을 주기도 하고 어떤 때는 하고자 하는 강한 용기를 주기도 한다. 하나님은 성령을 보내셨고 그 성령의 인도하심을 따라 자신의 뜻을 나타내고자 하셨다. 그러니 성령의 인도하심을 구해야 한다. 또한 성령님이 원하시는지 그 인도하심을 예민하게 분별할 수 있어야 한다.

4. 환경을 통해

사도 바울이 이방인 선교를 위해 소아시아로 떠났을 때였다. 소아시아에서 말씀을 전하려고 하는데 성령이 막으셨다. 왜 그랬을까? 소아시아 지역은 기독교인들과 로마의 지방 총독이 갈등을 빚고 있었기에 복음이 전파되는 데 있어서 효과적이지 않았기 때문이다.

그래서 이번에는 비두니아로 가고자 애를 썼다. 그런데 이번에도 예수의 영이 막으셨다. 왜였을까? 소아시아 북쪽에 있는 고산지역인 비두니아에서도 기독교인들과 기독교에 좋지 않은 반감을 가지고 있던 로마 지방총독이 부딪히고 있어서일지 모른다.

자꾸만 길이 막혀 낙심하고 있을 때 사도 바울이 밤에 환상을 보게 된다. 마케도니아 사람이 자신이 있는 곳으로 와서 도우라는 환상이었다. 그 환상을 본 바울은 하나님의 뜻이 마케도니아 사람에게 복음을 전하라는 것으로 깨닫고 그 길로 건너가 선교 활동을 펼쳤다.

하나님의 영이 막으신다는 것은 환경을 닫는다는 것이다. 앞서 열린 문, 닫힌 문 방법으로 하나님의 뜻을 잘못 깨달을 수 있다고 말했다. 이 말은 환경이 열린다고 해서 하나님의 뜻이 자동적으로 Yes라는 의미가 아니라는 것이지, 환경이 열리고 닫히는 것이 하나님의 뜻과 무관하다는 의미가 아니다. 하나님은 때로 환경의 길을 열고 말씀하신다. 때론 문을 닫고 말씀하신다. 분명한 사실은 하나님의 뜻은 주변에 베풀어주시는 환경을 통해 역사하신다는 사실이다. 다만, 환경이 열렸다고 해서 자동적으로 하나님의 뜻이 열린 것이 아닐 수도 있다는 것을 기억할 필요가 있다.

5. 경건한 믿음의 사람과 교제를 통해

우리 교회 청년부 소속 한 형제의 이야기다. 그 형제는 신앙이 그리 깊지 않았는데 하루는 같은 청년부에 소속된 자매가 찾아와 이렇게 말하더란다.

"내가 기도를 많이 했는데 하나님이 어제 나한테 말씀하셨어. 너랑 결혼하래."

이 말을 들은 형제는 갑자기 갈등이 되었다. 신앙 좋은 자매 쪽에서 확신에 확답을 얻었다는데 자신은 그런 응답을 들은 것도 아니었기에 무척 힘들다며 내게 상담을 요청해왔다. 평소에 기도 많이 하던 자매를 존경하고 있었지만 결혼까지 해야 하는 것인지, 그것이 하나님의 뜻인지 갈등이 되었다.

괴로워하는 형제와 이야기를 나누며 나는 조언을 해주었다. 하나님이 실제 자매를 통해 말씀하셨을 수도 있지만 여러 번 확인할 필요가 있다고. 그래서 그 형제가 기도하면서 확신을 가질 수 있도록 격려했다. 반드시 하나님은 그의 뜻을 보여주실 거라고 말이다.

결국 그 형제는 자매와의 교제를 놓고 열심히 기도했지만 마음에 평안함이 오지 않고 불안함이 계속되었기에 그 자매의 뜻을 받아들이지 않았다.

하나님의 뜻은 믿음의 사람과 상담을 통해서도 알 수 있다. 여기서 경건한 믿음의 사람의 기준이 모호할 수 있다. 믿음의 사람이란, 한마디로 정말 나를 잘 아는 신앙의 사람을 말한다. 그들은 하나님의 뜻을 찾는 사람들이다.

물론 주의해야 할 점이 있다. 그들과 상담을 하지만 그 말이 절대적인 것은 아니다. 어떤 사람은 영적인 체험에 너무 치중한 나머지 예언하는 분에게 지나치게 의존한다. 예언은 존재하지만 조심해야 하는 부분이다. 특히나 '내가 기도를 해보니까 당신 이렇게 하래요.'라는 말은 더욱 조심해야 한다.

하나님은 특정한 사람만을 위해 역사하지 않는다. 예언은 테스트해야 한다. 사람의 마음이 간교하여 잘못 받아들이기 쉽기에 분명히 하나님의 말씀으로 테스트되어야 한다.

하나님의 뜻은 신앙의 깊이가 있는, 나를 잘 아는 믿음의 사람과의 교제를 통해 알 수 있다. 그러나 그 사람에게 의존하기보다 그들이 건

네는 조언을 통해 하나님의 뜻을 찾는 지혜와 믿음의 자극을 받아야 한다. 하나님의 뜻은 지극히 나를 향한 개인적인 것이기 때문이다.

6. 마음의 소원을 통해

하나님의 뜻은 마음의 소원을 통해 발견할 수 있다. 하나님께서는 우리 마음에 소원을 두고 행하신다고 말씀하신다. 소원이라는 것은 그것을 하고 싶은 마음이 샘솟는 상태에서 나오는 바람이다. 그 소원이 성령의 인도하심에 따른 것일 때 하나님의 뜻이 된다.

그런데 마음의 소원이 정말 하나님의 뜻인지 아니면 하고 싶다는 내 마음인지 헷갈릴 수 있다. 어떤 사람은 마음의 소원을 무조건 나쁘게 바라보기도 한다. 무조건 뜻이 아닐 거라고 생각하는 경우도 있다.

정말 중요한 것은 마음의 소원이 무엇인가에 대한, 소원에 대한 확인이 필요하다. 때로 하나님은 당신의 뜻을 우리의 소원으로 마음에 심어주신다. 그 소원은 열정이 되고 우리의 삶을 움직이기도 한다. 그렇기에 하나님께서 우리 안에 말씀하시는 것이 무엇인가 바라보며 자신을 돌아봐야 한다. 하나님의 뜻에 의한 마음의 소원은 시간이 지나도 사그라지지 않는다. 강한 마음의 끌림과 확신이 더해지는 것이다. 그런 소원이 마음에서 샘솟는다면 그 소원대로 행하면 된다.

7. 평안함을 통해

마지막으로 하나님의 뜻을 아는 방법은 평안함이다. 하나님의 뜻을 찾을 때 마음에 평안함을 주시는 것은 하나님의 응답일 수 있다. 상황과 형편은 그렇지 못하지만 하나님이 주시는 평강이 우리의 마음을 채우실 때 하나님이 인도하고 계심을 고백할 수 있다.

어떤 경우 자신이 처한 어려움 때문에 기도하면서 평안함이 오는 응답을 얻었지만 그것 때문에 주변 사람을 괴롭게 만드는 응답이 있다. 다른 사람은 다 힘들고 자신은 평안하다면 과연 그 평안이 하나님이 주신 평안일까?

하나님의 뜻은 선한 것이다. 축복하시는 것이다. 그러므로 평안함을 통해 하나님의 뜻을 안다면 결국 모두에게 합력하여 선을 이루는 결과를 내야 한다. 그렇기에 자기만 평안한 응답은 다시 돌이켜 하나님께 물어보아야 한다.

하나님의 뜻을 아는 방법은 위의 일곱 가지 외에도 여러 가지가 있을 수 있다. 그러나 중요한 것은 하나님은 여러 채널을 통해 당신의 뜻을 말씀하고 계시다는 것이다. 그러므로 우리 역시 다양한 채널로 하나님께 가까이 다가설 필요가 있다.

또한 하나님의 뜻은 계속해서 확인해봐야 한다. 자신의 삶 가운데 말씀하시거나 환경을 통해 말씀하시면 두 번 세 번 확인해야 한다. 우리는 너무 연약한 존재이기에 확인하고 또 확인하여 확증해나가야 한다. 그 과정을 통해 하나님과의 교제가 깊어지고 하나님을 더 알게 되며 믿음이 자라난다. 하나님은 그 자세를 원하시는 것이다.

하나님의 뜻을 깨닫는 사람

어느 추운 겨울날이었다. 조지 뮬러 목사님은 찬 바닥에 앉아 하나님께 간절히 기도 중이었다.

"주님, 지금 당장 돈이 필요합니다. 그렇지 않으면 우리 보육원 아이들은 추운 겨울 찬 바닥에서 자야 합니다. 주님."

정말 간절히 기도했던 조지 뮬러 목사님, 사실 목사님이 돈이 없었던 것은 아니었다. 겨울을 날 정도의 돈이 있었으나 하나님은 그 돈의 사용처를 다른 곳으로 정하셨다. 그는 하나님의 뜻대로 일을 행했고 빈주머니가 되어 기도드리던 중이었다.

그런데 기도를 마치고 나오는 길에 한 사람이 조지 뮬러 목사님을 찾아왔다. 얼굴도 모르던 그 사람은 목사에게 5,000파운드짜리 수표를 건넸다. 그 사람이 말하기를 자신에게 돈이 생겼는데, 기도 중에 자꾸만 조지 뮬러 목사에게 돈을 가져다주라는 마음이 생기더란다.

"목사님, 그 마음의 소원이 자꾸만 생겨서 제가 돈을 들고 찾아왔습니다."

조지 뮬러 목사는 그 자리에서 돈을 받아들고 무릎을 꿇어 하나님께 감사의 기도를 올렸다.

5만 번 이상 기도의 응답을 받았던 것으로 잘 알려진 조지 뮬러 목사, 사람들은 그의 이야기를 들을 때 무척 부러워한다. 어떻게 하면 응답을 그렇게 잘 받을 수 있을까? 그건 무슨 특별한 방법이 있었던 것이 아니라 하나님의 뜻을 잘 알고 그대로 행했기 때문이다. 그러니 하나님의 뜻에 맞는 기도가 응답받는 건 당연한 일이다.

그렇다면 기도 응답의 달인 조지 뮬러 목사는 어떻게 하나님의 뜻을 분별했을까? 그는 스스로 자신이 무척 부족한 존재임을 말했다.

'하나님의 뜻을 찾는 데 있어 말씀을 통한 성령님의 깨우침이 진지하고 참을성 있게 임했던 때를 저는 기억하지 못합니다. 그럼에도 불구하고 저는 항상 바른 인도를 받았습니다. 그러나 하나님 앞에서 솔직한 마음과 바른 관계를 갖지 못했거나 하나님의 지도를 참을성 있게 기다리지 않았거나 살아 계신 하나님보다 주위 사람들의 의견을 더 존중했을 때 저는 많은 실수를 범했습니다.'

어떤 경우 하나님께서 우리에게 이미 말씀하셨고 시간도 주셨는데 우리가 생각하지 않기에 하나님의 뜻을 그냥 놓쳐버리기도 한다. 또한 하나님의 뜻을 알고 싶다고 기도하고 구하고 하나님 뜻대로 살고자 할 때 가장 좋은 것을 알려주시는데, 순간적으로 '내가 잘 구한 것 같기는 한데 혹시 하나님의 뜻을 놓친 건 아닐까?' 불안하고 염려될 수도 있다. 그러나 그런 걱정 때문에 하나님의 뜻을 행하길 주저하지 않기 바란다. 설혹 그런 실수가 발생하더라도, 하나님의 뜻을 분별하고자 하는 간절한 마음이 분명하다면 하나님은 우리의 부족함이나 연약하고 지혜롭지 못한 부분까지도 합력하여 선을 이루실 게 분명하기 때문이다.

다시 말해 중요한 것은 하나님의 뜻을 향한 나의 마음이다. 하나님의 뜻이 무엇인지 몰라 애매한 것이 아니다. 하나님의 뜻을 향한 내 마음이 애매할 뿐이다. 우리를 향한 하나님의 뜻은 무엇보다 명확하고 투명하고 확실하다.

02

믿음으로 사는 삶이란

믿음은 칫솔과 같다?

동남아시아에서는 코끼리를 애완동물로 키운다. 5.7톤이나 되는 거대한 동물을 어떻게 애완동물로 키울까, 불가능한 일이라 여길 수도 있겠다. 하지만 거대한 코끼리를 조련하기 위해 어릴 때부터 이상한 믿음(?)을 심어준다고 한다. 몸집이 작을 때 족쇄를 채워놓으면 어린 코끼리가 자신은 결코 쇠사슬을 끊고 도망갈 수 없다는 믿음을 갖는다고 한다. 그 믿음으로 큰 코끼리가 되었을 때도 여전히 도망치지 않고 온순하게 자란다는 것이다.

그런데 그런 믿음을 깨뜨린 사건이 있었다고 한다. 어느 날 동물원에서 코끼리가 쇠사슬을 끊고 도망친 뒤 지역 일대를 쑥대밭으로 만들었다. 한동안 교통이 마비되고 사람들은 혼비백산했다. 결국 잡혔지만 사람들은 대체 그 코끼리가 어떻게 탈출했는지 궁금했다. 그러자 조련사가 설명했다. 그 코끼리는 청소년 나이쯤 되는 코끼리였는데 질풍노도의 시기인 만큼 이리저리 움직이던 중 쇠사슬이 육중한 몸무게를 이기지 못하고 끊어졌고 급기야 탈출까지 감행했다는 것이다. 그 사건이 있은 뒤 전문가들은 이런 걱정을 했다.

'앞으로는 그 코끼리를 조련하기가 힘들 것이다. 자신은 쇠사슬도 끊을 수 있는 코끼리라는 새로운 믿음이 생겼기 때문이다.'

믿음은 코끼리의 삶을 바꾸어놓았다. 새로운 믿음이 생긴 코끼리는 여느 코끼리와는 다른 삶을 살 것이다. 자신이 경험하고 체득한 믿음을 다른 코끼리에게 아무리 이야기해도 그들은 쇠사슬을 끊은 코끼리처럼 살지 못할 것이다. 직접 경험하지 않았기 때문이다.

'믿음은 칫솔과 같다. 칫솔은 매일 사용해야 하며 자기 것만 써야지 남의 것을 쓰면 안 된다.'는 말이 있다. 맞는 말이다. 매일 사용해야 할 칫솔, 남의 것은 쓸 수 없는 칫솔처럼 믿음은 자신의 것만이 확실한 믿음이라 할 수 있다.

흔히 '저 사람은 믿음이 좋다'는 말을 주변에서 한다. 믿음이 좋다는 기준이 어디에 있을까? 대부분 처음에는 확신하는 말투, 의연한 표정 등 겉으로 보이는 부분을 보며 믿음의 유무를 판단하곤 한다. 그러니 확신에 차지 않은 말투나 흐릿한 표정으로는 그 사람에게 믿음이 있는지 없는지 애매해지기도 한다.

그런데 과연 그럴까? 나중에 결과를 두고 볼 때 그러한 선입견이 틀렸음을 알 때가 많다. 별로 믿음이 있을 것 같지 않았는데 끝까지 믿음을 지켜 하나님이 주신 사명을 다하는 경우도 있고, 저 사람은 결코 흔들리지 않는 믿음을 가졌을 거라고 생각하지만 얼마 안 가서 시험에 들어 방황하는 모습을 보기도 한다. 결국 믿음은 겉으로 드러나는 것으로는 알 수 없다. 남이 판단해줄 문제가 아니다.

믿음은 자기 스스로 결정하고 결단하는 데에서 시작하고 끝이 난다. 주변의 환경은 나의 믿음과는 별로 상관없다. 온전히 자기 자신에게 보내는 메시지가 바로 믿음인 것이다.

믿음이 무엇인가

"난 널 믿는다."

"하나님, 이러이러하게 해주실 것을 믿습니다."

"주님, 주께서 제가 좋은 결정을 내리게 하실 것을 믿어 의심치 않습니다."

돌아보면 너무 자주 또 많이 믿는다는 말을 한다. 반면 믿지 못하겠다는 말도 자주 한다. 특히 하나님을 믿기 시작한 지 얼마 되지 않은 사람 역시 성경 말씀에 대한 믿음보다는 의심이 앞선다.

"목사님, 저는 도무지 하나님이 세상을 창조하셨다는 말을 못 믿겠어요. 믿어지면 교회 나올게요."

개개인의 믿음이기에 목사로서 믿음의 주사를 놓을 수도 없고 사실상 믿음 앞에서는 속수무책일 때가 많다. 그만큼 어린아이도 쉽게 받아들일 수 있는 것이 믿음이지만 박사학위 몇 개를 가진 사람도 받아들일 수 없는 어려운 것이 믿음이기도 하다. 한번 믿기 시작할 때는 너무 쉬운 게 믿음이지만 안 믿어질 때는 너무 어려운 게 믿음이기도 하다. 그래서 믿음에 대한 기준이 분명해야 한다.

믿음의 사전적 의미는 어떤 사실이나 사람을 믿는 마음이다. 그런데 믿음에는 의지가 필요하다. 그래서 어려운 것이기도 하다.

성경은 믿음을 무척 중요하게 여긴다. 믿음, 소망, 사랑 중 제일은 사랑이라고 하셨지만 사랑의 토대는 믿음이어야 한다. 연인 사이라도 믿음이 없으면 사랑의 감정이 싹트지 않는다. 아니, 설령 사랑하는 감정이 있더라도 그것이 지속되지 못한다. 서로를 향한 믿음과 신뢰는 관계를 돈독히 만드는 힘이 되어준다. 하나님을 사랑하게 되는 것도 하나님에 대한 믿음에서 시작된다.

예수님께서도 믿음에 대한 강조를 많이 하셨다. 큰 파도가 치는 것을 보고 두려워하던 제자들을 향해 '믿음이 적은 자여 왜 의심하였느냐.' 꾸짖으셨다. 믿음만 있으면 큰 파도 따윈 아무것도 아닐 텐데 믿음이 없어 호들갑 떠는 제자들을 향한 안타까움을 표현하신 것이다.

뿐만 아니라 '겨자씨만 한 믿음이 있다면 이 산을 옮겨 저리로 가라 할 수 있나니'라고 말씀하셨다. 겨자씨는 눈에 거의 보이지 않는 작은 씨앗에 불과하다. 겨자씨만 한 믿음이라 표현한 것은 그만큼 작은 믿음이라도 있을 때 그 믿음을 통해 큰 일을 행하시겠다는 주의 뜻이 담긴 것이다.

주님은 이 땅에서 복음의 사역을 담당하시는 동안 만나는 이들에게 믿음을 강조하셨다. 믿음은 하나님을 기쁘게 한다고 했고 의인은 믿음으로 말미암아 산다고 했다. 믿음이 자신을 구원한다고 하셨으며 믿음으로 구하라고 당부하셨다.

이러한 믿음의 말씀을 접하며 우리는 믿음을 가져야겠다, 믿음이 큰 사람이 되자는 다짐을 한다. 하지만 주께서 말씀을 통해 믿음을 강조하신 이유는 따로 있다. 바로 믿음의 대상이 누구인지 확실히 알라는 의미다. 믿음의 질적 수준은 믿음의 대상에 달려 있다. 즉 내가 가진 믿음이 누구를 향한 믿음인가, 그 믿음의 대상이 믿음의 질적 수준을 결정한다는 말이다.

믿음의 기준이 애매하다고 생각하는 원인이 바로 이 지점에서 생긴다. 신앙생활을 하면서 '나는 얼마나 깊은 믿음을 가졌는가?' '나는 과연 믿음 충만한 사람인가?'라는 생각에 사로잡힐 때가 있다. 나는 얼마나 큰 믿음의 소유자인지 생각에 빠지기도 한다. 그러나 그건 자칫 의식하는 자, 즉 남에게 보이기 위한 믿음이 될 수 있다.

하나님은 누구를 향한 믿음인지를 가장 중요하게 여기신다. 믿음의 깊이도 중요하지만 믿음의 대상이 하나님인지, 아니면 하나님을 믿겠다고 다짐하는 자신에 대한 믿음인지 예리하게 바라볼 필요가 있다.

믿음에 대한 명확한 정의를 내린 구절이 있다.

믿음은 바라는 것들의 실상이요 보이지 않는 것들의 증거니(〈히브리서〉 11 : 1)

바라는 것이 이루어진 것처럼 보는 것이 믿음이고, 보이지 않는 것을 확실히 붙잡고 있는 것이 믿음이다. 참 어렵고 힘들다. 우리는 눈에 확실히 보이는 것도 몇 번 확인한 뒤 믿는데, 성경에서 말하는 믿음은 보이지 않고 바라는 것만을 믿는 것이 진정한 믿음이라고 정의한다.

하나님은 그런 믿음을 원하신다. 그런 믿음을 원하시는 하나님을 향한 믿음을 갖는 것이 중요하다. 하나님은 믿음에 대한 정의를 명확히 해놓으셨다. 받아들이는 사람들이 믿음의 대상을 확실히 하지 않았기에 애매해질 뿐이다.

믿음은 하나님과의 관계에서 나온다. 하나님을 아는 것이다. 하나님과의 교제를 통해 믿음의 대상이 되시는 하나님을 신뢰하는 것이 믿음이다.

나는 믿음이 있는가?

"목사님, 저는 왔다 갔다 하는 신앙인 것 같아요. 어떤 때는 믿음이 있는 것 같다가도 어떤 땐 전혀 하나님이 믿겨지지 않아요. 제가 믿음이 없어진 건가요?"

이런 신앙 상담을 하는 분들이 꽤 많다. 한번 생긴 믿음이 끝까지 쭉 갔으면 좋겠는데 그렇지 못한 것이 현실이다.

나는 이렇게 갈팡질팡하는데 소위 믿음이 좋다고 사람들 입에 오르내리는 분들을 보면 말할 수 없는 부러움과 질투가 나기도 한다. 비가 오나 눈이 오나 새벽기도 한번 빠지지 않는 분, 주일이면 무슨 일이 있어도 온종일 교회에서 봉사하시는 분, 충성하는 일꾼이라는 타이틀을 가지고 온갖 교회 일을 하시는 분들을 보고 믿음이 좋다고 생각하는 사람들이 많다. 그들과 자신을 비교하면 내 믿음은 보잘것없어 보이고 떨어져 보여 자괴감을 느낄 때도 있다. 그러나 과연 우리의 기준에서 본 믿음이 하나님 기준에서도 좋은 것인지 생각해볼 필요가 있다.

어떤 권사님 한 분이 계셨다. 그분은 수십 년간 하나님을 믿으면서 단 한 번도 흐트러진 모습을 보인 적이 없었다. 권사님은 주일이면 하루 종일 여선교회 봉사, 성가대 봉사를 하고, 교회 건축이 있을 때는 앞장서서 건축 헌금을 하셨다. 하여 성도들은 권사님을 신앙적 롤 모델로 삼았다. 권사님 역시 성도들이 믿음이 좋다는 이야기를 할 때면 부인하지 않았다. 자신이 하나님을 얼마나 사랑하는지 얼마나 축복을 받았는지 간증하길 즐겼다.

그런데 그 권사님이 갑작스런 사고로 중환자실에 옮겨가게 되었다. 성도들은 깜짝 놀라 기도회를 열었고 권사님은 병실에서 죽음과 사투를 벌였다. 그렇게 이틀이 지났을 때 권사님은 극적으로 깨어났다. 역시 믿음이 좋은 분이라 하나님이 살려주셨다고 기뻐했으나 정작 죽음의 문턱에서 돌이킨 권사님은 한없이 울며 회개했다.

그분은 생사를 넘나드는 상황에서 예수님을 만났다. 자신이 벌써 천국에 가야 되는 것이 억울했던 권사님은 자신이 얼마나 교회에 충실했는지, 큰 믿음을 가졌는지 변명을 했다. 그러자 얘기를 물끄러미 듣고 계시던 예수님이 자신의 가슴을 보여주시더란다.

"어머 예수님, 가슴에 웬 못 자국이 있으세요?"

그렇게 묻자 예수님이 대답하셨다.

"네가 못 박은 자국이다."

"어머, 제가 그랬다니요? 주님, 저는 교회 봉사도 많이 하고 믿음 충만한 생활을 했는데요?"

"네가 남에게 잘 보이려고 했지 정작 나에게 믿음을 보여주지 않았다. 나를 믿는 게 아니라 너 자신의 봉사 너 자신의 간증을 믿을 때마다 내가 이렇게 상처를 받았다."

그 말을 듣고 권사님이 그 자리에 엎드려 회개 기도를 드렸다고 한다. 그렇게 깨어난 뒤 권사님은 예전처럼 열심히 신앙생활을 했지만 달라진 게 있었다. 더 깊이 기도하고 하나님과의 관계에 한층 성장한 믿음 생활로 도약한 것이다.

믿음은 우리의 지식 가운데 나타나는 것이 아니라 삶 가운데 나타나야 한다. 현실 속에서 나타나야 한다. 많은 경우 우리는 믿음이 있다고 말하면서도 막상 세상을 살 때 믿음으로만 살 수 없음을 스스로 인정한다.

처음에는 믿음의 소중함을 부인하는 사람이 아무도 없다. 하나님께서 주신 것을 향해 마음이 뜨거워지기도 하고 하나님이 주신 비전을 향해 꿈꾸며 믿음으로 살고 싶은 간절한 마음도 가지고 있다. 그런데 막상 세상을 향해 나가 살다 보면 금세 벽에 부딪힌다. 시간이 지나면서 내 힘으로 할 수 없는 연약한 것이 보이고 답답하고 이해가 안 되는 부분이 생긴다.

'그래, 이 세상은 믿음만 가지고 살 수 없는 거였어. 하나님, 잠깐만요. 세상 환경을 좀 붙잡고 난 뒤 믿을게요.'

믿음만 가지고 세상을 살기엔 세상이 너무 험악하고 삭막하다고 생각한다. 그때부터 우린 이것저것 붙잡기 시작한다. 눈에 보이는 것, 나에게 주어진 것, 사람들의 이해와 판단에 마음을 두기 시작한다. 차가운 현실과 환경의 변화, 문제와 실패 책임이 나를 움직이기 시작한다. 그러다 보면 믿음만으로 살 수 없고 인생 별수 없다며 세상과 타협하며 살게 된다. 어느덧 하나님이 주신 믿음을 접고 교회 와서는 믿음대로 살고 세상에 나가서는 세상의 방법대로 사는 것이다.

이것이 과연 믿음대로 사는 모습일까? 아니다. 신앙에 중간이 없듯 믿음도 중간이 없다. 세상과 하나님의 나라 둘 중에 하나를 선택하는 게 믿음이다. 하나님 말씀엔 중간이 없다. 예 아니면 아니오가 있을 뿐이다. 말씀 속에 분명한 해답이 있듯이 믿음에도 중간이 없어야 한다. 엘리야 선지자가 이스라엘 백성에게 하나님 아니면 바알 둘 중에 하나를 따를 것을 종용했던 것처럼 믿음 역시 결단이 필요하다.

〈고린도후서〉 5장 7절 말씀에서는 믿음으로 산다는 것이 무엇인지 말해준다.

'이는 우리가 믿음으로 행하고 보는 것으로 행하지 아니함이로라' 이 말씀의 영어성경 버전은 'live not by sight but by faith'가 된다. 즉 눈에 보이는 대로 살지 아니하고 믿음으로 사는 것이라는 의미다.

벌써 오래전 전도사 시절의 이야기다. 설교를 하러 어느 대학교 집회에 갔다. 전도사 초창기였으니 영적으로 무척 뜨거웠을 때였다.

그때 〈로마서〉 12장 1절 말씀을 통해 어떻게 우리가 변화된 삶을 살아야 할 것인지 침 튀기며 열변을 토하며 파워풀한 설교를 마쳤던 걸로 기억한다. 설교를 마치고 단상에서 내려오자 한 자매가 막 울면서 나를 만나고 싶다고 했다. 순간 속으로 어찌나 뿌듯한 생각이 드는지, 성령께서 역사하셨구나 싶었다. 어쩐지 말씀이 잘 풀리더라니 이렇게 울며 은혜 받는 이들이 속출하는 것에 대해 힘든 것도 씻겨 내려가는 기분이 들었다.

그 자매는 나를 보자마자 '전도사님, 오늘 설교 너무 은혜였어요.'라고 고백할 줄 알았건만 그 자매 입에서 나온 첫마디는 상상 밖이었다.

"전도사님, 우리가 왜 이렇게 살아야 돼요?"

"네?"

깜짝 놀라 되물었다. 첫마디부터 나를 비난하는 투로 왜 그렇게 살아야 하는지 묻는 것이었다. 자매는 다시 말을 이었다.

"아니 왜 그렇게 어려운 설교를 하셔서 제 삶을 힘들게 만드시냐고요. 전도사님께서 변화 받는 삶을 살라고 하셨잖아요. 왜 그렇게 힘든 것을 주문하시냐고요."

순간 너무도 충격이었다. 그 자매의 도전은 경험 없고 열정만 풍부한 전도사의 기를 꺾어놓기에 충분했다. 그 당시 전도사로 설교한 지 얼마 안 되었고 빌리 그레이엄 목사님처럼 설교만 하면 모두 회개하고 은혜 받을 줄 알았는데, 오히려 설교자에게 비난을 퍼붓는 자매를 보며 가만히 서 있기조차 힘들었다.

자매는 실컷 쏘아댄 뒤 돌아갔고 나는 일주일 동안 식음을 전폐하며 하나님께 기도했다.

"하나님, 저 이럴 줄 몰랐습니다. 제가 복음을 증거하면 성령의 역사로 다 좋아할 줄 알았는데 제가 전하는 복음의 메시지를 받고 상처받고 오히려 싫어하며 대드는 사람이 있습니다. 저도 사람인데 좋은 얘기 해주고 싶습니다. 무엇 때문에 사람들 괴롭히는 말을 해야 합니까? 이게 뭡니까, 복음을 증거하면 사람들이 다 엎드러지고 복음 앞에서 깨어질 줄 알았는데 오히려 왜 이렇게 좁은 길로 살아야 하느냐며 비난을 받아야 합니까?"

일주일간 나의 답답함을 토로하며 해답을 달라고 기도했다. 그때 나의 고민을 들은 선배 목사님이 나를 붙잡고 이런 이야기를 해주었다.

"진 전도사님, 복음이 바로 그런 거예요. 스데반이 말씀을 전할 때 순교를 당했잖아요. 바울이 말씀 증거할 때 사람들이 그를 핍박했어요. 원래 복음을 전한다는 건 큰 길로 가는 게 아니라 좁은 길로 가는 겁니다. 죽음을 무릅쓴 믿음이 있었기 때문에 가능한 거예요. 눈에 보이는 대로 사는 게 아니라 보이지 않는 것을 향한 믿음, 하나님을 향한 믿음만 생각하세요."

그때 마음에 큰 깨달음이 왔다. 교회에 나와 좋은 설교를 듣고 좋은 찬양을 부르는 것으로 기분이 좋아지고 믿음이 자랄 수 있다. 하지만 정말 치열한 삶의 현장, 내 가정, 내 일터, 인간관계 가운데에서 나타나는 믿음이 진짜 믿음이라는 깨달음이 온 것이다. 성도들이 불편해한다고 해서 그들이 듣기 편하고 좋은 말씀만 전하는 것이 진짜 믿음은 아니다. 그날 이후 나 역시 진짜 믿음에 대해 더욱 강력히 설교하며 마음은 비록 불편하지만 복음을 향한 강한 메시지를 전할 수 있었다.

우리는 너무 손쉽게 믿음이 있다고 말한다. 그러나 실생활을 돌아보면 우리를 불편하게 하는 상황에서는 믿음을 쉽게 저버린다. 지하철을 타고 가다가 성경책이 읽고 싶어 성경책을 꺼냈다가도 사람들이 보는 것 같아 슬쩍 가방 속으로 성경책을 밀어 넣고, 식당에서 함께 밥을 먹는 상황에서 혼자 기도하기 민망해서 숟가락 줍는 척하거나 밥뚜껑 여는 척하면서 슬그머니 눈 감고 '하나님 아멘' 하는 것은 진짜 믿음이 아니다.

하나님은 진짜 믿음으로 사는 걸 원하신다. 진짜 믿음은 교회가 아닌 일상생활에서도, 보이지 않는 가운데에서도 하나님과 나 사이의 관계에 대한 믿음을 확실히 하는 모습을 원하신다. 우리가 믿을 것은 눈에 보이는 것이 아니라 보이지 않지만 믿음의 대상이 되는 하나님이다.

믿음으로 사는 세 가지 방법

그럼 어떻게 하면 믿음으로 살 수 있을까. 눈에 보이는 대로 사는 것이 아닌 믿음으로 사는 삶이 되기 위해서는 세 가지를 기억해야 한다. 하나님의 선하심을 붙잡는 것, 하나님의 전능하심을 제한하지 않는 것, 하나님 말씀을 그대로 행하는 것이다. 이 말을 거꾸로 뒤집어보면 믿음으로 살지 못하는 삶은 하나님의 능력을 내 마음대로 제한하는 것이고 말씀대로 행하지 않으면 선하신 하나님을 받아들이지 않는 것이다. 실제로 믿음이 공격받을 때 제일 먼저 하나님에 대한 의심이 생긴다. 그러나 우리가 늘상 기도할 때 붙이는 수식어처럼 하나님은 전지전능하신 분이며 선한 뜻을 펼치시는 분이다. 그대로 믿기만 하면 믿음대로 사는 삶이 된다.

1. 하나님의 선하심을 꽉 붙드는 것

내가 정말 믿음 안에서 살고 있는지 알고 싶다면 굳이 특별한 방법을 찾지 않아도 된다. 끊임없이 찾아오는 문제 가운데, 그 문제를 바라보는 나의 자세를 바라보면 되기 때문이다.

어느 여성의 이야기다. 어려서부터 신앙생활을 해온 그녀는 별다른 어려움 없이 살았고 집안 환경, 결혼에 이르기까지 평탄한 삶을 살았다. 본인 스스로 믿음으로 살기 위해 나름 고민도 하고 성령의 충만함도 경험하고 교회에서 계속 봉사도 하면서 믿음 가운데 살아가고 있다고 자신했다. 그런 그녀였는데 갑자기 시련이 닥쳐왔다. 7년간 불임클리닉을 다니면서 기도하며 얻은 아이를 애지중지 키우며 승승장구할 즈음, 갑작스레 아이가 하늘나라로 가고 말았다. 지병이 있었던 것도 아니고 어느 날 갑자기 쓰러진 아이는 끝내 의식이 돌아오지 못했고 그녀는 절망했다.

태어나서 그때까지 하나님을 사랑했고 충성했지만 아들의 죽음이라는 크나큰 충격이 그녀를 심하게 흔들었다. 하나님이 계시기는 한 것인지 날마다 울부짖었다. 왜 자신에게 이런 고통을 주시는지 원망했다. 다시는 하나님 얼굴도 보기 싫다며 통곡했다.

하나님은 잠잠하셨다. 매주 빠지지 않던 교회를 수개월째 나가지 않았고 이제는 하나님께 기대어 살지 않겠다고 작정했다. 아이가 사라진 집에서의 하루하루는 지옥 같았다. 몸은 날마다 야위어갔고 가뜩이나 약한 몸에 이상이 생겼지만 아이 잃은 슬픔에 비할 바 아니라고 여겼다. 그녀를 사랑하는 이들은 믿음에서 멀어져가는 모습을 안타까워했다. 시간이 지나면 아픔도 잊혀지려나 했지만 이상하게 시간이 지날수록 마음속 공허함은 더욱 커져만 갔다. 특히 하나님을 멀리하는 자신이 불편해 견딜 수가 없었다. 그러던 어느 날이었다. 답답한 마음에 성경책을 펴고 말씀을 읽던 중 한 구절이 가슴에 와서 깊이 박혔다.

내 생각이 너희의 생각과 다르며 내 길은 너희의 길과 다름이니라 여호와의 말씀이니라. 이는 하늘이 땅보다 높음같이 내 길은 너희의 길보다 높

으며 내 생각은 너희의 생각보다 높음이니라(《이사야》 55 : 8-9)

죽을 것 같은 시련 앞에서 무너진 자신의 모습에 회개가 쏟아졌다. 지금까지 그렇게 믿음의 사람으로 살겠다고 서원했건만 자녀 문제에 이렇게 무너지다니, 과연 믿음대로 살기는 한 것인지 돌아보게 된 것이다. 그리고 또 하나 생각나는 구절이 있었다.

우리가 알거니와 하나님을 사랑하는 자 곧 그의 뜻대로 부르심을 입은 자들에게는 모든 것이 합력하여 선을 이루느니라(《로마서》 8 : 28)

평소 자신이 좋아하던 말씀이 오버랩되며 마음속에 확신이 들었다. 지금의 시련이 반드시 선을 이루게 하시려는 하나님의 뜻임을. 그녀는 그 광풍을 그렇게 겪어냈고 지금은 너무도 훌륭한 가정의 어머니, 비전을 실천하고 있는 여성으로 살아가고 있다.

믿음의 테스트는 힘들고 문제가 있을 때 다가온다. 앞의 이야기에서 그랬던 것처럼 갑작스런 문제 앞에 누구나 흔들린다. 아무리 평소에 믿음 가운데 산다고 해도 시험이 다가오면 제일 먼저 '하나님이 정말 날 사랑하시는가? 하나님이 정말 나와 함께하시는가? 하나님이 정말 내게 좋은 것을 주시길 원하는가?' 하나님의 선하심을 의심하기 시작한다.

진짜 믿음은 하나님의 선하심을 꽉 붙잡는다. 어떤 상황이나 어려움이 와도 흔들리지 않는다. 지금은 비록 어두운 터널을 지나는 것 같지만 가장 좋은 것으로 주시길 원하시는 하나님을 믿기에 기다릴 수 있다. 다시 소망을 가지고 용기를 가지고 일어설 수 있는 것 역시 하나님의 선하심을 붙잡고 있기 때문이다.

우리가 실수하기 쉬운 것은 입으로는 하나님의 선하심을 믿는다고 하지만 현실적으로 그 손을 잡지 못하는 것이다.

많이 알고 있는 이야기 중 한 사람이 낭떠러지에 떨어졌다가 나뭇가지 하나 겨우 붙잡고 매달린 이야기가 있다. 그 청년은 나뭇가지에 몸을 의지한 채 허공에 대고 외친다. 누구 있으면 자신을 도와달라고. 그런데 그때 위에서 하나님의 음성이 들려온다.

"내가 너를 도와줄까?"

"네. 도와주세요."

"그래. 내가 제일 좋은 것으로 너한테 줄 것을 믿고 있지?"

"그럼요 당연하죠."

"그렇다면 지금 잡고 있는 손을 놓아라. 내가 밑에서 받아줄 테니."

청년은 곰곰이 생각하다가 허공을 향해 외쳤다.

"……누구 다른 사람 없어요?"

우리의 믿음이 이 청년과 같지는 않은지 점검해보아야 한다. 하나님의 선하심을 말하면서도 조금만 문제가 생겨도 조금만 어려워도 흔들려버리는 그 믿음 말이다. 진짜 믿음은 눈에 보이는 것이 없어도, 손에 잡히는 것이 없어도 하나님의 선하심을 믿고 세상의 줄을 놓는 것이다. 가장 좋은 것으로 주시기 원하시는 하나님의 선하심을 믿어야 한다.

2. 어떤 상황에서든 하나님의 전능하심을 인정하는 것

나오미라는 여인이 있었다. 그녀는 베들레헴에 살다가 기근이 나자 모압으로 이민을 가게 되었다. 모압으로 이민 가기 전에는 나오미에게 남편도 있었고 자식도 있었다. 그런데 기근 때문에 약속의 땅을 떠나 모압에 살면서 가장 소중한 것을 잃었다. 남편도 잃고 두 자식을 다 잃은 것이다. 이제 그녀에게 남은 것은 모압에서 얻은 두 며느리뿐이었다. 결국 오르바는 자기 나라로 돌아갔고 시어머니를 따르겠다는 며느리 룻과 함께 고향인 베들레헴으로 돌아왔다. 가장 약한 자로 돌아온 셈이다. 사람들이 나오미를 반기며 이름을 부르자 그녀는 그들에게 이렇게 말한다.

내가 풍족하게 나갔더니 여호와께서 나로 비어 돌아오게 하셨느니라 여호와께서 나를 징벌하셨고 전능자가 나를 괴롭게 하셨거늘 너희가 어찌 나를 나오미라 부르느냐 하니라(〈룻기〉 1 : 21)

이 고백은 끈 떨어진 신세가 된 자신을 보며 하나님을 원망하는 내용이다. 그러나 그 원망 속에도 전능하신 하나님의 손이 자신을 치셨음을 고백하고 있다. 전능하신 하나님의 손이 자신을 치셨다는 것은 자신의 상황이 우연이 아닌 하나님의 계획이었음을 고백하는 것이다. 하나님의 전능하심을 자신의 뜻으로 제한하지 않은 것이다.

믿음은 이런 것이다. 뭐든지 가능케 하시는 하나님의 전능함에 한계를 두는 게 아니다. 보통 사람들 앞에서 하는 대중기도는 '전능하신 하나님'으로 시작하곤 한다. 〈사도신경〉 역시 '전능하사 천지를 만드신 하나님 아버지를 내가 믿사오며'로 시작하니 습관적으로 나오는 수식어일 수도 있고 전지전능하신 하나님께 영광을 돌리려는 의도일 수도 있다. 어쨌든 우리는 전능하신 하나님을 습관적이든 진심이든 말하는 셈이다.

성경은 하나님에 대해 전능하신 분으로 표현하고 있다. 무에서 유를 창조하신 분, 천지를 말씀으로 창조하신 분, 가장 최악의 것도 최선의 것으로 바꾸는 분이기 때문이다.

그런데 정작 우리는 전능하신 하나님을 입으로는 말하면서 그 능력을 제한할 때가 많다. 자신이 가진 것을 돌아보며 과연 하나님이 내가 가진 것으로 무엇을 하실 수 있을까 걱정한다. 말씀으로 이 세상을 창조하시고 무에서 유를 창조하신 하나님께서 못하실 일이 없지만 나를 위해서는 이만큼까지만 할 수 있을 것 같고, 이 정도 이상은 못하실 거라 예단하기도 한다.

또 하나 오해하고 있는 것이 있다. 나에게 좋은 일이 생기면 전능하신 하나님께 감사하고 그렇지 않은 상황이 전개되면 전능하신 하나님이 제대로 일을 하지 않으셨다고 생각한다. 그건 전능하심에 대한 오해다. 자신이 원하는 것을 이뤄주시는 것이 전능이 아니다. 전능하심이 병을 고쳐주시거나 어려운 회사를 살려주시는 것, 그리고 물질 문제를 해결해주시는 것만 의미하지 않는다. 하나님의 전능하심은 내가 원하는 것이 이루어지도록 하는 게 아닌, 하나님이 원하시는 것을 이루시는 능력을 의미한다.

모세가 이스라엘 백성을 데리고 노예로 살던 애굽에서 탈출했을 때, 하나님은 홍해를 갈라 강을 건너게 하시며 먹을 것을 주시는 등 기적을 베푸셨다. 그러나 이스라엘 백성들은 하나님을 끝까지 믿지 않고 자신의 기준에서 하나님을 평가하고 판단했다. 급기야 하나님이 시험을 받았다는 말까지 하는데, 그때 하나님이 노하셨다는 표현이 나온다.

여기서 노하셨다는 단어를 영어 성경(킹 제임스 버전)에서 찾아보면 'Limit' 즉 제한했다는 표현으로 나온다. 다시 말해 그들이 거룩한 자를 제한, 선을 긋고 박스 안에 넣었다는 것이다. 그러면서 전능하신 하나님이라 말할 수 있을까?

하나님은 전능하신 분이다. 돌들을 가지고도 아브라함의 자손을 만드신다고 말씀하셨다. 실제 우리 주변을 보면서 깜짝깜짝 놀랄 때가 있다. 전혀 바뀔 것 같지 않은 사람이 한순간에 바뀌는 역사를 보기도 하고, 모두가 불가능하다고 생각했던 일인데 어느 순간 갑자기 모든 게 해결되는 일을 경험하기도 한다. 하나님의 역사라고밖에는 설명할 수 없는 일이 지금 이 순간에도 많이 일어난다.

나 역시 순간순간 그런 체험을 한다. 아주 사소한 일 같지만 무척 은혜로운 경험이다. 설교 준비를 하려고 말씀을 묵상하다 보면 단어 하나가 목에 딱 걸려버리는 때가 있다. 평소 많이 읽고 사용했던 단어였지만 그날 느껴지는 의미는 전혀 다르다. 전능하신 하나님이 정말 피부로 와 닿는다.

이처럼 하나님의 역사는 우리 생각과는 다르며 시간과 공간을 초월한다. 우리의 형편과 사정 역시 초월한다. 많은 이들이 붙들고 있는 물질, 사람, 미래, 자녀 등이 단단할 것이라 생각하지만 실제로는 쉴 새 없이 흔들리며 불안하다. 우리의 힘과 지혜로 영원한 것은 아무것도 없다. 믿음으로 살기 위해서는 단어 하나를 통해서도 우주를 향한 하나님의 뜻을 나타내시는 능력을 제한하지 않아야 한다. 하나님께서 하나님이 되시도록 내 삶의 문을 열고 하나님이 역사하실 수 있도록 공간을 만들어주는 것이 진짜 믿음으로 사는 것이다.

3. 말씀대로 행하는 것

어느 교회가 있었다. 그런데 어느 날 교회 바로 옆에 술집이 생겼다. 갑자기 술집이 들어서자 매일 밤 고성이 오가고 환경이 여간 나빠진 게 아니었다. 이에 교회 목사님을 비롯한 교인들이 합심해서 기도하기 시작했다. 술집이 다른 곳으로 옮겨갈 수 있게 해달라고 기도한 것이다. 그런데 실제 얼마 못 가 그 술집은 경영의 어려움을 겪고 결국 문을 닫게 되었다. 교인들에겐 할렐루야였다.

그런데 얼마 뒤 술집 주인이 교인들과 목사가 함께 기도했다는 사실을 알게 되었다. 그 사실을 알게 된 술집 주인이 목사와 교인을 고소했다. 마침내 고소인과 피고인으로 법정에 서게 된 술집 주인과 목사와 교인들. 이 난감한 상황에서 재판관이 술집 주인에게 물었다.

"교회가 술집을 망하게 한 증거가 있습니까?"

"네. 저 사람들이 술집을 옮겨달라고 기도했답니다. 그 말이 뭐겠습니까? 망하게 해달라는 기도 아니겠습니까?"

그 말을 들은 재판관이 목사에게 물었다.

"이 사람 말이 사실입니까?"

그러자 목사가 태연히 대답했다.

"네, 우리가 옮겨가게 해달라고 기도하긴 했습니다만…… 그렇다고 판사님, 진짜 우리가 한 기도 때문에 망했을 리 없잖습니까?"

그러자 이 말을 듣던 재판관이 말했다.

"교인의 믿음보다 술집 주인의 믿음이 더 크군요."

성경에 믿음에 관한 구절을 찾아보면 다양한 말씀이 나온다. 그중에서도 '행함이 없는 믿음은 그 자체가 죽은 것이라'(〈야고보서〉 2 : 17)는 말씀이 있다. 입으로는 믿는다고 하지만 믿음대로 행하는 것이 없다면 그 자체로 쓸모가 없다는 지적이다. 술집을 옮겨달라고 기도했을 때 그들은 '누구든지 믿음대로 구하라 그리하면 주실 것이라'는 말씀에 의지했을 것이다. 그 의지를 끝까지 가졌어야 했다. 그러나 말씀대로 끝까지 행하지 않았기에 판사에게도, 술집 주인에게도, 그 재판을 본 모든 이들에게 본이 되지 못했다.

우리에게는 말씀을 토대로 한 지혜가 있어야 한다. 그 지혜란 행함이다. '행함 없는 믿음은 죽은 것이라'는 〈야고보서〉의 말씀처럼 믿음은 반드시 행함이 있어야 완성된다. 그러므로 하나님을 모르는 이들을 비난하지 않으면서도 그들을 향해 하나님이 내게 주신 믿음의 가치관에 대해 흔들리지 않는 행함이 있을 때 세상이 오히려 두려워하고 존중하게 될 것이다.

케냐에서 교회를 개척할 때의 일이다. 아무 기반도 없는 곳에 교회를 세우는 일은 믿음 없이는 불가능한 일이었다. 개척하는 모든 것이 믿음에 관한 것이었다.

'막상 교회를 개척하긴 했는데 성도가 한 명도 없으면 어떡하나?'

제일 먼저 든 두려움은 성도가 없을 것에 대한 걱정이었다. 성도가 한 명도 오지 않은 상황을 상상하는 일은 무척 무서웠다. 그런데 그럴수록 기댈 곳은 하나님밖에 없다는 믿음이 확고해졌다. 말씀대로 행하는 것이 곧 믿음이라는 생각이 들었다. 이후 교회를 개척하는 순간순간 말씀에 순종했고 나머지는 주님께 맡겼다. 그러자 케냐의 교회에 말씀대로 풍요와 축복을 부어주셨다.

믿음대로 사는 것은 말씀에 의지하고 말씀대로 행하는 것을 말한다. 우리의 가치관의 바탕은 말씀에서 나온다. 그 가치관은 우리의 생활을 이끌어가는 기준이 되고 다른 이들에게 믿음의 향기를 전해줄 수 있다. 어떤 향기를 주는 사람이 될지는 스스로 선택하면 된다.

청년들과 만나면 술 문제로 갈등을 겪는 경우를 많이 본다. 이 부분에 대해 의견이 분분한데 사실 성경엔 '술 마시지 마라.'는 내용은 나오지 않는다. 다만 '술 취하지 마라.'는 내용이 있기에 크리스천이 술을 마셔도 되는지 마시면 안 되는지 갑론을박이 벌어지는 것이 사실이다.

여기에는 두 가지 문제가 있다. 우리 스스로가 컨트롤할 만큼 뛰어나지 못하다는 것이고, 또 하나는 우리의 그 모습을 보며 또 다른 누군가 연약한 모습에 시험 들고 상처를 받을 수 있다는 것이다. 그래서 지혜가 필요하다. 누군가 상처받을 수 있다는 사실을 인지하고 그들을 존중하는 마음으로 조심하고 절제할 필요가 있다는 것이다.

술 취하지 말라는 말씀은 우리에게 존중과 지혜를 발휘하라는 말씀과 같다. 술 자체를 금하지는 않지만 그것을 마심으로써 얻게 될 부정적 효과를 차단하라는 명령이다. 존중함이 내게 있는 믿음을 흔들고 내놓게 하는 것이 아니다. 오히려 내 믿음을 향한 올바른 가치관을 가지고 행할 때 그것을 통해 어떤 이가 자극받고 잃어버린 가치관을 회복시키는 역사가 일어난다.

술 취하지 말라는 하나님의 명령에 순종하여 술을 마시지 않겠다고 할 때 처음에는 핀잔을 주고 조롱하고 왕따를 시킬 수 있지만 그들은 속으로 떨고 있다. 오히려 크리스천임에도 사회에서 어울리기 위해 술 취하고 마시는 이들에 대해 앞에서는 화통해서 좋다 할 수 있어도 뒤에서는 '무늬만 신자'라고 생각한다.

비단 술에 대한 문제뿐만이 아니다. 다른 모든 문제에 대해서도 마찬가지다.

어떤 새가 될 것인가

두 마리의 새가 있다. 하나는 허밍버드라 불리는 벌새이고 또 하나는 알바트로스라는 새다. 벌새는 세상에서 가장 작은 새 중 하나로 전체 몸의 길이가 6cm밖에 되지 않는다고 한다. 그래서 이 새는 무척 바쁘고 안쓰럽게 산다. 이 새가 꽃 속에 있는 꿀을 빨아먹기 위해서는 정지 비행을 해야 하는데 그 정지 비행을 위해 날갯짓을 해야 한다. 그 날갯짓이 얼마나 빠른지 1초에 약 50회에서 70회 정도로, 아주 성능 좋은 디지털 카메라로도 날개의 빠름을 잡지 못할 정도라고 한다. 이렇듯 고된 삶을 살다 보니 평균수명이 4년밖에 되지 않는다.

또 하나의 새는 알바트로스다. 이 새는 현존하는 새 중에서 가장 큰 새다. 몸의 길이는 90cm나 되고 날개를 쭉 펴면 무려 3.5m나 된다고 하니 가장 높이 나는 것도 특별할 게 없다. 알바트로스는 가장 높이 날고 가장 멀리, 또 가장 오래 날면서 오래 살기도 한다. 평균수명이 40~50년가량 되지만 80년 넘게 사는 경우도 있다고 한다.

알바트로스가 어떻게 이렇게 오래 살 수 있을까? 학자들은 이 새에 대해 연구를 했다. 연구 결과 이 새의 장수의 비결은 비행법에 있었다고 한다. 이 새는 폭풍을 좋아한다. 강한 바람을 좋아하기 때문에 바람이 강하게 불 때면 그 바람을 타고 제일 끝까지 올라간다고 한다. 그곳에서 다시 약한 바람에 의해 큰 날개를 펴고 적은 힘으로 끝까지 날아간다. 마치 행글라이더처럼. 그러니 날 때 소비되는 에너지의 98%가 바람을 이용하는 것이고 실제 날갯짓은 2%에 불과하다는 말이다. 벌새가 1초에 50~70회 죽어라 날갯짓만 하느라 에너지를 소진하는 것에 비하면 알바트로스가 왜 높이 날고 오래 사는지 알 만하다.

하여 이 새의 또 다른 이름을 누군가 지어줬다고 한다. 믿을 신, 하늘 천, 늙은이 옹, 즉 신천옹, 하늘을 믿고 나는 노인이라는 뜻이다.

우리 크리스천의 삶은 이 알바트로스와 같은 삶이 되어야 한다. 눈에 보이는 것만 붙잡기 위해 끊임없이 날갯짓만 하는 벌새가 될 것이 아니라, 하늘을 믿고 날아가는 노인의 지혜를 꿈꾸며 멀리 오래 높이 나는 모습을 그려야 한다. 알바트로스가 하늘을 믿고 바람을 타고 비행하듯이 하나님이 인도하시는 바람을 타고 가는 것이 믿음이다. 그러므로 하나님의 선하심, 하나님의 전능하심, 하나님의 말씀을 믿어야 한다.

눈에 보이지 않지만 우리가 믿는 그 믿음이 삶을 전진하게 만든다. 눈에 보이는 환경만 바라보고 사는 삶은 더 이상 발전이 없다. 눈에 보이지 않는 것을 믿는 진짜 믿음의 삶은 하나님의 선하심을 깨닫게 하고 전능하심을 제한하지 않는다. 결국 그 전능하심이 삶의 다양한 채널을 통해 나타나게 될 것이다. 그러므로 믿음은 믿음대로, 세상은 세상대로 사는 것이 아니라 믿음이 곧 삶에서 나타나야 하는 것이다.

03

응답받는 기도는 무엇인가

기도의 다양한 채널

영어로 된 아이들의 기도문 중 번역한 몇 가지를 소개한다. 어린 여자
아이 수(Sue)의 기도 내용이다.

"하나님 내가 뭘 원하는지 다 아시는데 왜 기도해야 하나요? 그래도
하나님이 좋아하신다면 알았어요. 기도할게요."

로버트(Robert)라는 아이는 남동생이 갖고 싶어 하나님께 기도했다.

"하나님, 남동생이 갖고 싶어요. 엄마한테 말했더니 아빠한테 부탁
하래요. 아빠한데 말하니 하나님께 부탁하래요. 하나님은 하실 수 있
죠? 하나님 파이팅!"

테레사(Theresa)라는 아이의 기도다.

"사랑하는 하나님, 오른쪽 뺨을 맞으면 왼쪽 뺨을 대라고 하셨잖아

요. 그런데 하나님은 여동생이 눈을 찌르면 어떻게 하시겠어요?"

가이(Guy)라는 아이는 학교 가는 것이 싫었는지 이렇게 기도했다.

"하나님, 지난번 눈이 너무 많이 와서 학교 못 갔던 날 있잖아요. 기억하시죠? 한 번만 더 그랬으면 좋겠어요."

아이들의 순수한 기도도 있지만 또 하나 기도에 대한 재미있는 이야기를 보태본다. 한 사내가 캘리포니아에 도착해 해안을 구경하는 중이었다. 독실한 크리스천이었던 사내는 하나님이 주신 자연에 감탄하며 감사의 기도를 올렸다. 그러자 성령께서 감동하셨는지 음성을 들려주셨다.

"너의 믿음에 감동했으니 한 가지 소원을 들어주겠다."

사내는 하와이까지 가야 했던 터라 전지전능하신 능력을 믿으며 소원을 말했다.

"다리를 놓아주시면 좋겠습니다."

캘리포니아에서 하와이까지 머나먼 거리를 다리로 이어달라니 하나님도 당황스러운 소원이었을 것이다. 하여 하나님께서 다시 음성을 들려주셨다. 다리를 놓는 일은 너무 큰 공사를 해야 하는 일이니 다른 소원을 말하라고. 그러자 곰곰이 생각하던 사내가 다시 아뢰었다.

"하나님, 있습니다. 저는 도대체 아내의 심리를 알다가도 모르겠습니다. 이걸 해달라는 말인지 하지 말라는 소린지, 또 좋은 건지 나쁜 건지, 왜 자꾸 마음이 이랬다저랬다 하는지 제 아내의 심리를 꿰뚫어볼 수 있도록 해주세요."

그러자 다급한 성령님의 음성이 들려왔다고 한다.

"그 하와이로 놔주는 다리를 4차선으로 해주랴, 8차선으로 해주랴?"

세상은 넓고 사람은 많고 기도는 다양하다. 사람마다 올려드리는 기도가 다르고 시시각각 내용이 변할 테니 기도의 종류가 얼마나 많을까. 그중 아이들의 순수한 기도는 재밌기도 하면서 부럽기도 하다. 어른이 된다는 것은 세상사를 알아간다는 말이기도 하지만 또 다른 의미로는 동심을 잃어간다는 말이다. 그러니 기도할 때도 마찬가지가 된다. 이리 재고 저리 재는 어른들의 기도와는 달리 아이들의 기도는 요즘 유행하는 말로 '돌직구'를 날린다. 하나님은 못하실 것이 없으신 분이시니 그 능력을 믿기에 앞뒤 잴 것 없이 자신이 믿는 그대로를 꾸밈 없이 말한다.

한번은 아이들의 순수한 기도를 성도들에게 소개했다. 다들 재미있어하고 순수하다며 아이들의 순수한 기도를 배우자며 고무되는 듯했다. 얼마 뒤 기도 시간. 성도들의 기도가 어떻게 바뀌었을지 내심 궁금했다.

그런데 어른이 단번에 어린아이와 같은 신앙이 되는 것은 무리였다. 장황한 수식어가 하나님 앞에 붙었고 기나긴 기도의 여정이 펼쳐졌다. 그리곤 마지막 즈음 어린아이와 같은 순수한 믿음을 허락해달라는 말로 마무리되었다.

사실 기도에는 잘하고 못하는 기준이 없다. 우리가 만들어놓은 좋은 기도의 기준이라는 잣대가 있기 때문에 기도가 어려워질 뿐이다. 하나님께 올려지는 기도는 하나님의 판단에 맡겨야 한다. 우리는 그저 진심을 다해 기도를 올리면 된다.

잘하는 기도? 잘 못하는 기도

"아…… 그 집사님 기도 너무 잘해. 어쩌면 그렇게 기도를 잘하시는지 청산유수라고나 할까?"

교회 안에서 이런 말이 오가곤 한다. 신앙생활을 처음 시작한 사람은 얼떨떨한 상태라 예배 형식에 대해 체감하기 어렵다. 그러다가 신앙생활 햇수가 늘어나면서 주위 환경에 눈을 뜨게 되고 다른 사람들의 기도도 귀에 들어온다. 그러면서 다른 이들의 기도를 슬슬 평가하고 자신의 기도와 비교하게 된다.

그러다가 자신의 기도 차례라도 되면 어떤가? 심장이 벌렁거리고 두근거려 몇날 며칠 밤잠을 설치는 사람도 있다. 예수님이 십자가에 못 박히기 전날 겟세마네에 올라가 '이 잔을 내게서 옮기시옵소서'(〈마가복음〉 14 : 36)라고 기도했던 것처럼, 제발 다른 사람이 기도하도록 미루기도 한다. 왜 그럴까. 기도에 대한 부담 때문에? 아니다. 물론 기도가 하나님과 대화하는 것이라 차마 어려운 점도 있지만 그것보다는 다른 이들의 시선 때문은 아닌지 가슴에 손을 얹고 생각해볼 일이다.

성경에 보면 기도의 사례가 나온다. 바리새인의 기도와 세리의 기도가 그것이다. 한번은 어떤 회당에 모인 사람들이 바리새인과 세리의 기도를 듣게 된다. 바리새인은 그 당시 지식인을 대표하는 사람으로, 말하자면 정통 로마인이라는 선민의식에 사로잡힌 사람이었다. 반면 세리는 세금을 징수하던 세금징수원으로 공공연한 죄인이었기에 낮은 마음을 가지고 있었다.

이 두 사람의 기도가 시작되었다. 먼저 바리새인은 일단 많은 사람들 앞에서 간구하기 시작한다. 대중기도를 좋아했나 보다.

'오 하나님, 나는 저 세리와 같지 않음으로 인해서 감사합니다. 내가 하나님을 얼마나 사랑하는지 아십니까. 저는 일주일에 두 번이나 금식을 하면서 경건한 믿음의 모습을 보이고 있습니다.'

성경에 나온 내용을 미루어볼 때 그 바리새인은 흔히 말하듯 청산유수로 막힘없이 기도하는 사람이었던 것 같다. 물 흐르듯 이어지는 기도를 들으며 모인 사람들이 감탄했을지도 모른다. 그러나 그의 기도는 하나님께 기도하는 것 같았지만 주위 사람들에게 들리기 위한 기도였다.

반면 세리의 기도는 어땠을까. 세리는 사람들 앞에 나서지 않았다. 사람들에게 들려주기 위한 기도도 아니었다. 저쪽 구석에 앉아 혼자 기도했다. 사람들의 눈에 띄지 않는 자리에서 세리는 자기 가슴을 치면서 기도했다. 하늘을 우러러보지도 못하고 기도했다.

'하나님 나를 불쌍히 여기소서. 나는 죄인입니다.'

바리새인과 세리의 기도의 내용은 많이 달랐다. 그렇다면 과연 어떤 기도를 드려야 할까. 성경 〈마태복음〉 6장 7절을 보면 정답이 나온다. '기도할 때에 이방인과 같이 중언부언하지 말라 그들은 말을 많이 하여야 들으실 줄 생각하느니라'고 말씀하신다.

하나님께 드려지는 기도에 잘하는 기준은 없지만, 하나님이 싫어하시고 금하시는 기도는 있다. 바로 중언부언하는 기도다. 중언부언의 사전적 의미를 보면, 제대로 의미를 알지 못한 채 말을 반복하거나 앞뒤가 맞지 않게 길게 하는 것을 말한다. 중언부언의 헬라어 원뜻을 보면 더 정확한 의미가 나온다. 뜻을 정확히 마음으로 나타내지 않으면서도 의미 없이 습관적으로 단어를 계속 반복하여 쓰는 경우를 말한다. 바리새인의 기도가 중언부언하는 기도였다. 또한 우리의 기도 생활 모습이기도 하다.

어떤 때 가슴이 뜨끔할 때가 있다. 간혹 장례식에서 '하나님 감사합니다.'라는 기도를 듣게 될 때가 그렇다. 물론 영적인 문제로 인한 기도 중에 감사가 나올 수도 있지만 그렇지 않을 때도 많다. 아마도 습관적으로 시작하는 기도, 추임새처럼 붙이는 '하나님 감사합니다.'가 자기도 모르는 사이에 나왔던 것일 수도 있기 때문이다.

실제로 우리는 습관적인 말로 기도를 열고 있지는 않은가? 기도를 하고 있기는 하지만 무슨 말을 하고 있는지도 모른 채 입술로만 움직이는 기도를 하는 것은 아닌가?

하나님이 금하신 중언부언하는 기도는 마음에 진솔함 없이, 하나님과 대화하지 않는 걸 말한다. 습관적으로 중얼거리거나 진심을 말하지 않고 계속 말을 반복하고 번복하는 기도를 금하라는 것이다.

기도의 정의, 기도의 대상

우리는 하나님을 믿으면서 평생 기도를 하며 산다. 그렇다면 과연 기도의 의미가 무엇일까? 단 한 줄로 표현하면 하나님과 대화. 영어로 표현하자면 Talking with God이라 할 수 있다. 왜 Talking to God 이 아닌 Talking with God일까. with라는 표현을 사용한 건 '~와 함께'라는 의미를 포함하기 위해서다.

어떤 이들은 기도가 하나님과 대화라고 하면서 대화하는 자로서 자격을 갖추지 않는다. 자기 할 말만 다 쏟아 넣고 서둘러 마무리하기 때문이다. 그러나 기도는 하나님에게 이야기하는 것이 아니라 하나님과 함께 이야기하면서 하나님과 교제하는 것이다. 그렇기에 어떤 이는 기도야말로 인간이 할 수 있는 가장 고상한 행위라고 말했다. 피조물이 창조주 하나님과 교제하고 대화하는 것보다 더 이상 고상하고 위대한 일이 어디 있겠는가.

그런데도 가끔 기도를 드리는 대상에 대해 잊을 때가 있다. 어린 시절, 컴컴하고 전봇대 사이에 가로등이 없는 길을 걸어갈 때면 괜히 소리를 지르면서 이야기하는 척하며 걸어가곤 했다. 나름 무서움을 이기기 위한 방법이었는데, 나 혼자 1인 2역을 하며 일부러 '어 그랬어?' '그래 그랬다니까.' 혼자 대화하며 지나갔었다. 혼자가 아닌 둘이 있다는 표시를 하면 나쁜 사람이 해코지를 하지 않을 것 같아서다.

대상을 잊어버린 기도도 이와 같지 않을까. 하나님이 안 계신 상태에서 막연하게 의미 없는 기도의 대상을 향해 하는 기도란 자기 혼자 말하고 자기 혼자 대답하는 것과 같다. 또한 하나님이라는 대상을 향한 기도를 드리지만 그 대상에 대해 잘못 생각하고 있다는 점에서 기도에 문제가 생긴다.

어떤 이들은 마치 기도를 받으시는 하나님이 산타클로스 같다고 생각한다. 사실 우리가 산타클로스에게 관심을 갖는 것은 그 할아버지에 대한 관심이라기보다 그가 주는 선물이 아닌가. 크리스마스에 산타클로스가 왜 선물을 주는지 사람들은 의미에는 관심을 갖지 않는다. 무슨 선물이 들었을지 온 정신을 집중해서 선물을 풀어볼 뿐이다.

기도의 대상을 산타클로스로 생각하는 것도 마찬가지다. 우리는 하나님보다 하나님이 주시는 선물에 관심을 갖는다. 그러다 보니 어떻게 하면 더 좋은 선물을 받을지 혈안이 되곤 한다. '하나님 이것도 해주시구요, 저것도 주세요. 저 집사님에게는 주시면서 저한테는 왜 안 주세요?' 마치 뭔가 맡겨놓은 걸 달라는 식의 기도를 듣고 있으면 좀 불편해진다.

또 어떤 사람은 착한 일을 하면 산타클로스가 선물을 준다는 유아적 마인드로 기도하기도 한다. '하나님, 제가 이런 일을 했잖아요. 그러니 이 정도 선물은 주셨으면 좋겠어요.' 이런 식의 선물 요구형 기도를 드린다. 특히 한국 기독교인들의 신앙이 열정적인 것을 넘어서 전투적인 것을 감안할 때 선물에 대한 요구는 강한 것 같다. 열심히 해서 꼭 받아야 한다는 의지에 불탄 나머지, 산기도 철야기도 불문하고 달라는 기도만 잔뜩 하고 내려온다.

그러나 기도는 하나님과의 전투가 아니다. 산타클로스에게 선물 받기 위해 기도하는 것이 되어서는 안 된다. 중요한 것은 기도를 받으시는 하나님에 대한 믿음이다.

기도를 받으시는 대상에 대해 잘못 이해하는 또 하나의 경우는, 하나님이 안락의자에 앉아 움직이는 노신사 같다고 생각하는 것이다. 어린 시절, 흔하지 않던 안락의자에 어쩌다 한번 앉게 되면 그렇게 편안할 수가 없었다. 흔들흔들 의자를 움직이다 보면 잠이 솔솔 오곤 했는데, 그래서 기억 속에 흔들의자는 잠자는 의자로 여겨졌다.

어떤 이들은 기도를 받으시는 하나님을 마치 안락의자에 앉아 꼬박꼬박 졸고 있는 노신사처럼 생각한다. 그 많은 이들의 기도를 들으시니 얼마나 힘드실까, 얼마나 피곤하실까. 그러니 의자에 앉아 잠깐 쉬며 조실 수 있다고 생각한다. 그러다 보니 기도할 때 그 하나님을 깨워야 한다는 역사적 사명을 띠고 기도할 때가 있다.

"하나님, 제 기도를 들어주시옵소서, 제 기도가 하나님의 보좌를 흔들게 하여 주옵소서."

힘주어 기도하는 것을 듣다 보면 마치 졸고 계신 하나님을 깨우고 있다는 느낌을 지울 수 없다. 그런 기도를 드리는 분들을 보면 하나님을 흔들어 깨우는 것이 파워 있는 기도라 여기는 것 같다.

또 어떤 사람은 기도를 받으시는 하나님을 〈알라딘과 요술램프〉에 나오는 마법사 지니처럼 여기기도 한다. 램프에서 나오면 뭐든 소원을 다 들어주는 만병통치약과 같은 존재로 여긴다. 기도를 받으시는 대상이 지니와 같다고 생각하는 것 역시 '기도하면 다 돼. 안 되는 건 기도 안 해서 안 되는 거야.'라는 말이다. 물론 하나님은 기도를 통해 역사하시는 분이지만 내가 원하는 걸 고하고 그대로 이루기를 바라는 것은 하나님의 뜻이 아니다. 하나님을 지니처럼 생각한다는 것은 내가 원하는 대로 이루어주신다고 생각하는 것이다. 그러나 하나님의 뜻은 하나님이 계획하시는 대로 합력하여 선을 이루게 하시는 것이다. 우리의 계획과는 전혀 다를 수 있다.

이처럼 우리는 기도를 받으시는 대상에 대해 잘못 이해하곤 한다. 그래서 우리는 우리의 기도를 받으시는 하나님이 어떤 분이신지 잘 알아야 한다.

우리와 기도를 통해 교제를 나누시는 하나님은 산타클로스도, 안락의자에서 졸고 있는 노신사도, 요술램프의 지니도 아니다. 하나님은 전능하신 분이시며 사랑의 하나님이시고 살아 계신 하나님이시다. 성경을 통해 나타난 하나님은 우리의 모든 기도에 응답하실 수 있는 능력 있는 분이시고 자신이 하신 약속은 지키시는 분이시기에 전능하신 하나님이라 표현하고 있다.

뿐만 아니라 우리의 사정과 형편을 이미 다 알고 계시기에 우리가 간구하는 것, 우리의 환경을 통해 가장 좋은 것을 주시고 채우시길 원하시는 사랑의 하나님이시다. 또한 지금 이 순간에도 내 음성에 귀를 기울이시고 음성을 들려주시는 살아 계신 하나님이다. 늘 살아계셔서 기도를 들으시기 때문에 기도 가운데 역사하신다. 결코 보좌에 앉아 졸고 있어서 기도를 듣지 못하신다거나 우리가 원하는 건 뭐든지—그것이 하나님의 뜻에 반하건 아니건 간에—주시는 것이 아닌 우리 형편과 사정에 따라 가장 좋은 것으로 주시는 전능하시고 살아 계신 사랑의 하나님이라는 사실이다.

많은 분들이 기도가 어렵다는 토로를 한다. 어떻게 해야 할지 모르겠다고 말하기도 한다. 그런데 기도에 정해진 왕도는 없다. 서로 교제를 하며 대화를 나누는 데 대화의 방법이 따로 있지 않듯 하나님과의 교제 역시 서로의 음성에 귀를 기울이고 진심으로 말하면 되는 것이다. 이렇듯 기도가 무엇인지 아는 데에서 기도의 문이 열린다.

또한 기도의 대상이 되신 하나님이 어떤 분이신지 확실히 알게 되면 더 이상 기도는 어려운 것이 아닌 일상이 될 수 있다. 먼저 내 기도를 받으시는 하나님이 어떤 하나님이신지 묵상하면 대상이 확실해지므로 기도의 내용도 달라질 수밖에 없다. 대화할 때 대상이 누구냐에 따라 대화의 질이 달라지듯 기도도 마찬가지다. 기도를 할 때는 기도를 받으시는 대상이 어떤 분인지 먼저 알아야 한다.

왜 응답받지 못할까

한 분이 교회를 찾았다. 잘나가던 사업체를 운영하던 분이셨지만 그러는 동안 교회 일도 소홀하게 되었고 십일조도 빠뜨리는 등 신앙적으로 다운 상태에 빠졌다. 그러다 잘나가던 사업체가 갑자기 흔들렸고 하루 아침에 빚더미에 올라앉게 되었다.

그제야 두 손 들고 하나님께 나온 그분은 갈 곳도 없고 할 일도 없었던 터라 예배에 열심이었다. 말씀을 듣는 와중에 그동안 자신의 신앙 생활을 회개하기 시작했고 재기할 수 있게 해달라며 기도를 시작했다.

그런데 응답은 쉽사리 오지 않았다. 하나님의 응답은 세 가지. 'Yes, No, Wait'라는 말에 그분은 기다리라는 뜻인가 보다 하며 인내했다. 하지만 더 이상 기다리는 것은 무리라고 생각했는지 목사를 찾아갔다.

"목사님, 제가 그간의 일을 회개하고 기도하고 있는데 왜 응답이 안 오는지 모르겠습니다."

"어떤 기도를 드리셨습니까."

"그야 뭐 제가 다시 사업을 하려고 하니 좋은 사업 아이템을 달라고 기도했고요, 또 현재 자본이 하나도 없으니 자본도 마련해주십사 기도했지요. 믿음으로 기도하라고 하셔서 믿음을 갖고 기도했습니다."

"그래요. 기도해보니 어떠셨어요? 마음의 소원이 생긴다거나 평안함 같은 게 오던가요?"

"아뇨. 아무 응답도 오지 않던데요?"

"그랬군요. 어쨌든 제가 성도님을 위해 함께 기도해 드리겠습니다. 믿음을 가지고 기다려보시지요."

목사님은 그 성도를 붙잡고 간절히 기도를 해드렸다. 내심 위안을 받았겠지 싶어 기쁜 마음으로 고개를 들었는데, 맞은편에 있던 성도의 어두운 낯빛이 눈에 들어왔다. 기도할 땐 '아멘.' 하며 간절히 기도하는 것 같았는데 왜 저럴까 싶었다.

얼마 뒤 목사님은 그 성도가 왜 응답을 받지 못했는지 알 수 있었다. 기도를 마치자마자 성도가 일어나더니 이렇게 말했던 것이다.

"목사님, 기도 감사합니다. 근데 걱정입니다. 요즘 같은 시대에 사업 아이템 얻는 건 하늘에 별 따기고 제가 신용불량이라 자본 마련하는 것도 힘들 텐데요…… 참."

기도하고 돌아선 지 1분도 지나지 않아 그가 했던 행동은 기도를 믿음으로 받아들인 것이 아니라 염려였다. 기도하며 맡긴다고 해놓고 도로 자신의 짐을 싸서 어깨에 짊어진 것이다.

기도는 믿음이다. 믿음 없이 기도하는 건 불가능하다. 진정한 기도는 믿음에 관한 모든 것이 포함된다. 기도의 반대는 염려다. 걱정이다.

걱정을 영어사전에서 찾아보면 'worry'라고 나온다. 이 단어의 어원을 찾아가면 누군가 목을 조이고 있는 것과 같다고 한다. 말하자면 걱정 근심이란 마치 꼭 조여진 넥타이가 목을 짓누르듯 가슴을 콱 누르고 있는 것을 말한다. 꼼짝달싹 못하고 속수무책인 상태로 만드는 것이 바로 이 걱정과 염려다.

기도라는 것은 자신의 모든 것을 하나님께 토해내는 대화의 창구가 되기에, 일단 맡기면 이루시는 건 하나님이시다. 그런데 기도와 염려를 왔다 갔다 하기에 문제가 생긴다. 기도는 기도대로 뜨겁게 하고 염려는 염려대로 뜨겁게 한다. 기도하자마자 '아이쿠 큰일났네. 그 일 어떻게 처리하지?' 하고 걱정할 때가 많다. 그래서 응답이 오지 않는 것이다.

기도는 하나님에 대한 신뢰다. 그러므로 기도하든지 염려하든지 둘 중에 하나만 해야 한다. 기도한다는 것은 전능하신 하나님에 대한 믿음에서 시작하기 때문이다. 그러므로 막연히 구할 것을 아뢰는 것이 아니라, 내 기도를 들으시고 응답하시고 그럴 능력이 있으신 하나님에 대한 믿음을 갖는 것이 중요하다.

기도할 때 애매하게 하는 것들

가끔 기도 때문에 시험당할 때가 있다. 어떤 집사님의 화려한 미사여구를 곁들인 기도 때문에 시험에 든다. 또 어떤 권사님은 기도 소리가 어찌나 쩌렁쩌렁한지 그 믿음의 크기가 엄청날 것 같아 괜히 그 앞에 서는 주눅이 들기도 한다. 또 어떤 청년은 한번 기도를 시작하면 2~3시간은 거뜬히 넘기는 터라 부럽기도 하다. 어떤 목사님은 대중기도가 너무나 길어 하품이 나오기도 하고 어떤 성도의 기도는 너무 간단해 은혜가 안 되는 것 같다.

이처럼 교회에서 많은 사람들을 접하다 보면 기도에 대해 기준과 판단, 평가가 생겨나곤 한다. 그러나 앞서 말했듯 기도는 하나님과 나의 1 대 1 대화다. 결코 다른 사람이 끼어들 수 없고 그래서도 안 된다. 그럼에도 불구하고 기도에 대해 몇 가지 애매한 것들이 있다. 통성기도를 하면 언제 멈춰야 하는지도 애매하고, 어디서 기도해야 할지 장소도 애매하다. 이제, 여기에서 기도하면서 애매한 네 가지를 나눠보고자 한다.

기도는 언제 할까? - 언제든지

의외로 사람들은 언제 기도해야 하는지 궁금해한다. 몇 시에 기도해야 하는지 묻는 분들도 있다. 성경에 보면 다니엘이 하루 세 번 창을 열고 기도했던 것처럼 시간을 정해놓고 기도하는 것을 볼 수 있다. 그런 때문인지 기도의 시간을 정해두고 기도해야 하는 것으로 오해하는 경우도 있다.

아마 우리나라 토속 신앙과도 연관이 없지 않을 것이다. 예전의 우리네 어머니께서 새벽에 일어나 머리에 기름 발라 쪽을 진 뒤 정한수 한 그릇 떠놓고 손바닥이 벗겨지도록 빌며 기도했던 그 전통을 잊지 못한 때문일 수도 있겠다.

그러나 성경은 기도의 시간에 대해 이렇게 말한다. 언제든지 기도하라. '쉬지 말고 기도하라.' 물론 쉬지 말고 기도하라는 말씀을 액면 그대로 받아들이면 너무 어려운 일이 될 수 있다. 그런데 그 말씀은 언제든지 기도하라는 의미로도 받아들일 수 있다. 멈춤이 없이 어느 때든지 언제든지 기도하라는 것이다. 이 말씀은 우리가 무엇을 구해야 할지 알지 못할 때도 기도하라는 말이다.

〈시편〉 기자의 고백이자 기도가 되는 〈시편〉을 보면 정교하게 짜여진 기도가 아니다. 오히려 그중엔 정해진 형식도 없이 그저 마음을 토로해놓은 기도도 있다. 이렇듯 기도는 언제나 드려질 수 있는 기도여야 하고 속에 있는 내용을 그대로 내놓을 수 있는 기도면 충분하다.

어디서 기도할까? - 어디서나

전에 내가 출석했던 교회에 담임목사로 청빙되어 갔을 때의 일이었다. 당시 담임목사로서 인도해야 할 예배도 많고 설교도 많았다. 하루는 심야기도를 인도하고 다음 날 새벽기도까지 인도한 뒤 개인 기도 시간이 되어 앞자리에 앉아 기도를 하고 있었다.

한참 기도를 하고 있는데 교회 권사님 한 분이 오시더니 물었다.

"목사님, 왜 십자가 밑으로 안 가세요?"

"네에?"

영문을 몰라 쳐다보니 권사님이 이상하다는 눈빛으로 말씀하셨다.

"전에 계신 목사님께서는 새벽기도 끝나면 꼭 강대상 뒤 십자가 밑에서 무릎 꿇고 기도하셨거든요. 그런데 목사님은 왜 그리로 안 가세요?"

"아…… 꼭 그리로 가서 기도해야 하나요?"

"아휴 그 모습이 얼마나 은혜스러운데요…… 영적인 권위도 느껴지시고.."

그날 이후 어떻게 되었을까. 개인 기도 시간에 십자가 밑으로 절대로 나가지 않았다.

성경에 보면 기도하는 사람들의 기도 장소가 나온다. 전쟁 중에 기도한 사람도 있고 굴 속에서, 옷장 속에서, 정원에서, 산과 강에서, 침상에서, 물고기 배 속에서 광야에서, 십자가 상에서, 감옥 안에서 등등 다양한 기도의 장소가 나온다.

기도의 장소는 특별히 정해져 있지 않다. 어디든지 기도할 수 있는 장소가 된다. 기도할 때 더 은혜로운 곳이 되는 장소는 없다. 내게 십자가 밑을 은근히 강요했던 권사님의 생각은 잘못된 것이다. 남에게 보이기 위한 기도의 장소는 하나님이 원치 않으신다. 다만 어디서든

내 마음을 진솔하게 나눌 수 있으면 그곳이 최적의 기도 장소가 될 수 있다.

얼마나 기도할까? – 진짜 기도할 때까지

어느 분으로부터 들은 재미있는 이야기가 있다. 예수님을 믿은 지 얼마 되지 않은 분이 목사님과 장로님을 따라 심방을 가게 되었다. 그분은 예수님에 대한 사랑이 뜨거웠고 그 여파로 기도도 무척 길었다. 그런데 셋이서 심방 갔던 날은 무척 더웠다. 심방을 마치고 나오면서 너무 더웠던 터라 셋이 아이스크림을 하나씩 먹기로 했단다.

"성도님께서 기도해주시죠."

목사님이 믿은 지 얼마 되지 않은 성도에게 아이스크림 기도를 부탁했다. 그런데 사건이 벌어졌다. 그분이 일명 기도의 필을 받으신 것이다.

"사랑의 하나님 고맙고 감사합니다. 이처럼 뜨겁고 더운 날 우리 목사님과 장로님을 사랑해주셔서 심방을 다녀올 수 있게 하시고…… 이 세상 만물을 창조하신 하나님, 아브라함과 이삭과 야곱의 하나님…… 다시 오실 예수님을 우리는 기다립니다. 더불어 세계 선교와 복음을 위해 기도드립니다. 주님, 이 땅에 하나님의 복음이 임하게 하시고 세계 선교를 위해…… 또한 복음이 들어가야 할 북한 땅을 축복해주시고…… 이 모든 말씀 예수님의 이름으로 기도합니다. 아멘."

기도를 마쳤을 때 아이스크림은 이미 다 녹아버렸다. 그러자 기도를 마친 목사님이 그 모습을 보고 말씀하셨다.

"아이쿠…… 아이스크림이 다 녹았네요."

그러자 함께 기도하셨던 장로님이 이렇게 대답했다는 것이다.

"목사님, 아이스크림은 아까 노아의 방주 기도하실 때 이미 다 녹았습니다."

긴 기도가 항상 좋은 게 아니다. 성경은 말을 많이 하고 오래 기도한다고 해서 좋은 기도라고 말하지 않는다. 그렇다고 해서 짧은 기도가 무조건 좋은 것도 아니다.

정말 이 기도가 하나님께 드려지고 있고 하나님께 내 마음을 드리고 있는지가 중요할 뿐이다. 물론 그런 기도가 되기까지는 시간이 좀 필요하다. 어떤 사람은 짧고 굵은 기도, 양보다 질을 생각하는 기도를 드린다고 하는데 그 짧고 굵은 대화가 되기 위해서는 시간이 필요하다. 영어에 보면 이런 말이 있다.

'Pray until you really pray.' (진짜 기도할 때까지 기도하라.)

기도를 하다 보면 진심으로 하나님께 기도를 드리고 있는지 깨닫는 순간이 온다. 그 시간은 각자 다르기 때문에 정해진 시간이 없다. 다만 진짜 기도할 때까지 기도하도록 해야 한다.

어떤 소리로 기도할까? - 각자의 톤으로

한번은 뜨겁기로 소문난 여의도순복음교회 대학 청년부 기도회를 인도하러 갔다. 마침 부흥에 관한 말씀을 전하러 갔는데 예배를 인도하시던 분들이 부탁을 했다. 설교하신 뒤 마무리 기도를 해주시면 그 다음에 인도하는 분이 와서 다음 순서를 인도할 테니 거기까지만 하고 내려오면 된다는 것이다. 알았다며 강단에 섰다. 그런데 순복음 청년들이 얼마나 뜨거운지 부흥에 관한 성령의 역사를 전하는데 마치 스펀지처럼 쭉쭉 흡수하는 것 같았다. 하여 부흥을 위해 기도하자고 함께 소리 내어 기도하는 통성기도를 시작했는데 얼마나 뜨겁게 기도하는지 5분이 지나고 10분이 지나도 도무지 기도가 끝날 기미가 보이지 않았다. 한 5분 지나서 '하나님 아버지' 마이크에 대고 기도해도 청년들은 멈추지 않았다. 다시 5분이 지나서 '하나님' 불렀지만 마찬가지, 결국 네 번이나 시도한 끝에 그냥 마무리 기도를 포기한 채 내려왔던 경험이 있다. 그때 그 청년들의 뜨겁고 간절한 기도를 들으며 함께 뜨거워졌는데, 그렇게 통성으로 기도해야 기도하는 것 같은 사람이 있는가 하면 통성기도에 대해 힘들어하는 사람도 있다.

교회마다 추구하는 기도의 방법이 다르다. 어떤 교회에 가면 뜨겁게 통성기도를 하고 어떤 교회는 조용히 묵상하는 기도를 드리기도 한다. 그러다 보니 기도의 볼륨에 대해 애매해지는 순간이 온다.

그러나 묵상기도나 통성기도 모두 마음의 상태에 따라 다를 수 있다. 늘 조용히 얘기하는 사람만 있지 않고 늘 크게 말하는 사람만 있지 않듯 하나님과 대화할 때 어떤 때는 조용히 기도할 때가 있고 또 어떤 때는 간절히 큰 목소리로 기도할 때가 있을 뿐이다. 그런데 문제는 스타일을 딱 정해놓고 있다는 것이다. 그러다 보니 자신과는 다른 스타일로 기도하는 사람을 보면 뭔가 이상한 사람처럼 여기고 정죄한다.

'아휴 저 사람은 기도 소리가 왜 저렇게 큰 거야? 옆 사람 다 방해하잖아.'

묵상기도만 하는 사람은 큰 소리를 내며 기도하는 사람을 향해 자신의 잣대를 들이밀고 그를 정죄한다. 반면 큰 소리를 내며 기도하는 이들은 조용히 묵상하는 기도에 대해 정죄한다.

'저렇게 조용히 속으로만 기도하면 생각이 왔다 갔다 해서 집중이 되나?'

한번은 어느 성도가 나를 찾아와 기도를 부탁했다. 그분을 보니 기도파, 뜨거운 것을 사모하는 분이었다. 그분이 원하는 기도는 내가 뜨겁게 기도해주는 것이었다. 그러니 소리를 높여가며 기도를 해드리면 성령 충만함을 받은 것처럼 느낄 게 분명했다.

그러나 그날 나는 성도의 귀에 대고 속삭이는 기도를 드렸다. 하나님께서는 목소리가 크든 그렇지 않든 여전히 간절한 마음으로 기도하는 중심을 보신다는 것을 느끼도록 하고 싶었다. 하나님은 귀가 좋지 않으셔서 크게 기도하는 기도만 들으시는 분도 아니고 시끄러운 걸 싫어하셔서 묵상하는 기도만 받으시는 분도 아니다. 하나님은 우리들의 크고 작은 기도 모두를 들으신다. 그러므로 어떤 때는 간절히 뜨겁게 간구하며 매달릴 때가 있고 하나님 앞에 조용히 묵상하고 기도하고 나아갈 때가 있다. 자신의 상황과 형편에 맞춰 기도하면 된다.

또 하나 목소리의 톤 역시 애매하다. 어떤 분들은 기도만 하면 목소리가 바뀌는 경우가 있다. 일명 홀리 톤(holytone)이라 불리는 목소리로 변한다.

한번은 한 신학대학에 가서 설교를 한 뒤 기도를 하는데 앞에서 이상한 소리가 들려왔다. 하도 소리가 거슬리기에 눈을 뜨고 보니 대학생들이 내는 쇳소리의 기도였다. 기도파라 불리던 그들의 기도의 톤은 계속 신경을 자극했다. 목사 중에서도 설교만 시작하면 목소리 톤이 바뀌는 경우가 있다. 그러나 그냥 자신의 목소리로 대화하면 된다. 하나님과 교제하는데 일부러 목소리 톤을 바꿔가며 할 필요는 없다.

응답은 어떻게 오나? – Yes, No, Wait

아무리 기도해도 응답이 없다는 말을 한다. 그러나 하나님은 기도에 대해 반드시 응답하신다. 세 가지 방법으로. 그 세 가지는 앞서 말했듯 Yes, No, Wait이다. 기도 중 예스라는 응답이 오면 기도대로 하면 될 것이고 아니라면 해선 안 된다. 그 외는 기다려야 하는 것이다. 기다리는 것은 특별한 응답이 없는 것 같지만 Yes와 No가 없을 땐 기다려야 한다. 그러므로 기도에 대한 응답은 반드시 세 가지(Yes, No, Wait)로 온다.

문제는 우리가 원하는 것만 기도의 응답이라고 생각하는 것이다. 그러나 우리가 원하지 않은 것이 기도의 응답이 될 수도 있다. 하나님의 시간이 다르고 방법이 다르기 때문이다.

여전히 하나님께서는 우리의 모든 것을 아시고 우리에게 응답하신다. 그 진실을 믿기만 하면 된다.

기도의 종류

기도의 종류가 참 다양하다. 감사의 내용을 올려드리는 감사기도, 병 고침을 위한 신유기도, 영적인 언어인 방언으로 하는 방언기도 등 기도의 종류가 많아 언제 적절한 기도를 드려야 할지 애매하기도 하다. 기도에 대해 정확히 아는 것이 필요하다.

간절히 하나님께 매달리기 위해 식사를 하지 않고 드리는 금식기도는 하나님을 기쁘시게 한다. 그러나 여기서 중요하게 생각할 것은 금식이 아니라 기도에 있다. 하나님은 남에게 보이기 위한 목적으로 금식하는 것을 싫어하신다.

방언기도는 나를 위한 기도다. 내가 하는 방언기도는 나의 신앙의 성숙을 확증해주지 않고 다른 이의 신앙을 정죄할 내용도 주지 않는다는 것을 알아야 한다. 다시 말해 방언을 한다는 것은 결코 자랑할 것이 아니다. 다만 내 마음에 있는 것들을 영으로 하나님 앞에 간구하는 기도가 방언기도이므로 공동체 안에서 이해하고 용납하는 관계 가운데 행해져야 한다.

예언기도는 하나님이 주신 말씀이 상황과 때에 맞추어 나오는 기도다. 하지만 때로 예언기도를 마치 미래를 향해 점치듯 할 때가 있다. '내가 기도해봤더니 하나님께서 당신에 대한 기도를 이렇게 말씀하셨다.'는 등의 말에 현혹되지 않아야 한다. 하나님은 우리에게 직접 말씀하신다. 말씀을 통해 말씀하고 계시다. 영적인 예민함이 있어 빨리 깨달을 수 있기를 기도해야 한다.

신유기도는 병 고침을 위한 기도다. 이 기도는 신유의 은사를 가진 이가 드릴 수 있는 기도다. 그러나 은사도 중요하지만 더 중요한 것은 은사뿐 아니라 우리의 믿음으로 인해 하나님이 우리를 치유하고 계시다는 것이다.

기쁘시게 하는 기도

아굴은 성경의 인물 가운데 그리 유명인사는 아니다. 원래 평범한 사람이 더 훌륭하듯 아굴 역시 평범하지만 비범한 믿음의 소유자였다. 특히 그의 기도를 살펴보면 배울 바가 큰데, 혹자는 아굴을 기도의 명장이라 이름 붙였다.

그는 어떻게 기도했을까. 아굴은 기도에 앞서 자신이 다른 사람에 비해 짐승이고 사람의 총명이 있지 아니하며 지혜를 배우지 못하였고 또 거룩하게 하신 자를 아는 지식이 없다며 겸손하게 자신을 내려놓는다. 그리곤 이런 기도를 한다.

내가 두 가지 일을 주께 구하였사오니 내가 죽기 전에 내게 거절하지 마시옵소서 곧 헛된 것과 거짓말을 내게서 멀리 하옵시며 나를 가난하게도 마옵시고 부하게도 마옵시고 오직 필요한 양식으로 나를 먹이시옵소서 혹 내가 배불러서 하나님을 모른다 여호와가 누구냐 할까 하오며 혹 내가 가난하여 도둑질하고 내 하나님의 이름을 욕되게 할까 두려워함이니이다
(〈잠언〉 30 : 7-9)

그의 기도는 화려하지 않았다. 일례로 야베스가 하나님께 기도할 때 지경을 넓혀달라고 비전의 기도를 드렸던 것에 비해 아굴의 기도는 평범하고 소극적으로 느껴진다. 그러나 그의 마음의 중심에는 하나님 외에 다른 것이 없었다. 혹시 부자가 되면 교만해져 하나님을 모른다 할까 두려웠고 가난하면 범죄하여 영광을 가리울까 두려웠기에 일용할 양식으로만 먹여달라고 기도한다. 하나님의 영광을 가리우는 일은 그 어떤 것도 하지 않겠다는 의지였다.

또한 그는 헛된 것과 거짓말을 멀리하게 해달라며 인격의 기도를 드렸다. 세상은 헛된 것 거짓된 것을 강요하고 그것이 마치 지혜인 듯 여겨진다. 아굴은 영악함을 추구하지 않았다. 어찌 보면 무능해 보일 수

있는 모습일지언정 하나님의 지혜로만 살겠다고 고백했다. 그는 철저하게 자신의 부족한 자격을 고하며 하나님 중심대로 살기 위해 기도했다. 바로 이런 이유로 야굴을 기도의 명장으로 세워준 것이다.

우리는 무엇이든 기도할 수 있다. 그러나 기도 응답의 유한성도 인정할 수 있어야 한다. 무엇이나 기도할 수 있지만 무엇이나 내게 유익한 것은 아니기 때문이다. 야굴이 자신의 유익을 위해 기도한 것이 아닌, 하나님의 영광을 위해 유익하게 살기를 기도한 것처럼 우리는 하나님을 기쁘시게 해드릴 기도를 드려야 한다.

때때로 우리의 기도는 노선을 벗어날 때가 있다. 종종 나의 원하는 바만 잔뜩 쏟아놓는 기도가 되기도 하고 믿음으로 기도하고 염려로 마무리하기도 한다. 그리고 응답이 없다며 좌절하고 실망한다.

기도는 하나님과의 교제이며 대화다. 기도는 하나님을 신뢰하는 것이고 믿음이다. 기도는 응답이고 기다림이다. 그리고 가장 좋은 기도의 교본은 예수님이 보이셨던 사실을 기억해야 한다.

아버지께는 모든 것이 가능하오니 이 잔을 내게서 옮기시옵소서 그러나 나의 원대로 마시옵고 아버지의 원대로 하옵소서(《마가복음》 14 : 36)

기도는 하나님의 뜻을 구하는 것이다. 그 뜻을 구하는 것이 결국 하나님을 기쁘시게 하는 기도, 반드시 응답되는 기도가 된다.

04

구원, 확실합니까

구원에 대한 애매한 시선

한 사람이 하나님을 믿게 되었다. 그 청년은 하나님이 살아 계시다는 사실을 시인했고 죄 용서를 받아 새사람이 되었음에 감사했다. 기도를 할 때면 하나님의 사랑이 느껴지는 것 같아 눈물이 나기도 했고 신앙인으로서 더욱 겸손하게 살기로 작정했다.

그렇게 신앙생활을 하게 되었다. 신앙생활 중 어려운 점은 없었지만 언제나 그를 우물쭈물하게 만드는 질문이 있었다.

"여러분, 오늘 밤 하나님이 여러분을 부르시면 천국에 가실 확신이 있으십니까?"

"……."

"구원을 확신하시는 분만 아멘 하십시오."

목사님이 설교하시기 전 강단에 서서 이 질문을 하실 때면 그의 목소리는 거의 기어들어갈 듯했다. 다른 성도들은 우렁차게 아멘도 잘하건만 웬일인지 그는 잘 안 됐다. 하나님을 믿는 사람은 누구나 구원을 받는다는 것을 교회 출석하는 첫날부터 들었던 바다. 처음엔 그런가 보다 싶었는데 신앙이 더해질수록, 그리스도를 닮아가는 신앙인이 되고자 하는 마음이 커질수록 오히려 구원의 확신을 선포하는 데 어물물하게 되는 것이다.

왜 그럴까. '예.'라고 대답하면 왠지 자신이 교만한 사람처럼 느껴졌다. 게다가 마음속으론 '아무리 구원이 선물이라지만 네가 무슨 자격으로 천국에 올 수 있겠니?' 질책을 받을 것만 같았다.

그렇다고 '아니오.'라고 대답하자니 지금껏 하나님을 믿은 게 거짓이었음을 의미하는 것이었다. '잘 모르겠습니다.'라고 대답한다면 그렇게 신앙의 확신이 없이 이랬다저랬다 하는 미지근한 신앙이라고 할 것 같았다.

겨우 생각해낸 대답은 '그랬으면 좋겠습니다.'였다. 그는 꽤 흡족했다. 바로 오늘 하나님이 자신을 부르면 천국에 갈 확신이 있는지 묻는 질문에 그랬으면 좋겠다는 소망을 말함으로써, 왠지 겸손해 보이면서도 천국에 가고 싶다는 바람을 표현하고 있기 때문이다.

'어떻게 살 것인가?' 같은 철학적 질문보다 한 차원 더 높은 질문이 있다. 바로 구원에 관한 질문이다. 앞선 사람을 고민에 빠뜨렸던 질문이 바로 이것이다.

'만일 하나님께서 오늘 밤 나를 부르신다면 나는 과연 천국에 갈 확

신이 있는가?'

'만일 세상을 떠나 하나님 앞에 섰을 때, 하나님께서 천국 문 앞에서 너를 천국에 들어오게 할 이유가 무엇이냐고 물으신다면 나는 어떤 답을 할 수 있는가?'

구원을 확신한다면 아멘 하라는 말에 비해 훨씬 구체적인 질문일 것이다. 예수님을 믿는 사람이라면 이 두 가지 질문을 모두 던져봐야 한다. 만약 단 한 번도 이런 질문을 하지 않았다면 구원에 대한 애매한 정의 때문일 것이다.

사실 성경은 끊임없이 구원의 이야기를 하고 있다. 성경은 예수 그리스도를 구주로 영접하고 자신이 죄인인 것을 깨닫고 나를 위해 십자가에서 죽으신 예수 그리스도를 믿는 자들에게 영원한 생명을 주셨다고 말한다. '또 증거는 이것이니 하나님이 우리에게 영생을 주신 것과 이 생명이 그의 아들 안에 있는 그것이니라. 아들이 있는 자에게는 생명이 있고 하나님의 아들이 없는 자에게는 생명이 없느니라.'〈요한일서〉5 : 11-12)라고 말하고 있다. 영원한 생명, 바로 예수 그리스도를 구주로 영접한 이후에 하나님께서 주시는 영생의 축복이 있음을 말한다.

이처럼 여기저기에서 구원의 이야기를 많이 접한다. 그러나 때때로 조금씩조금씩 듣다 보니 구원에 관한 모든 이야기가 하나로 이어져 이해되지 않는 경우가 있다. 또 체계적으로 공부하지 않으면 궁금한 부분도 있지만 마음 놓고 질문하기가 어려울 수도 있다. 그러나 앞선 두 개의 질문은 우리 인생을 좌우하고 영원을 좌우해야 할 아주 중요한 질문이다.

구원을 확신해도 되는가?

"아니 목사님, 구원받았다고, 영원한 생명이 있다고, 내가 천국 간다고 그렇게 자신 있게 얘기하는 것은 너무 교만한 것 아닙니까? 하나님께서 주시고 하나님께서 아시는 것이지 인간인 우리가 어떻게 주제넘게 하나님 앞에서 천국 간다고 확신할 수 있겠어요?"

듣다 보면 겸손한 표현에 수긍이 가는 말이다. 하나님과의 관계에서 자신 있게 이야기하는 것은 너무 인간이 주제를 모르는 발언 같이도 느껴진다. 그런데 그것은 사람의 입장에서 생각한 것뿐이다.

성경은 다르게 말한다. 먼저 〈요한일서〉 5장 13절에 증거가 되는 말씀이 있다.

내가 하나님의 아들의 이름을 믿는 너희에게 이것을 쓰는 것은 너희로 하여금 너희에게 영생이 있음을 알게 하려 함이라.

하나님은 우리가 영원한 생명이 있다는 것을 알기 원하신다. 모르고 있다가 때가 되어 고민하거나 방황하는 것을 원치 않으신다. 우리에게 영원한 생명을 주시고 우리가 그 생명을 붙잡고 있다는 사실을 분명히 알기 원하신다. 그러므로 우리는 하나님이 주신 영원에 대한 확신을 가질 수 있다. 천국에 대한 소망을 확실히 붙잡고 있는 것이 결코 교만한 일이 아니다.

그런데 여기서 궁금한 점이 생긴다. 저 멀리 가난하고 헐벗은 사람들을 위해 일생을 헌신하신 선교사님의 이야기를 듣다 보면 그분들의 큰 믿음과 자신의 연약한 믿음이 비교될 때가 있다. 선교사님이 빵 한

쪽을 가지고 사람들과 나눠 먹으며 복음을 증거할 때의 믿음과 교회 식당에서 배불리 식사를 마친 자신의 믿음이 비교된다.

'과연 평생을 선교지에서 수고한 선교사와 편안하게 신앙생활을 한 교인이 똑같이 구원을 받을 수 있을까?'

왠지 믿음과 헌신에 따라 구원도 차등 지급될 것 같은 생각에 빠진다. 그러나 그에 대한 대답 역시 똑같이 구원받는다는 것이다. 하나님을 믿는 사람은 누구나 똑같이 구원을 받는다. '너희는 그 은혜에 의하여 믿음으로 말미암아 구원을 받았으니 이것은 너희에게서 난 것이 아니요 하나님의 선물이라 행위에서 난 것이 아니니 이는 누구든지 자랑하지 못하게 함이라.'(《에베소서》 2 : 8-9)라는 말씀이 뒷받침하고 있기 때문이다.

구원은 곧 은혜다. 은혜라는 말씀은 받을 자격이 없지만 주시는 선물을 의미하며, 구원은 예수 그리스도를 믿음으로써 받는 선물이다. 선물은 받으려는 노력보다 주는 사람의 의지에 달려 있다. 다시 말해 구원이란 우리는 자격이 없지만 예수님이 주시고자 하는 것이다. 그 믿음으로 구원을 받는 것이다.

그러므로 행위에서 난 것이 아니기 때문에 누구도 자랑하지 말아야 한다. 수십 년 전 한 부흥집회에서 들었던 장로님의 간증이 기억난다. 그분은 죽음의 문턱까지 가셨다가 천국을 경험하고 새 삶을 찾으셨다며 간증을 하셨다. 평소 장로로서 봉사활동도 많이 했고 물질 봉사에 이르기까지 많은 성도들의 칭찬을 들었던 장로님은 천국의 문 앞에서 조금은 우쭐했다. 워낙 한 일이 많다고 생각했기 때문인데, 막상 만나 본 예수님은 그 장로님의 행위를 기억치 않으셨다. 자신을 얼마나 사랑했는지 물으셨고 알기 원하셨지만 장로님은 자신의 선한 행위만 자랑했다. 그 결과 자신에게는 면류관이 아닌 개털 모자가 쥐어졌다는 내용의 간증이었다.

특별한 경험을 하고 깨어난 장로님은 큰 깨달음을 얻었다. 구원이라는 선물을 주신 예수님 앞에서 결코 자랑할 게 아니라는 것이었다.

하나님 앞에서 우리는 자랑해선 안 된다. 특히 했던 일을 통해 구원을 선물로 받는다는 생각을 철저히 금해야 한다. 만일 구원이 우리 행위에서 났다고 하면 우리는 얼마나 잘난 척할 것인가. 내 힘으로 내 능력으로, 내가 잘나서 구원받았다고 하지 않겠는가. 주님은 그런 위험요소를 일찌감치 제하셨다. 우리의 봉사로, 우리의 수고로, 우리의 선행으로조차도 천국에 갈 수 없다고 말씀하셨다. '모든 사람이 죄를 범하였으매 하나님의 영광에 이르지 못하더니'(《로마서》 3 : 23)라는 말씀처럼 누구를 막론하고 이 정도면 괜찮은 사람이라고 말할 수 없다.

여기서 또 하나, 구원에 대한 확신을 헷갈리게 만드는 것이 있다.

"목사님, 저는 예수님을 영접했는데도 어떤 날은 구원받지 못할 것 같은 기분이 들어요. 어떻게 하죠?"

자신의 믿음이 이랬다저랬다 할 때면 구원에 대한 확신이 흔들리기 쉽다. 괜히 모든 일에 기분이 다운되어서 하는 일마다 짜증이 나거나 왠지 믿음도 떨어지는 날, 예수님이 부르시면 갈 수 없을 것만 같다. 기분이 좀 그래서 큐티도 빼먹고 기도도 제대로 안 한다. 새벽기도도 빼먹었으니 마음에 죄책감은 잔뜩 든다.

그러나 이에 대해서도 하나님의 말씀은 설명하고 있다. '내가 진실로 진실로 너희에게 이르노니 내 말을 듣고 또 나 보내신 이를 믿는 자는 영생을 얻었고 심판에 이르지 아니하나니 사망에서 생명으로 옮겼느니라.(《요한복음》 5 : 24)라는 말씀에 답이 있다. 주님을 영접하여 구원받은 이들은 이미 사망에서 생명으로 옮겨졌음을 말하고 있다. 다시는 사망으로 되돌이키지 않겠다는 말이다.

그러므로 영접하는 자, 곧 그 이름을 믿는 자들에게 하나님의 자녀가 되는 권세를 주신다. 그러니 구원은 어떤 이에게 특별히 주워지는 것이 아니라 그것을 주시겠다는 하나님의 의지에 의해 선물로 주어지는 것이다. 그러니 우리는 예수님이 날 죄에서 벗어나게 해주시고 영원한 생명을 얻도록 하셨다는 확신만 가지면 된다.

우리의 신앙은 하나님 말씀을 향한 붙잡음이지 기분의 상태가 아니다. 만약 구원이 기분의 상태에 의한다면 자기 자신도 자신의 마음을 모르는데 그 움직이는 마음 상태를 어떻게 컨트롤할 수 있을 것인가. 그러나 그렇게 하지 않으셨다. 그 연약함을 잘 아시기에 우리를 향한 하나님의 사랑, 우리를 향한 예수 그리스도의 십자가, 우리를 향한 하나님의 말씀과 약속이 여전히 유효함을 알려주고 계신다.

확실히 영접했는가?

어떤 성도가 있었다. 한동안 뜨겁게 신앙생활을 하던 사람이었는데 무슨 일인지 시험에 들었다. 열심히 나오던 기도회에도 발걸음이 뜸해지더니 기도 생활도 끊겼고, 잘하던 봉사활동도 어느 날 갑자기 '싫어졌어.' 하면서 교회를 떠났다.

한 영혼을 잃은 슬픔도 컸지만 그 사람을 통해 신앙의 자극을 받았던 또 다른 성도들의 상처도 있었다. 성도 중 한 사람이 나를 찾아와 물었다.

"목사님, 그 집사님도 구원을 받을 수 있나요? 그렇게 잘 믿다가 어느 날 갑자기 믿음을 버린 거잖아요. 그런 분도 구원을 받나요?"

"……네, 집사님."

그는 아마 다른 대답을 원했을지도 모르겠다. 믿음을 저버렸고 성도들에게 상처도 주었으니 이미 받은 구원은 반납된다는 대답을 바랐는지도 모른다.

그러나 구원은 그렇지 않다. 그 사람이 정말 예수 그리스도를 영접했다면, 정말 그 사람이 예수 그리스도를 마음에 구주로 영접하고 믿음 안에 섰다면 비록 마지막에 신앙생활을 제대로 못했다 하더라도 구원을 받는다.

순간순간 삶이 너무 고통스러워, 질병으로 인해 너무 고통스러워 믿음 전체가 흔들리고 힘든 사람도 있을 수 있다. 어떤 분은 죽음의 길목에서 너무 고통스러워 하나님을 저버리고 싶다고 말하기도 한다. 그러나 그런 사람들도 구원에 이른다.

성경에서는 믿음으로 구원을 받는다고 말한다. 이렇듯 확정지어 말할 수 있는 것은 결국 그들이 마지막엔 하나님께로 돌아오기 때문이다.

마지막까지 돌아오지 않을 가능성도 있지 않을까? 그렇게 되면 구원은 어떻게 되는 것인지 궁금할 것이다. 그런데 그 경우는 그 사람이 왜 돌이키지 않는지 궁금해할 것이 아니라 과연 그 사람이 진심으로 예수 그리스도를 영접했는지 보아야 한다.

우리는 겉모습만 볼 때가 많다. 얼마나 열심히 교회에 나왔는가, 얼마나 봉사를 했는가, 얼마나 많이 움직이며 교회 활동을 했는가 등등을 보는 것이다. 사실 예수님을 믿지 않고서도 교회 봉사활동은 얼마든지 가능하다.

어떤 분은 섬기는 것을 무척 좋아했다. 어찌나 퍼주는 것을 좋아하는지 음식도 해서 교인들에게 나눠주고 구제하는 마음도 있어 구제 헌금도 자주 했다. 게다가 노래하는 게 좋다며 찬양도 열심히 했다. 겉으로 보기엔 믿음의 사람처럼 보이지만 알고 보니 예수 그리스도를 영접하지 않은 사람이었다. 찬양은 그에게 노래였고 헌금은 그저 가난한 사람을 돕는 물질이었으며 음식 섬김은 이웃과 나눠먹는 행위였던 것이다. 교회만 왔다 갔다 하는 무늬만 신앙인이었던 셈이다.

이분이 구원을 받았다고 할 수 있을까? 그렇지 않다. 진심으로 예수를 영접한 적이 없기 때문이다. 열매는 없고 잎사귀만 있었던 것이다.

돌밭에 뿌려졌다는 것은 말씀을 듣고 즉시 기쁨으로 받되 그 속에 뿌리가 없어 잠시 견디다가 말씀으로 말미암아 환난이나 박해가 일어날 때에는 곧 넘어지는 자요(〈마태복음〉 13 : 20-21)

열매 없는 신앙은 돌밭에 뿌려진 믿음과 같다. 처음엔 말씀을 기쁨으로 받아들여 잎사귀를 만들어내지만 뿌리를 내리지 못해 열매를 맺지 못한다. 이것은 완전히 예수 그리스도를 구주로 영접한 사건이 없었음을 의미한다.

복음의 씨앗이 뿌려져 삼십 배, 육십 배, 백 배의 열매를 맺은 사람이 구원받은 사람이다. 그러므로 제일 중요한 것은 진심으로 예수님을 영접했는가 하는 사실이다. 진심으로 영접했지만 흔들렸다면 그 믿음으로 인해 구원을 받을 것이다. 하지만 진정한 영접 없이 잎사귀만 있는 믿음이었다면 구원의 자리에 서지 못한다는 것을 알아야 한다.

천국 가는 티켓을 대하는 자세

고등부 학생 중 한 친구와 길에서 만났다. 한창 대입 시험을 앞둔 시점인데 학교도 도서관도 아닌 번화한 곳에서 만난 게 좀 이상했다. 게다가 평소에 공부 잘하기로 소문난 친구였던 그 아이는 무척 여유로워 보였다. 반가운 마음에 인사를 하긴 했지만 시험이 얼마 안 남았는데 평상복을 입고 느긋한 자세로 걸어가는 품이 왠지 불안했다.

'어라? 지금 한창 막바지 공부를 해야 할 시점일 텐데…….'

그렇다고 교회 목사님이 괜한 스트레스를 줄까봐 공부 안 하느냐는 질문은 삼갔다.

"어디 좋은 데 가니?"

"네 목사님, 지금 친구네 집에 가요. 게임도 좀 하고 책도 좀 보려구요."

"어? 그으래? 역시…… 여유 있어서 좋구나."

"히히. 수시 합격하고 나니까 수능은 좀 여유가 있어요. 기본 점수만 받으면 되니까요."

"어? 합격했어?"

나도 모르게 목소리 톤이 높아졌다. 역시나 여유 있는 모습에는 다이유가 있었던 것이다. 대학행 티켓이 주는 여유와 평안이 얼마나 큰지 다시금 깨달은 순간이었다.

구원에 대해서도 이런 마음이 들지 않을까 싶다. 예수님을 영접한 사람은 누구나 구원을 받았으니 이미 천국행 티켓을 따놓은 것 아닌가. 그러니 왠지 마음이 탁 놓이면서 흐트러지고 싶은 마음이 생길 수도 있다. 아무렇게나 살고 싶은 마음이 있을 수도 있다.

맞다. 구원받은 우리는 모두 천국에 갈 수 있다. 그런데 그것으로 끝일까? 천국에 가되 어떤 모습으로 갈 것인지 생각해야 한다.

과연 나는 무슨 자격을 갖추고 어떤 상급을 가지고 천국에 올라갈 것인가. 달랑 예수님을 믿고 영접했기에 천국에 갈 수 있지만 예수님은 그보다 더 좋은 모습을 우리를 통해 이루시고자 하신다.

이 닦아 둔 것 외에 능히 다른 터를 닦아 둘 자가 없으니 이 터는 곧 예수 그리스도라. 만일 누구든지 금이나 은이나 보석이나 나무나 풀이나 짚으로 이 터 위에 세우면 각 사람의 공적이 나타날 터인데 그날이 공적을 밝히리니 이는 불로 나타내고 그 불이 각 사람의 공적이 어떠한 것을 시험할 것임이라. 만일 누구든지 그 위에 세운 공적이 그대로 있으면 상을 받고 누구든지 그 공적이 불타면 해를 받으리니 그러나 자신은 구원을 받되 불 가운데서 받은 것 같으리라.

〈고린도전서〉 3장 11-15절에 나오는 이 말씀은 천국행 티켓을 딴 우리에게 어떤 방법으로 살아가야 할지 분명히 보여준다. 구원을 받되 그 구원을 받은 삶 가운데 하나님께서 어떻게 상을 주시는지 말씀하신다. 영원한 천국에서 하나님이 주시는 영원한 상급이 있다고 말씀하신다.

그 상급은 우리가 상상하는 것을 뛰어넘는다. 상급이라고 하면 무슨 상품이나 경품, 선물 정도가 아니다. 로또나 잭팟 같은 물질적인 기준이 아니라서 피부에 와 닿지 않는가! 그 상급을 사모하면서 공적이 타버리지 않도록 기도해야 한다.

그런데 특히 이 지점에서 오해하기 쉬운 부분이 죄에 관한 것이다. 이미 천국행 티켓을 따놓았으니 죄에 대해서도 완전히 해방을 느낄 수도 있다. 어차피 천국에 갈 테니 신앙생활하면서 슬쩍 죄를 지어도 괜찮을 것이라 생각할 수도 있다. 그러나 하나님은 그것에 대해서도 말씀 가운데 분명히 하셨다. 공적이 불타면 해를 받되 불 가운데 구원을 받은 것과 같다는 말씀으로 말이다. 이 말은 무엇인가. 불 가운데 구원을 받았다는 것은 턱걸이로 겨우겨우 구원을 받는다는 의미다. 그러므로 구원받은 우리가 공적을 불태우는, 즉 죄를 쌓음으로 겨우 구원받는 턱걸이 신앙생활이 되지 않도록 해야 한다.

베드로와 예수님의 대화를 보면 죄에 대해 어떻게 처신할 것인지 나온다. 〈요한복음〉 13장을 보면 예수님께서 제자들의 발을 씻기시는 장면이 나온다. 그때 충성심이 뛰어난 베드로가 큰소리를 친다.

"예수님, 결코 제 발을 씻기실 수 없습니다."

제자로서 예수님께 발을 맡기다니 그럴 수 없다는 표현이었다. 하지만 그때 예수님은 시몬 베드로에게 이렇게 말씀하신다.

"내가 너를 씻기지 아니하면 너와 내가 아무 관계가 없다." 그러자 베드로는 한술 더 떠서 부탁한다. 발뿐만 아니라 손과 머리도 씻어달라고 부탁한 것이다. 덩치도 크고 성격도 급한 베드로이기에 앞뒤 가릴 것 없이 들이대는 신앙이 귀엽다. 그런데 그때 예수님이 이런 대답을 하셨다.

이미 목욕한 자는 발밖에 씻을 필요가 없으니라 온몸이 깨끗하니라 너희가 깨끗하나 다는 아니니라(〈요한복음〉 13 : 10)

우리는 이미 예수님의 대속의 은혜로 원죄를 씻음 받은 존재다. 예수를 영접함으로 영생을 얻고 십자가 사건을 믿음으로 이미 목욕을 한 상태다. 그러나 이 세상을 살면서 매번 다시 목욕을 할 필요는 없지만 발은 계속 씻어야 한다. 발을 씻어야 한다는 것은 구원받은 사람이라도 세상에 사는 동안 누구든지 지을 수밖에 없는 죄에 대해 자유하지 못하며 회개해야 함을 의미한다.

예수님을 영접한 사람이 짓는 죄는 죄로 인해 죽을 수도 살 수도 있는, 사망과 영원한 생명 사이를 왔다 갔다 하는 것은 아니지만 하나님과의 관계에 문제가 있게 만드는 죄가 된다. 이 죄는 하나님의 능력을 체험하지 못하게 만들고 하나님의 영광 가운데 들지 못하며 하나님께 붙잡힌바 된 삶을 살지 못하게 만든다. 그러므로 매일 발을 씻어야 한다. 발을 더럽히는 죄를 씻어내야 한다.

그런데 간혹 발을 더럽히는 죄가 너무 커서 두려워하는 경우가 있다. 자신이 지은 죄가 너무 커서 용서받지 못할 것 같다는 것이다. 그러나 걱정할 필요가 없다. '만일 우리가 우리 죄를 자백하면 그는 미쁘시고 의로우사 우리 죄를 사하시며 우리를 모든 불의에서 깨끗하게 하실 것이요'(〈요한일서〉 1 : 9)라고 성경은 약속하고 있기 때문이다.

내 마음이, 다른 사람이, 어느 누가 죄로 인해 자신을 괴롭힐지라도 그것 때문에 흔들려서는 안 된다. 믿음으로 영생을 얻은 자신이 죄로 인해 다시 사망으로 떨어지는 건 아닌지 의심해서도 안 된다. 그것은 우리를 향해 십자가에서 죽으신 예수 그리스도의 보혈의 능력을 감소시키고 의심하는 더 큰 죄가 된다는 것을 알아야 한다.

만일 오늘 하나님이 당신을 부르신다면 당신은 천국 갈 확신이 있는가? 하나님이 천국 문 앞에서 천국에 들어올 이유를 물으신다면 어떻게 대답할 수 있는가? 고민할 필요 없이 우리는 대답할 수 있다. 예수님을 진심으로 믿고 영접한 사람은 누구나 구원을 받는다는 약속을 하셨기에 확실하게 대답하며 나가면 된다.

"하나님의 은혜로, 죄인인 나를 위하신 예수 그리스도의 십자가를 믿음으로 구원을 받았습니다."

이미 우리 영혼에 주어진 천국행 티켓을 두고 안심할 게 아니라 그대가 없이 받은 은혜에 감사하며 하나님께 받을 상급을 쌓아야 한다.

구원의 특권

누가 우리를 그리스도의 사랑에서 끊으리요 환란이나 곤고나 박해나 기근이나 적신이나 칼이랴 기록된바 우리가 종일 주를 위하여 죽임을 당하게 되며 도살당할 양같이 여김을 받았다 함과 같으니라 그러나 이 모든 일에 우리를 사랑하시는 이로 말미암아 우리가 넉넉히 이기느니라 내가 확신하노니 사망이나 생명이나 천사들이나 권세자들이나 현재 일이나 장래 일이나 능력이나 높음이나 깊음이나 다른 어떤 피조물이라도 우리를 우리 주 그리스도 예수 안에 있는 하나님의 사랑에서 끊을 수 없으리라.

아마도 이 〈로마서〉 8장 35-39절 말씀이 구원의 은혜를 누리고 사는 우리가 누리는 특권이 아닐까 싶다. 이미 구원받은 우리는 영원한 생명이 있으므로 모든 일에 넉넉히 이기는 삶을 살 수 있다. 구원의 확신이 승리로 이끈다. 흔들리지 않고 믿음으로 설 수 있게 한다.

이러한 확신뿐 아니라 어느 누구도 피해갈 수 없는 죽음의 문제에서도 여전히 승리하고 담담할 수 있는 것 역시 구원의 확신 때문이다. 죽음이 끝이 아니고 죽음 이후 영원한 생명이 펼쳐지는, 즉 예수 그리스도의 사랑을 영원히 느낄 수 있기에 승리할 수 있는 것이다.

구원을 얻음으로써 이미 우리에게는 대단한 특권이 주어진 셈이다. 특권을 지닌 자로서 교만할 것은 아니지만 그 특권을 잊거나 소홀히 여겨서는 더욱 안 된다.

평소 우리가 즐겨 부르는 찬양 〈어메이징 그레이스(Amazing Grace)〉(나 같은 죄인 살리신)를 잘 알 것이다.

이 찬양은 존 뉴튼이란 노예 상인이 지은 곡이다. 노예를 사고팔던 일명 악명 높은 노예상인이었던 그가 예수를 영접한 뒤 목사가 되었다. 그의 회고록을 보면 죽기 전 그가 남긴 말이 나온다.

"나는 지금 나이가 너무 많아서 기억이 가물가물하다. 우리 아이들 이름조차도 기억이 나지 않는다. 그러나 내 인생을 돌아보면서 내가 결코 잊을 수 없는 두 가지, 기억이 선명한 두 가지가 있다. 하나는 내가 대단한 죄인이라는 것, 또 하나는 그러나 예수 그리스도는 그보다 더 큰 구세주가 되신다는 사실이다."

죽음을 앞에 둔 존 뉴튼의 위대한 신앙 고백이 감동스럽다. 구원받은 자의 분명한 삶의 방향이 두 문장 속에 녹아 있기 때문이다. 그래서

'나 같은 죄인 살리신 주 은혜 놀라워'라는 찬양이 더욱 은혜가 된다.

성경은 우리에게 오늘도 말하고 있다. '예수 그리스도의 말을 듣고 또 나를 보내신 이를 믿는 자는 영생을 얻었고 심판에 이르지 아니하나니 사망에서 생명으로 옮겨졌느니라'(《요한복음》 5 : 24)고. 그러니 구원을 확신하고 그 특권을 누리며 하나님과 관계를 유지하며 살라고.

그럼에도 아직도 자신의 마음 가운데, 신앙생활 가운데 구원에 대한 확신을 갖지 못할 수도 있다. 아직도 구원의 확신에 대해 애매한 마음이 든다면 말씀을 열어보아야 한다. 시대가 바뀌어도 변하지 않은 구원의 소식이 담겨 있고 예수 그리스도의 죄인이었던 우리를 향한 무한한 사랑이 담긴 하나님의 말씀을 보길 바란다. 또한 신앙의 멘토를 찾아가 좋은 소식에 대한 확신이 얻어질 때까지 조언을 구하는 것도 좋다. 하나님은 구원과 복음이라는 변치 않는 선물을 주셨지만 그것을 받는 믿음은 우리에게 맡기셨다. 그것은 적어도 최고의 선물 받은 자의 최소한의 자세가 아닐까.

그래도 애매할 때

인생을 살아가면서 생활 속에서, 신앙 안에서 애매한 12가지를 나누었다. 물론 이 12가지의 주제가 우리 삶의 모든 부분을 해결해줄 수 없다. 세상은, 아니 사람이 함께 살아가는 삶은 참 복잡하고 애매한 일로 둘러싸여 있기 때문이다. 그럼에도 살아가면서 만나는 애매한 일에 대한 대처방안이 없는 것은 아니다. 성경의 분명한 진리는 삶의 애매한 부분에서 길잡이가 되어줄 것이다. 좀 더 분명한 것을 원한다면, 삶 가운데 실제로 부딪히는 이슈들에 대해 성경에서 말하는 세 가지 원칙에 맞추길 바란다.

첫 번째 원칙은 양심의 원칙이다. 〈히브리서〉 13장 8절 말씀 중에 '우리를 위하여 기도하라. 우리가 모든 일에 선하게 행하려 하므로 우리에게 선한 양심이 있는 줄을 확신하노니'라는 구절이 있다.

여기서 말하는 양심이란, 먼저 내가 믿고 있는 것, 내가 알고 있는 것, 선한 양심을 말한다. 흔히 '너 양심이나 있어라.'라고 말한다. 양심이나 있으라고 표현하는 이유는 양심이야말로 가장 기본적인 것이기 때문이다. 양심은 하나님께서 우리 마음 가운데 심어놓으신 기초적이고 기본적인 바운더리다. 그래서 양심에 찔린다, 양심에 가책을 받는다 등의 표현을 하는 것은 하나님께서 우리 안에 만들어놓은 가장 기본적인 공의와 정의에 대한 시스템이 양심이기 때문이다.

그런데 하나님은 굳이 선한 양심을 가지라고 말한다. 양심이 다 같은 양심이 아니기 때문이다. 양심은 계속 변화한다. 성경은 이것을 화인 맞은 양심이라고 한다. 말하자면 양심에 화살을 맞았다는 것, 즉 양심에 화살을 맞아 변질되고 변명하게 된다. 때때로 양심에 찔렸음에도 불구하고 그 일을 계속하게 되고 그러다 보면 굳은살이 박이듯 아무렇지도 않게 된다. 양심에 털 났다는 것은 양심에 감각이 없어지는 것이다. 역시 변질된 양심을 말하는 것이다.

그래서 양심을 주신 하나님께서는 그 양심이 끝나는 것이 아니라 계속해서 하나님 말씀으로 양심을 채우라고 한다. 'Garbage in, Garbage out'이란 표현처럼 쓰레기를 넣으면 쓰레기가 나오기 마련이다. 하나님 말씀으로 양심을 채워나가 선한 양심으로 변화해야 한다.

어떤 이들은 말한다. 진짜 하려고 한 것이 아니라 이 말씀이 맞나 안 맞나 해봤다고. 그러나 그 한 번도 하나님은 심판하신다. 남에게 피해를 주지 않으니 괜찮을 거라 여기면 곤란하다. 피해를 주나 아니냐가 중요한 게 아니라 하나님 말씀에 맞느냐 안 맞느냐가 더 중요하다. 또 어떤 이들은 양심에 찔리는 생각만 했을 뿐 행동으로 옮기지 않았으니 괜찮다고 한다. 그럼에도 하나님은 말씀하신다. 마음의 생각도 행동으로 한 것과 같다고, 하나님이 보시는 것은 마음의 동기이기 때문이다.

그러므로 선한 양심을 말씀으로 채우며 가져야 한다. 그러고 난 뒤 '의심하고 먹는 자가 정죄되었나니 이는 믿음을 따라 하지 아니하였기 때문이라'라는 말씀에 빗대어 살아야 한다. 선한 양심을 가지고 말씀대로 양심에 기준을 세운다고 생각했을 때 그럼에도 괜찮지만 그것을 행하거나 일어날 때 의심이 생긴다면 하지 말아야 한다. 믿음으로 하지 않고 의심이 생기는 것은 죄가 되기 때문이다.

삶의 애매한 부분에 부딪혔을 때 가장 먼저 빗대어 볼 것은 양심의 원칙이다. 먼저 말씀을 통해 선한 양심으로 바르게 해야 하며, 그럼에도 불구하고 그 일을 하는 길이 찜찜하거나 개운하지 않을 때는 하지 말아야 한다.

두 번째 원칙은 덕의 원칙이다.

너희의 자유가 믿음이 약한 자들에게 걸려 넘어지게 하는 것이 되지 않도록 조심하라 지식 있는 내가 우상의 집에 앉아 먹는 것을 누구든지 보면 그 믿음이 약한 자들의 양심이 담력을 얻어 우상의 재물을 먹게 되지 않겠느냐. 그러면 내 지식으로 그 믿음이 약한 자가 멸망하나니 그는 그리스도께서 위하여 죽으신 형제라. 이같이 너희가 형제에게 죄를 지어 그 약한 양심을 상하게 하는 것이 곧 그리스도에게 죄를 짓는 것이니라 그러므로 만일 음식이 네 형제를 실족하게 한다면 나는 영원히 고기를 먹지 아니하

며 내 형제를 실족하지 않게 하리라.(〈고린도전서〉 8 : 9-13)

이 말씀 속에 진리가 있다. 앞의 말씀은 사도 바울이 한 이야기로 바울은 덕의 원칙을 세워 애매한 부분을 해결해나갔다.

당시 이방 신에게 제사로 드려진 고기가 아주 싸게 시장에서 판매되었다. 그런데 그 고기를 사 먹어야 하느냐 마느냐 하는 공방이 벌어졌다. 한쪽에선 하나님만이 참 신이시고 고기는 고기일 뿐이다, 하나님이 참 신인 것을 믿는다면 고기는 문제될 게 없다고 말한다. 다른 한쪽에서는 그래도 우상에게 드려진 고기를 크리스천이 사먹을 수 없다고 한다. 이런 상황은 우리 현실에서도 많이 볼 수 있다.

이때 사도 바울이 내린 해답은 믿음이 약한 자를 생각하고 덕을 세우라는 것이다. 앞서 말한 양심의 원칙에 따라서는 자신은 깨끗하고 찜찜하지 않으니 먹을 수도 있다. 그러나 덕의 원칙에서는 걸린다. 믿음 약한 사람 입장에서 믿는 사람이 고기를 사먹는 것을 볼 때 시험에 들 수 있기 때문이다. 그래서 그들을 위해 덕을 세우기 위해서라도 하지 말아야 한다는 것이다.

예전에 시카고에서 신학교 다닐 때였다. 부모님이 워싱턴 DC에 계셨기에 방학이 되면 열 몇 시간 운전해서 부모님 댁으로 가야 했다. 그런데 운전하는 가운데 가장 원했던 것이 레이더 디텍터라는 거였다. 경찰차가 있으면 미리 알려주는 기계였다. 불법은 아니었다. 사실 운전을 하다 보면 속도를 내기 마련인데 경찰차에 걸리기라도 하면 벌금이 엄청났기에, 그 기계가 무척 필요했다.

그때 나는 그 기계를 달 것인가를 두고 고민을 했다. 양심의 원칙에 비추어 보니 불법이 아니었기에 통과되었다. 그런데 덕의 원칙에서 걸렸다. 당시 나는 교회 중·고등부 전도사였는데 그 아이들을 모아놓고 레이더 디텍터에 대해 물었다.

"얘들아, 전도사님이 레이더 디텍터를 다는 것에 대해 어떻게 생각하니?"

"전도사님, 그거 달면 저 교회 안 나옵니다."

한 아이가 1초의 망설임도 없이 이야기했다. 그 말을 듣자마자 기계는 멀리멀리 떠나보냈다. 덕의 원칙이 더 중요하기 때문이다. 물론 사람을 위해, 사람 눈치 봐서 덕을 세우는 것이 아니다. 나를 통해 그들이 상처를 받으면 하나님이 기뻐하지 않기 때문에 하나님을 기쁘게 해드리기 위해 덕의 원칙을 세워야 한다.

크리스천은 세상 가운데 살면서 공격을 많이 받는다. 전도를 하려고 하면 '그 사람은 하나님 믿는다는 사람이 어떻게 그런 말, 그런 행동을 하냐?' 등등 상대방이 공격한다. 물론 그 사람 입장에서는 양심에 거리낄 게 없었을지 모르지만 믿음이 약한 자들 입장에서는 시험에 들 수도 있다. 그러므로 우리는 믿지 않는 자, 믿음이 약한 자들의 덕이 되도록 선택하고 결정해야 한다.

마지막 세 번째 원칙은 로드십(Lordship)의 원칙이다. 로드십이란 하나님이 나의 주인임을 믿고 순종하는 것이다. 즉 세 번째 원칙은 주인에게 순종하는 마음으로 삶의 결정을 내려야 한다는 것이다.

어떤 이들은 크리스천의 삶을 이야기하면서 죄에 대해 묻는다. 어디까지 가는 것이 죄인지, 어디까지 갔을 때 스톱하면 괜찮은 것인지. 그러나 로드십의 원칙에 비추어볼 때 어떻게 하면 죄를 면하게 될지 고민할 게 아니라 주인 되신 하나님이 무엇을 좋아하실지 먼저 생각하고 그것에 순종하는 게 먼저다.

모든 것이 내게 가하나 다 유익한 것이 아니요 모든 것이 내게 가하나 내가 무엇에든지 얽매이지 아니하리라.(〈고린도전서〉 6 : 12)

죄를 지을 것인지 아닌지 생각할 게 아니라 그것이 유익한지 아닌지를 따져야 한다는 것이다. 〈에베소서〉 4장 27절 말씀을 보면 '마귀에게 틈을 주지 말라.'는 말씀이 나온다. 지금은 문제 없다고 하지만 어느 순간 잠깐 틈을 주게 될 수 있다. 사단은 그 틈을 파고들어 사람의 마음을 움직인다. 마귀에 틈을 주지 않는 것은 로드십, 마음의 주인 되시는 하나님에게 드리는 순종이다.

한 여성이 심각하게 다이어트를 고민하며 절식을 선언했다. 그런데 저녁식사 장소를 온갖 산해진미가 풍성한 뷔페 집으로 정한다. 본인은 속으로 생각할 것이다. 절식을 한다고 했으니 조금씩 먹고 그것도 채식 위주로 먹으면 되지 않겠는가. 아마 이 여성은 이런 생각을 했기 때문에 양심의 원칙도 통과했고, 그녀가 그곳에 간다고 실족할 사람도 없으니 덕의 원칙도 통과한다. 그런데 세 번째 원칙에서 걸린다. 막상 그곳에 가면 맛있는 것 천지인 데다 본전을 뽑겠다는 전투력이 생기기 때문에 다이어트에 실패할 가능성이 높다. 의지를 깨뜨리고자 하는 마귀에게 틈을 주기 때문이다. 너희가 먹든지 마시든지 무엇을 하든지 하나님의 영광을 위하여 하라고 하셨다. 그러므로 이것을 하는 것이 정말 유익한가, 마귀에게 틈을 주는 게 아닌가 생각할 때, 마음의 주인이신 하나님께 어떻게 해야 순종하는 것인지 결정할 수 있다.

우리는 참으로 많은 애매한 일과 마주하며 그때마다 어떤 결정과 선택을 해야 한다. 그 많은 삶에 대한 매뉴얼은 세상에 나와 있지 않지만 하나님의 말씀 속에 해답이 있다. 그것을 양심의 원칙, 덕의 원칙, 로드십의 원칙에 담았다. 이 원칙대로 사는 게 너무 힘들다고 여겨질 수도 있다. 그러나 성경은 율법적인 것은 아니나 훈련하도록 명하신다. 아이가 어른이 되는 과정 역시 거저 주어지는 것이 아니듯, 우리가 더 크리스천다워지기 위해서는 훈련이 필요하다. 하나님은 그것을 여러 가지 방법으로 경험하게 하셨는데, 특히 삶에서 부딪히는 애매한 부분을 통해 올바른 선택과 아름다운 결단을 하도록 하신다.

그러므로 애매한 삶에 너무 고단해할 것도 아니다. 고민할 필요도 없다. 우리들 삶의 주인 되시는 하나님께 자리를 내어드리고 그분이 이끄시는 대로 순종하면 된다. 어느 순간 애매함이 선명함으로 다가올 것이다. 왜냐하면 하나님은 애매한 것을 정해주시는 하나님이시기 때문이다.

부록
ESSENCE
BOOK

애매함을 정해주는
명쾌한 기준

이성교제의 기준

Q 데이트, 교제, 연애의 기준은 무엇인가요?

A 남녀가 만나는 것이 모두 연애라고 보기 힘들다. 남녀가 서로 알기 위해 한번 만나는 단계는 데이트라 할 수 있다. 데이트는 남녀가 단순히 알기 위해 만나는 관계로서, 이 과정에서는 다른 이성과 충분히 만날 수 있다. 그러나 데이트가 이어지며 단둘이 만나면서 교제, 사귄다는 연애의 단계로 이어진다. 이 교제는 서로 알아가는 과정에서 이해하는 단계로 발전한다. 교제가 깊어지면 결혼을 전제로 깊이 만나게 된다. 그러므로 연애는 데이트와 같은 단순한 만남을 이야기하는 것이 아닌 교제의 단계 이후를 말할 수 있다.

Q 크리스천의 교제에서도 헤어질 수 있을 텐데 지혜롭게 대처하는 방법이 있나요?

A 교제할 때 서로 헤어질 수 있다. 연애의 단계에서, 결혼을 전제로 교제를 이어갔더라도 헤어질 수 있다. 다만 헤어지더라도 후회 없는 연애가 되어야 한다. 헤어지는 이유는 부모의 반대가 될 수도 있고 신앙에 대한 생각이 다르기 때문일 수도 있다. 다만 교제가 하나님이 원하시는 가정을 이루기 위한 전 단계라는 점을 생각하되, 상대방에 대해 신중히 생각하고 후회 없는 교제가 되도록 생각해야 한다.

Q 만나는 상대방에 대한 확신은 어떻게 얻을 수 있나요?

A '너희는 믿지 않는 자와 멍에를 함께 메지 말라. 의와 불법이 어찌 함께하며 빛과 어둠이 어찌 사귀며……' 이 말씀을 새겨들을 필요가 있다. 교제할 대상의 믿음을 보는 것은 무척 중요하다. 진짜 믿음은 다른 환경도 모두 긍정적으로 변화시킬 수 있는 파워를 가지고 있기 때문이다. 믿지 않는 자와 멍에를 함께 메지 말라는 말씀은 믿지 않는 사람과 교제도 하지 말라는 말씀이 아닌 결혼에 관한 말씀이다. 결혼으로 인해 믿음이 생기는 일은 거의 드물다. 상대방에 대한 확신은 마음의 평안함과 함께 그 사람을 위해 돕는 배필이 될 수 있는지, 이해하고 헌신할 마음의 준비가 되어 있는지에 대한 확신이 생김으로 시작된다.

데이트와 교제 모두 모든 가능성이 열려 있다. 자유롭게 만날 수 있고 얽매이지 않을 수 있다. 다만 내가 상대에게 선한 영향력을 끼쳐야 하는데 그렇지 못할 가능성이 있다면 그 연애는 한번 신중히 생각해볼 필요가 있다. 그럴 만한 믿음이 없다면 두 번 생각해봐야 한다.

Q 연애를 잘 하기 위해 어떤 것을 준비해야 하나요?

A 세 가지가 필요하다. 먼저, 자기 자신을 준비해야 한다. 외적인 준비가 아닌 속사람을 준비해야 한다. 사랑할 마음의 준비, 이해심, 인내심 같은 내면을 아름답게 준비해야 한다. 둘째, 지혜롭게 찾아야 한다. 기도만 하고 찾지 않는 것도 안 되고 너무 저돌적으로 찾는 것도 곤란하다. 여러 가지 경우를 넓혀가며 기회를 찾되 지혜를

구하며 찾아야 한다. 마지막, 하나님의 인도하심을 신뢰해야 한다.
하나님은 반드시 짝을 예비해놓으셨다. 그 예비하심을 믿고 하나
님과 한 팀이 되어 찾을 때 배우자를 만날 수 있다.

ESSENCE 2
부부관계, 회복할 수 있나요?

Q 부부의 관계, 왜 문제가 생기나요?

A 하나님은 가정을 세우시는 목적을 가지고 계시기에 가족 특히 부
부를 향한 부탁을 하시며 가정을 지키도록 하셨다. 부부 사이에 문
제가 생기는 것은 서로에 대한 이해 부족 때문이다. 하나님은 가장
좋은 짝을 예비하셨지만 부부를 향하신 하나님의 뜻을 제대로 이
행하지 못한 잘못이 있다. 특히 남녀의 차이를 잘 이해하지 못하기
때문에 트러블이 생기고 나아가 가족이 아닌 원수지간으로 여긴
다. 부부관계에는 사랑의 감정도 필요하지만 그보다 서로 존중하
고 아는 만큼 관계가 좋아질 수 있다.

Q 하나님은 왜 아내들에게 먼저 순종하라고 명령하셨나요?

A 하나님은 아내를 남편의 돕는 배필로 삼으셨다. 아내를 돕는 자로
세우신 것은 도울 만한 능력이 더 뛰어나기 때문이다. 특히 아내에
게 먼저 순종하라고 말씀하신 것은 감정적으로 더 안정적이고 객

관적인 판단력을 지닌 아내를 통해 가정이 더 안전과 평안을 누릴 수 있게 하기 위함이다. 인류학적으로 볼 때도 여성은 남성이 비해 감정 조절 능력이 더 뛰어나게 진화되었기에 가정에서 여성의 역할은 더욱 중요하다. 그러므로 하나님께서 아내들을 향해 남편에게 순종하라고 하신 것은 가정을 안정시키려는 하나님의 뜻이다.

Q 부부 간의 좋은 관계를 위해 어떻게 해야 할까요?

A 〈베드로전서〉의 말씀 안에 해답이 있다. 아내는 먼저 남편에게 순종하고 그의 이야기에 귀를 기울여주는 부드러움이 필요하다. 여성에게 가장 플러스 요인이 될 부드러움은 아내의 강한 무기이자 힘이다. 특히 부드러운 말과 존중하는 행실은 부드러움을 강하게 어필하는 동시에 남편을 부드럽게 변화시킨다. 또한 아내는 아름다워야 한다. 온유한 마음과 안정됨으로 무장한 내면의 아름다움, 남편에게 사랑스러워 보이고자 하는 마음 등에서 아름다워지기 위해 노력할 때 관계는 발전할 수 있다. 아내만 노력할 것이 아니라 분명히 남편에게 주신 하나님의 명령도 있다. 하나님은 아내를 내 몸과 같이 사랑하라고 하셨다. 아내의 노력처럼 남편도 아내를 향한 사랑, 내 몸처럼 아끼고 사랑하는 마음이 있을 때 좋은 부부관계를 유지할 수 있다.

자녀 양육, 어떻게 해야 할까요?

Q 자녀가 축복이 아닌 애물이 되는 이유는 어디에 있나요?

A 하나님은 자녀들을 향해 마땅히 행할 것을 가르쳐 행하게 하라고 하셨다. 그러나 마땅히 행할 것을 가르치려 하지 않고, 교육이라는 범주 안에서 위탁하려 하기 때문에 자녀들과의 관계에 문제가 생긴다.

Q 부모는 자녀에게 뭘 가르쳐야 하나요?

A 세 가지가 있다. 사회적인 것, 교육적인 것, 영적인 것을 가르칠 때 자녀는 바로 설 수 있다. 사회적으로 매너와 배려는 질서와 규칙, 상식을 익히는 것과 같다. 또한 지식적인 교육이 아닌 부모 자신이 교육의 롤 모델이 될 수 있도록 교육해야 한다. 마지막으로 가장 중요한 영적인 것을 가르쳐야 한다. 말씀과 기도만이 믿음을 성숙하게 만드는 길이라는 것을 가르치고 계속 독려해야 한다.

Q 부모가 어떤 마음가짐으로 가르쳐야 하나요?

A 부모가 자녀를 가르치고자 할 때는 먼저 씨를 뿌리는 마음, 심는 마음이 필요하다. 이때 자녀가 가장 소중하게 여기고 있는 것, 가장 사랑받고 있다고 느끼는 것에 집중해서 그것에 시간을 심을 필요가 있다. 두 번째로 부모도 배워야 한다. 자녀를 통해 배울 수 있

고 다른 통로를 통해 배울 수 있다. 자녀 양육에는 왕도라는 것이 없고 다양한 것을 배워야 가르칠 것이 있다. 마지막으로 자녀를 가르치기 위해서는 성령님께 전적으로 의지하는 마음이 필요하다. 부모 마음대로 자녀가 커주지 않는다. 성령께서 방향을 잡아주셔야 가능하며 부모는 전적으로 성령께 의지하여 마땅히 행할 바를 기꺼이 가르칠 때 자녀의 영혼은 성장할 수 있다.

ESSENCE 4
인간관계 잘 맺기

Q 인간관계 맺는 게 왜 어려운가요?

A 자기중심적으로 보기 때문이다. 관계는 사람과 사람이 맺는 상대적인 것이지만 자기중심적으로 상대방을 바라보게 되면 관계 속에서 갈등이 올 수밖에 없다. 자기애에 빠져 자기 자신을 너무 사랑하다 보면 상대방의 입장에서 바라볼 수 없다.

Q 갈등을 겪는 관계라면 그 관계는 끊어야 할까요?

A 관계는 자신에게 긍정적인 영향을 주는 것이 있고 그렇지 못한 것이 있다. 긍정적인 관계는 평생을 지나도록 좋은 가치와 영향력을 전달해준다. 하지만 부정적인 관계 역시 파급력이 강하다. 부정적인 것에 더욱 민감하게 반응하는 사람의 본성을 고려할 때 부정적

관계의 영향력은 훨씬 더 강하다. 그러나 관계는 끊어도 끊어지지 않는 경우가 더 많다. 피할 수 없다면 그 안에 담고 있는 하나님의 메시지를 들어야 한다. 부정적인 관계 속에서 하나님은 반드시 전달해주시고자 하는 메시지가 있다. 자기중심적으로 관계를 이끌어가지 않았는가? 하나님의 뜻에 어긋나는 말과 행동을 하지 않았는가? 자신의 의사소통에 문제가 있었던 것은 아닌가 반성과 성찰을 하다 보면 부정적인 관계 속에서 얻어지는 깨달음이 있다.

Q 관계를 개선하기 위해 어떤 노력을 해야 하나요?

A 관계 속에서 어려움을 겪고 있다면 세 가지 노력을 해야 한다. 먼저 자존심을 세우기보다 관계 개선을 위해 노력해야 한다. 자존심을 세우다 보면 해결할 시간을 놓쳐버리기 쉽다. 관계 개선을 위해 먼저 다가설 때 관계 개선은 효과를 볼 수 있다. 두 번째, 이익보다 관계에 먼저 눈을 돌려야 한다. 관계가 틀어짐으로 얻어지는 이익보다 그 사람과 맺고 있는 관계 자체에 집중할 때 더 좋은 결과를 얻을 수 있다. 셋째, 믿음의 결단을 해야 한다. 아브라함이 조카 롯과의 갈등 속에서 그 즉시 관계 개선을 위해 노력했을 때 하나님께 모든 걸 맡기고 믿음의 결단을 했던 것처럼, 갈등의 관계에서 하나님께 나아가는 믿음으로 믿음의 결단을 내려야 한다. 하나님은 그 결단 속에 그 사람의 의지와 마음의 중심을 보시기 때문에 생각할 수 없는 축복으로 응답해주신다.

구별된 크리스천이 되는 기준

Q 구별된 삶, 참된 경건한 삶은 어떤 삶인가요?

A 하나님은 믿는 자들에게 참된 경건의 삶, 구별된 삶을 살라고 하셨다. 참된 경건은 겉으로 보이는 거룩함이 아니다. 보이기 위한 거룩함, 구별됨이 아니라 하나님이 우리를 선택하신 목적을 깨닫고 그 목적에 맞는 삶을 살기 원하신다. 이미 우리는 구주를 영접하여 하나님의 자녀가 되었다는 자체로 거룩한 삶을 살아가고 있다. 세상 속에 살면서 하나님의 자녀로 선택하신 목적과 이유를 생각하며 그에 맞도록 살아가려고 노력하는 삶이 구별된 삶이다.

Q 구별된 삶을 사는 증거는 어떻게 나타나나요?

A 참된 경건의 삶은 그 사람의 언어와, 섬김, 세속에 물들지 않음으로 세상의 빛과 소금 역할을 한다. 구별된 삶을 사는 이들은 격려의 언어, 세워주는 언어, 긍정의 언어 등을 통해 세상을 밝게 비춰준다. 또한 어려운 상황에서 고아와 과부를 도와주는 등 헌신의 모습으로 나타날 수 있다. 이 헌신 역시 자기만족을 위한, 보이기 위한 봉사가 아니라 보이지 않는 곳에서, 어려운 상황 가운데에서도 어려운 이들을 돕는 행위다. 이것이 바른 크리스천의 삶이다. 또한 세속에 물들지 말라고 하신 말씀처럼 구별된 삶은 세상에 휩쓸려 사는 삶이 아닌, 세상의 빛이 되고 소금이 되는 좋은 영향력을 미치는 삶이다.

Q 세상과 구별된 삶을 살아가기 위해 어떻게 해야 하나요?

A 세상과 구별된 삶을 살기 위해 우리는 끊임없이 하나님께 기도하며 노력해야 한다. 먼저 구별된 삶을 살기 원하지만 실패하고 쓰러질지언정 회복시키시는 하나님을 믿고 회복해야 한다. 자신을 회복하고 생각을 회복하면서 끊임없이 훈련하며 인내할 때 조금씩 삶이 변화될 수 있다. 성령으로 거듭났다고 해서 단번에 구별된 삶을 살아가기는 어렵다. 크리스천의 삶은 회복하고 훈련하며 인내해야 하는 삶이다.

ESSENCE 6

고통을 받아들이는 자세

Q 고난과 죄는 어떤 관계가 있나요?

A 흔히 고난이 다가올 때 왜 나에게 고난이 왔는지 이유를 궁금해한다. 그리고 난 뒤 자신의 죄, 주위 사람의 죄로 인해 고난을 겪는다고 여긴다. 그러나 성경은 고난의 이유를 알려주지 않는다. 다만 우리의 고통과 아픔이 결코 하나님의 저주나 징계가 아니라고 말씀하신다. 고난과 죄는 죄의 열매로 인한 것일 수도 있지만 그렇지 않을 수도 있다.

Q 고난에 대해 힘들어하는 이유는 무엇인가요?

A 사랑의 하나님께서 사랑하는 이에게 고난을 주셨다는 사실로 인해 고난을 힘들어한다. 또한 고난을 겪을 때 자기 혼자 그 짐을 짊어지고 있다고 생각하기 때문에 더욱 힘들다. 그러나 하나님이 고난을 통해 원하시는 것은 고난의 이유를 알아내는 것이 아니라 그 고난을 통해 어떻게 역사하시는지 알리는 것이다. 그 역사를 통해 하나님을 향한 순전한 신앙을 회복하고 사랑을 회복하게 하시려는 것이다.

Q 고통 가운데 주시는 하나님의 위로는 무엇인가요?

A 하나님은 고난을 주시지만 결코 혼자 고난을 짊어지게 만들지 않으신다. 하나님은 고난을 겪는 이들에게 네 가지 위로와 약속을 주신다. 하나님은 우리의 고통을 이미 알고 계시고, 그 고통과 함께하고 계시며, 반드시 도와주시고 결국엔 축복이 되게 하신다는 것이다. 그러므로 고난은 그 당시에는 고통스럽지만, 그 고통 가운데 함께하시는 하나님을 믿고 의지할 때 반드시 피할 길이 생기고 고난이 유익이 되게 하신다.

진정한 비전 찾기

Q 비전의 정확한 의미가 무엇인가요?

A 비전은 마음속에 그려지는 그림이다. 현재 상황에서 그려지는 이미지가 아니라 미래를 생각할 때 자신의 가슴을 뛰게 만드는 그림을 말한다. 그 그림은 하나님으로부터 시작되는 생각이며 그 생각은 약속의 말씀, 언약과 함께 온다. 아브라함이 하나님이 주신 비전, 뭇별을 바라보며 자손을 번성케 하시겠다는 하나님의 약속을 받고 그 그림을 마음속에 그리며 언약이 시행되기를 기다렸듯 비전은 약속의 말씀과 함께 오며 미래에 대한 행복한 그림 그리기다.

Q 진정한 비전을 찾지 못하는 이유는 무엇인가요?

A 비전에 대해 잘못 이해하고 있기 때문이다. 많은 사람들이 비전을 직업이라고 생각한다. 자신이 하는 일이 비전이라고 여기기 때문에 하고 있는 일의 성취도를 높여가기만을 원한다. 또한 비전과 야망을 구분하지 못한다. 하고 싶은 마음, 야망은 비전과 비슷하게 진취적인 이미지를 가지고 있지만 출처에서 구분된다. 야망은 자신이 하고 싶은 마음이지만 비전은 하나님이 나를 통해 원하시는 것이다. 마지막으로 비전은 꿈과 비슷하지만 열정의 유무에 따라 구분된다. 비전에는 열정이 수반된다. 그 열정은 고통을 이겨내고 인내하는 데에서 생겨나는데, 꿈만 가진 사람은 꿈을 꾸되 어려운

일이 생겼을 때 열정이 없기에 중단한다.

진정한 비전은 자신이 가진 직업도 아니고 야망도 아니며 꿈도 아니다. 오로지 하나님으로부터 온 생각을 바탕으로 미래를 상상하는 그림이며, 하나님이 나를 통해 내가 가진 환경을 통해 이루시고자 하는 뜻이며, 어떤 고통 가운데에서도 하나님을 믿기에 인내하며 이뤄가는 것이다.

Q 나의 비전을 위해 가장 먼저 무엇을 생각해야 하나요?

A 먼저, 비전은 찾는 것이 아니다. 하나님께서 주시는 것이다. 비전은 하나님의 약속의 말씀 가운데 주시며 미래에서부터 미래를 향한 그림이다. 그렇기 때문에 하나님이 우리에게 주시는 비전을 붙잡기 원한다면 비전을 주시는 하나님에 대한 믿음이 반드시 필요하다.

ESSENCE 8
진정한 성공의 정의

Q 성공의 절대적 기준이 있나요?

A 성공의 절대적 기준은 없다. 성공은 상대적이다. 자기 자신이 만족감을 느낄 때까지 성공은 계속 기준이 높아진다. 그렇기 때문에 소위 성공했다는 사람들 중에 불행한 인생을 선택하는 일들이 비일비재하다. 성공했지만 불행한 인생을 사는 많은 이들은 성공의 절

대적 기준이 없다는 사실에 낙심하고, 어떻게 해도 성공을 붙잡을 수 없다는 상실감 속에 살 수밖에 없다.

Q 성공했지만 행복하지 못한 이유는 무엇인가요?

A 세상이 성공을 바라보는 기준에 사람이 연연하기 때문이다. 세상이 사람을 평가하고 바라보는 여섯 가지 기준은, 그 사람이 어떻게 생겼는가, 얼마나 가졌는가, 어떤 위치에 있는가, 얼마나 힘을 가졌는가, 얼마나 능력이 있는가, 얼마나 똑똑한가이다. 많은 이들이 성공했다고 평가받을 때 이 여섯 가지 기준을 들이대지만 절대적인 평가가 되지 못한다. 그 사람이 처한 상황과 환경은 계속 변하기 때문이다. 또한 보이는 것이 아닌 존재에 대한 성찰 없이는 성공도 무의미하다.

Q 진정한 성공이란 무엇인가요? 또한 그러한 삶을 살려면 어떻게 해야 하나요?

A 진정한 성공은 행복한 삶이다. 진정으로 행복한 삶을 살려면 그동안 생각해왔던 행복의 신기루를 깨야 한다. 행복은 존재 가치를 깨닫는 데에서 시작한다.

우리의 존재 가치는 하나님께서 이미 알려주셨다. 보배롭고 존귀한 존재, 사랑하는 자녀라는 존재가 우리 자신이므로 그 존재가 존귀하게 드러날 수 있도록 나눔과 베풂과 드림 세 가지를 실천하며 살아야 한다. 존재에 대한 깨달음 없이는 베풀고, 드리고, 나누는 행위는 고행이나 선행에 불과하다. 절대적으로 하나님께 존귀함

260

을 받고 있다는 존재감을 깨닫고 실천하며 하나님을 기쁘게 해야
한다.

하나님의 뜻을 알고 싶어요!

Q 하나님의 뜻이라고 착각하는 경우는 어떤 경우가 있나요?

A 자기가 뜻대로 정해놓고 뜻이 될 때까지 시도하는 것.

미신이나 주문을 외우듯 말씀을 찍어서 하나님의 뜻으로 받아들이
는 것.

꿈이나 환상, 예언 등에 100% 의존하는 것.

딱 한번 기도한 뒤 받은 응답이 전부라고 생각하는 것.

나는 좋은데 다른 사람에게는 상처가 되는 것.

주변 환경이 열린다고 모두 하나님의 뜻은 아니라는 것.

Q 하나님의 뜻에 담긴 원리가 궁금해요.

A 하나님의 뜻에는 다섯 가지 원리가 담겨 있다.

첫째, 지극히 개인적이라는 것. 하나님은 나와 1 대 1로 대하며 나
에게 맞는 뜻을 주신다.

둘째, 스텝 바이 스텝(step by step). 그때그때 뜻을 보여주신다는 것.
인생의 풀 스토리는 알 수 없다.

셋째, 무조건 선한 뜻이라는 것. 합력하여 선을 이루시는 하나님이시다.

넷째, 하나님과의 교제를 위한 것. 하나님은 나와 생각을 나누기 원하신다.

다섯째, 순종이 들어간다는 것. 무조건 순종하겠다는 고백을 통해 복 주시기 원하신다.

Q 평소에 하나님의 뜻을 잘 알려면 어떻게 해야 하나요?

A 하나님의 뜻을 잘 알기 위해서는 일곱 가지 원칙을 기억하고 그대로 행하면 된다.

첫째, 하나님의 말씀을 통해 뜻을 깨달을 수 있다. 말씀은 곧 하나님이시기 때문이다.

둘째, 기도를 통해 깨닫는다. 기도는 곧 하나님과 대화, 하나님의 말씀을 듣는 것이다.

셋째, 성령님의 인도를 통해 안다. 우리가 부족하기 때문에 성령님이 우리를 움직이신다.

넷째, 주변의 환경을 통해 뜻을 안다. 모든 환경이 하나님의 뜻은 아니지만 때론 길을 여시고 말씀하신다.

다섯째, 경건한 믿음의 사람과 교제를 통해 안다. 나를 잘 아는 믿음의 선배와의 교제는 깨달음의 눈을 열어준다. 단, 예언 등을 절대적으로 신뢰하지는 않아야 한다.

여섯째, 마음의 소원을 통해 안다. 마음에 강한 소원이 일어날 때 그것을 하나님 말씀으로 확인해봐야 한다.

일곱째, 마음의 평안함을 통해 안다. 하나님의 뜻은 사람의 마음을 평안하게 만든다. 단, 나와 주변 모두 평안함이 있는지 살펴볼 필요가 있다. 또한 두세 번 구하되 계속 평안함이 오면 하나님의 뜻이다.

ESSENCE 10

믿음대로 사는 삶

Q 진짜 믿음과 가짜 믿음은 어떻게 다른가요?

A 진짜 믿음은 보이지 않는 것을 믿는 것이다. 믿음은 바라는 것의 실상이요 보지 못하는 것의 증거라는 말씀처럼, 진짜 믿음은 보이지 않는 것, 바라는 것을 그리며 믿는 것을 말한다. 또한 진짜 믿음은 자기 자신을 믿는 것이 아니다. 믿음의 대상이 무조건 하나님을 향해 있어야 한다. 자신이 어떤 대상을 향해 믿음을 가지고 있는지 반드시 점검해야 한다.

Q 믿음 가운데 살고 있는지 어떻게 알 수 있나요?

A 믿음은 일상생활에서 나타난다. 입으로는 하나님을 믿는다 하면서 일상생활에서 믿음대로 살지 않는다면 진정한 믿음이라 할 수 없다. 생활 가운데 하나님을 향한 믿음을 보이는 것이 진정한 믿음이다.

Q 믿음대로 살기 위해 어떻게 해야 하나요?

A 첫째, 하나님의 선하심을 꽉 붙들어야 한다. 하나님의 뜻은 무조건 좋은 것, 합력하여 선을 이루고자 하시기에 그 선하심을 끝까지 믿고 붙들어야 한다.

둘째, 하나님의 절대적인 전능하심을 믿어야 한다. 하나님의 전능하심은 나의 소원, 나의 원하는 바를 성취하는 데에 있지 않고 하나님의 뜻을 성취하시는 데에서 나타난다. 그 전능하심을 믿고 제한하지 않을 때 놀라운 역사가 일어난다.

셋째, 말씀을 그대로 행해야 한다. 행함이 없는 믿음은 죽은 믿음이다. 믿음이 살아 있기 위해서는 하나님을 전적으로 신뢰하고 말씀대로 실천하는 그 행함이 있어야 한다.

ESSENCE 11
기도에 대한 우리의 자세

Q 잘 하는 기도 못 하는 기도가 있나요?

A 기도는 하나님과 나의 대화요 커뮤니케이션이다. 기도에는 정도가 없기 때문에 잘 하는 기도도 못 하는 기도도 없다.

Q 왜 우리는 기도의 응답을 받지 못하나요?

A 먼저 기도의 대상이 분명하지 않기 때문이다. 기도는 하나님과의

대화요 교제다. 응답받지 못한 기도는 기도를 받으시는 하나님이라는 대상을 분명히 하지 않기 때문이다. 마치 혼자 1인 2역을 하듯 자기 생각만 소원만 풀어놓고 마치는 기도는 올려지지 않는다. 또한 기도를 받으시는 하나님에 대해 오해를 하기 때문이다. 하나님은 산타클로스가 아니며 안락의자에 앉아 졸고 계시는 노신사도 아니요 요술램프에서 나오는 마법사도 아니다. 무조건 선물을 주시는 분도, 흔들어 깨워야 하는 분도, 소원을 말하기만 하면 이뤄주는 분도 아니다. 우리가 기도하는 대상은 전능하신 하나님, 살아 계신 하나님, 사랑의 하나님이다.

응답은 우리의 원하는 바가 이뤄지는 것으로 나타나지 않을 수도 있다. 기도는 나의 소원을 이루는 게 아닌 하나님의 뜻을 이루는 것이기 때문이다. 그러므로 전능하신 하나님, 살아 계신 하나님, 사랑의 하나님께 진심을 고하고 응답을 기다리면 된다.

Q 기도 시간, 장소, 볼륨 등 애매한 것에 대한 기준이 궁금합니다.

A 기도하는 시간 = 언제든지, 자유로운 형식으로 기도하면 된다.

기도하는 장소 = 어느 곳에서나

기도의 길이 = 진심으로 기도하고 있다고 느낄 때까지(하나님 외에 다른 생각이 나지 않을 때까지)

기도의 목소리 = 자연스러운 자신의 목소리(거룩해 보이려거나 꾸며서 내는 목소리가 안 되도록)

기도의 내용 = 기도의 종류에 따라 나를 위해 기도할 수도 남을 위해 기도할 수도 있어야 한다. 다만 기도의 종류에 대해 알 필요가 있다.

구원, 확실한가요?

Q 예수를 믿는 사람은 누구나 구원을 확신해도 됩니까?

A 예수를 구주로 영접한 사람에게는 누구나 구원을 선물로 주셨다. 믿음의 깊이, 신앙의 연수에 상관없이 하나님은 영접하는 자 곧 그 이름을 믿는 자에게 하나님의 자녀가 되는 권세를 주셨다고 말씀하신다. 그러므로 오지에 가 있는 선교사나 편안히 신앙생활을 하는 사람이나 하나님의 자녀가 된 이들 누구나 영생을 얻고 구원을 선물로 받는다.

Q 한번 주신 구원은 다시 거둬질 수도 있나요?

A 한번 주신 구원의 선물은 거두어지지 않는다. 그렇기 때문에 진심으로 예수 그리스도를 영접한 이들은 누구나 영생을 얻는다. 비록 신앙생활이 연약해질 수도 있고 교회를 떠나는 일이 생기기도 하지만 그들 역시 구원받은 사람들이다. 그러나 중요한 사실은 그들이 예수 그리스도를 진심으로 영접했다면 반드시 예수께로 돌아온다는 것이다.

Q 이미 구원받았으니 죄를 지어도 괜찮나요?

A 구원은 선물로 받는 것이기 때문에 선한 행위로, 자신의 의지로 얻을 수 있는 게 아니다. 오로지 예수님에게서 오는 것이며 영접하기

만 하면 구원받는다. 그렇다고 크리스천으로 아무렇게나 생활해서는 안 된다. 하나님은 세상에서 공적을 쌓을 때 엄청난 상급을 주시지만 공적을 태우면 불 가운데에서 구원을 받게 하신다.

불 가운데 구원을 받는다는 것은 겨우겨우 구원을 받는 것을 의미하는 것으로 세상에서의 공적이 타지 않도록 조심해야 한다. 그것 중 하나가 매일 발을 씻는 것이다. 예수님도 제자들에게 몸은 이미 씻김 받았으나 발은 매일 씻어야 한다고 말씀하셨다. 믿는 자들에게 죄에 대해 일깨우기 위함이다. 구원받은 이들이 짓는 죄는 사망으로 옮겨지는 죄는 아니지만 하나님과의 관계를 어그러뜨리는 죄가 되므로 날마다 죄에서 씻음을 받으며 공적이 타버리지 않도록 기도해야 한다.

KI신서 5365

애매한 것을 정해주는 하나님

1판 1쇄 발행 2013년 11월 28일
1판 3쇄 발행 2013년 12월 24일

지은이 진재혁
펴낸이 김영곤 **펴낸곳** (주)북이십일 21세기북스
부사장 임병주 **출판사업부문이사** 주명석
미디어콘텐츠기획실장 윤군석 **인문기획팀장** 정지은
책임편집 장보라 **디자인** 정란
마케팅영업본부장 이희영
영업 이경희 정경원 정병철 **마케팅** 김현섭 최혜령 강서영
출판등록 2000년 5월 6일 제10-1965호
주소 (우 413-120) 경기도 파주시 회동길 201(문발동)
대표전화 031-955-2100 **팩스** 031-955-2151
이메일 book21@book21.co.kr **홈페이지** www.book21.com
21세기북스 트위터 @21cbook **블로그** b.book.com

ⓒ진재혁, 2013

ISBN 978-89-509-5307-2 03230
책값은 뒤표지에 있습니다.